要介護3・4・5の人の

在宅リハビリ

やる気がでる 簡単リハビリ のすすめ

在宅リハビリ探検家
亀戸大島クリニック院長 飯島 治

医歯薬出版株式会社

在宅リハビリ探検家・訪問医　飯島　治とその仲間たち

(仲間たち紹介)

東京都江東区の訪問看護師のみなさん	江東区「24の会」の先生方
東京都江戸川区の訪問看護師のみなさん	たかせクリニック
東京都墨田区の訪問看護師のみなさん	仁整形外科
東京都中央区の訪問看護師のみなさん	銀座内科・神経内科クリニック
訪問ボランティアナースの会 キャンナス	平成新小岩クリニック
あん摩マッサージ指圧亀戸治療院	新宿ヒロクリニック
東京アメニティサービス	板橋区役所前診療所
鍼灸佐藤治療院	えびす英クリニック
リカバリー	両国大塚クリニック
一鶴鍼灸治療院	大塚クリニック
ラック葛西	ドクターゴン診療所
ちひろ介護相談室	鎌倉常盤クリニック
ケア・サポートそよかぜ	曙光会
あっぷる	
ラビット	(アドバイザー)
介護保険研究会	高瀬義昌氏
城南整形接骨研究会	松林保智氏
みよの台薬局	松林里絵氏
ユキ薬局	矢野哲郎氏
コスモ薬局	高橋正樹氏
	中村哲生氏
	徳田　哲氏
	来栖宏二氏

在宅リハビリテーション探検の旅へ
さあ，ご一緒に

「推薦のことば」

元日本看護協会常任理事・元衆議院議員　山崎摩耶

　このたび，訪問医の 飯島 治先生が，地域の訪問看護師・医師・薬剤師・治療院などの仲間たちと本書『要介護3・4・5の人のための在宅リハビリ－やる気がでる簡単リハビリのすすめ－』を出版しました．
　おりしも平成18年度は新介護保険制度となり，介護予防や重度化予防，終末期までの在宅療養をする方たちの支援策が重点化され，高齢者の生活の場も施設から在宅と，明確にギアチェンジされたところです．
　また健康保険等の診療報酬改定でも在宅療養支援診療所の創設など，24時間体制の在宅診療・訪問看護，そして訪問リハビリテーションなどが重点配分されました．医療と介護を連動した制度で，ようやくリハビリテーションも本格化しようとしています．

　在宅や地域での介護予防やリハビリテーションは，看護・介護をはじめ，医療・福祉にかかわる多職種が手を携えて，高齢者や家族など利用者の自立支援をするという，まさにその人々の生活と人生のQOLにかかわる仕事です．それをどのようにすれば要介護状態の人によい結果が出せるのかを利用者から学び，試行錯誤のすえに得られたコツを発信しているのが本書です．

　旅立ちの動機を著者自身が紹介しています．
　―ある講演会で「在宅リハビリテーション」を講演していて，「やる気をだすにはどうしたらよいか？」と参加者から質問され，まったく答えられなかった―と．

その後，日常診療の中で高齢者や家族から教えてもらいながら得た，「一応の仮説」という"成果"が本書でもあります．
　まだ「旅の途中」ですが，と著者は謙遜していますが，現場の皆様には，現場から生まれた本書がきっとお役に立つとご推薦する次第です．

　内容を見るとまずユニークなのは，パワーリハビリテーションが喧伝される中で，「だらけ体操」の勧めでしょう．ゆらゆら，くねくねと，だらけの効果を推奨し，さらにあわおどり体操まで登場していますが，その秘術は本書で．パワーリハビリもだらけ体操もアプローチの方法論は違っても，「こころに効く」効果は一緒とか．
　またリハビリテーションにかかわるものにとって最も難題である「やる気」について，本人の持っているもの＜記憶，生活習慣，好きなこと，趣味，残存能力＞を使い，家にあるもの＜生活で実際に使っているもの＞を使い，そしてプロの持っているもの＜つまり心・技・体＞をどのように使うか，を事例で解説しています．
　もちろん要介護高齢者の日常生活支援に必要なリハビリテーション技術も，嚥下，食事，口腔ケア，関節可動域，拘縮，痛みのケアから，疾患別の方法論まで詳細に言及しています．
　それを加齢タイプ，介護タイプ，脳卒中・骨折タイプなど，タイプ別に解説しているのが本書のもう一つの特徴といえるでしょう．
　とりわけ，モチベーションを高める方法を実践事例から述べているところなど，現場主義の評者としては嬉しいところです．

　在宅リハビリテーションはこれからの重要な領域です．実践も成果の集積も理論化もまだ途上にあるといってもよいでしょう．
　本書が現場の皆様に活用され実践された暁には，さらに進化した在宅リハビリテーションに出会えることでしょう．それを期待しながら本書をご推薦したいと思います．

2006 年盛夏

はじめに

「在宅でのリハビリがわかりません」
こんな言葉をよく聞きます．「ごもっとも!」
　在宅で適切なリハビリを行うことは，大変難しいものです．しかし，あなたの目の前には，リハビリを必要としている患者さんがいて，ご家族もあなたのリハビリを待っています．

　早くはじめなければ……．
　そこで，今までの経験と知識を総動員し，目の前の患者さんにリハビリを開始します．「本当にこのやり方でいいんだろうか？」と自問自答しながら……
　在宅での現実はこんなところではないでしょうか．

　私が訪問診療をはじめたばかりの頃，毎日のように訪問先で患者さんやご家族に，リハビリのやり方を質問されました．満足に答えられなかったため，リハビリの教科書を買いに行きました．ところが，書かれているのは脳卒中の病院内でのリハビリのことばかりで，在宅でのリハビリのことがほとんど書かれていないのでがっかりしました．
　それからというもの，在宅でのリハビリについて，現場ですぐに使える実践的な本が欲しいと思っていました．そのような私自身の経験から，本書は在宅でのリハビリを理解，実践していただけるように図表やイラストを多く取り入れてあります．そして在宅リハビリ最大のテーマである「やる気を出すにはどうしたらよいか？」について，解決法を追求しました．
　また，実際に在宅リハビリを行っているスタッフに直接インタビューをして，日々の素朴な疑問を聞き取り，調査し，その疑問を解消していただけるように工夫しました．

　訪問看護師，理学療法士，作業療法士，マッサージ師のみなさん，あるいは訪問ヘルパーなど在宅スタッフのみなさん，もう闇の中で，自問自答しながらリハビリをする必要はありません．
　さあ，はじめましょう．患者さんもご家族もあなたがくるのを待っています!!

2006年8月

在宅リハビリ探検家・訪問医　　飯島　治

☺要介護3・4・5の人のための在宅リハビリ
―やる気がでる簡単リハビリのすすめ―

目　次

すいせんの序　　　　　山崎摩耶　　iii
はじめに　　　　　　　　　　　　　v
目次　　　　　　　　　　　　　　vii

Ⅰ. やる気をだすには？　1
1. やる気をだすには？（苦悩）　2
2. ある認知症患者さんに教わったこと　4
3. みんな「昔」を語り始めた　6
4. なぜ急に昔を語りはじめたか　8
5. 記憶はちょうちんにたとえるとわかりやすい　10
6. お年寄りに教わる　11
7. 「ギブ＆テイク」の関係を作る　12
8. 「自己愛」を感じてもらい「気力」を引き出す　13
9. イチレツランパン破裂して　14
10. 在宅リハビリ発展のためには　15
11. 「心」と「身体」は一体だ　16

Ⅱ. 在宅リハビリの現状　17
1. ヤミの中の行為　18
2. これが在宅リハビリの現実　20
3. 国（厚生労働省）と現場のギャップ　22

Ⅲ. リハビリの実際　25

A ●要介護3,4,5の人におすすめのリハビリ　26
1. だらけ体操　26
  ①紹介　26
  ②多くのバリエーション　27
  ③誕生秘話　28
  ④なぜ「だらけ」なのか　30
  ⑤なぜ効果があるのか，その背景を考える　32
  ⑥真のねらい　34
  ⑦どんな患者さんによいのか　35
  ⑧何回やればよいのか　36
  ⑨脳卒中の片麻痺に対する考え方　37
  ⑩身体面からみた効果　38
2. だらけ体操では物足りない人におすすめのリハビリ　あわおどり体操　39
3. パワーリハビリ vs. だらけ体操　40
4. だらけ呼吸　41
  ①紹介　41
  ②やり方　42
  ③その意義　43
    〈1〉身体について　43
    〈2〉心について　44
5. 要介護4,5の人におすすめのリハビリ　45
  ①足裏トントン マッサージ　45

☺要介護3・4・5の人のための在宅リハビリ
―やる気がでる簡単リハビリのすすめ―

②のけぞり ユラユラ リハビリ　46
③ふねこぎ ユラユラ リハビリ　47
④尻上げ・股開きリハビリ（尊厳リハビリ）　48
⑤ミニペットボトル ホカホカ リハビリ　50
コラム：ミニペットボトルホカホカリハビリは脳にも効く!!　51
⑥チークダンス バランス リハビリ　53

B ●要介護2, 3の人におすすめのリハビリ　54
①カベピタ立位リハビリ　54
②へそ出し立ち上がりリハビリ　55
③カベピタ立位リハビリ，へそ出し立ち上がりリハビリを上手に行うためには？　56
④転ばないように歩くためには？　58
⑤スイングバー・ポータブルトイレ足踏みリハビリ　60

C ●嚥下・構音（発声）リハビリ　62
1. 嚥下・構音障害とリハビリ　62
2. 障害を評価する（患者さんの嚥下力を評価するテスト）　64
3. 実践――
知ってしまえば簡単にできるリハビリの紹介　65
1）バカバカ発声リハビリ　66
2）ペットボトル ブクブク リハビリ　68
コラム：大人気のペットボトルブクブクリハビリ　69
3）食事前の準備運動（首・口・舌・顔の体操，深呼吸，発声練習）　70

4）カラオケ リハビリ　72
5）ヒエヒエ スプーン リハビリ（アイスマッサージ）　73
6）口腔ケア　74
　a. いまなぜ口腔ケアなのか？　74
　b. 口腔ケアの実際　75
　c. おすすめグッズ紹介　76
　d. 口腔ケア中の誤嚥を防ぐ　78
　e. 脳卒中の左右差を意識する　78
　f. 胃瘻が造設されている人こそ口腔ケアが必要　78
コラム：
①口を開けたままゴックンさせないで
②カバくんに学ぶ正しいうがい法　79
7）肺炎のリスクを1/3にする意外な薬　80

D ●すでに拘縮してしまっている人におすすめのリハビリ　81
関節ゆるゆるリハビリ　81
①紹介　81
②リハビリ前の基礎知識　82
③実践
　〈1〉はじめに　83
　〈2〉足指の関節のリハビリ　84
　〈3〉足関節のリハビリ　85
　〈4〉膝関節のリハビリ　86
　〈5〉股関節のリハビリ　88
　〈6〉手指と手関節のリハビリ　90
　〈7〉肘関節のリハビリ　92
　〈8〉肩関節のリハビリ　94

E ●在宅リハビリの「格言」／時間配分とリハビリの実例　95

263-00454

目 次

1. 在宅リハビリの「格言」　95
1) 訪問時，まず「顔色」「バンザイ」チェック　95
2) 迷ったときは本人や介護者に聞こう　95
3) 「いつもと違う」は立派な症状　95
4) 必須ツールは「ばか話」　96

2. 時間配分とリハビリの実例　97

Ⅳ. 現場の疑問に答える　99
Q 1. やる気のない人に対するリハビリの方法は？　100
Q 2. だんだん気力がなくなり，食欲と体力が低下してきたのですが……　102
Q 3. 週1〜2回のリハビリで効果はあるの？　104
コラム：腰痛を訴えているときはリハビリをするべきか？　105
Q 4. 腰椎圧迫骨折後の痛みの評価は？　106
Q 5. 冷たい湿布と温かい湿布　108
Q 6. リハビリの目標設定ができない場合の対処法　109
Q 7. 車いすからの転落予防には　110
Q 8. 足踏み運動のコツは？　112
Q 9. 筋トレの動機づけ　114
Q 10. 膝の関節拘縮を伸ばすには？　116
Q 11. 膝関節拘縮で痛がるときの対処法　117
Q 12. 肥満による膝痛に運動は？　118
Q 13. 膝の水を抜くとクセになる？　119
Q 14. 痛みのためリハビリが進められない　120
Q 15. 腰椎が骨折したかどうかを見分ける方法は？　122
Q 16. 肋骨を骨折しているかどうか見分けるには？　124
Q 17. おなかを痛がる患者さんを動かしてよいか　125

Q 18. 痛がったかと思うとすぐすいすい
　　　歩き出したりする場合，リハビリは
　　　……　　　　　　　　　　　　126
Q 19. 骨粗鬆症による痛みの緩和法　　128
Q 20. リハビリ中にふるえ出したらどうす
　　　ればよいか　　　　　　　　　129
Q 21. 片麻痺でも車いすをうまく操作する
　　　コツは？　　　　　　　　　　130
Q 22. 鍼（はり）や灸（きゅう）の質問に
　　　はどう答えたらよいのか？　　132
Q 23. 家で使える歩行器を紹介して　133
Q 24. 膝に効くサプリメントって？　134
Q 25. ペットセラピー導入についてアドバ
　　　イスを　　　　　　　　　　　135

V. 疾患に応じた リハビリのポイント　137

1. 脳卒中　138

1) 脳卒中とリハビリ　　　　　　138
2) 脳の仕組み　　　　　　　　　139
3) 片麻痺とは　　　　　　　　　142
4) 左麻痺は転倒注意　　　　　　143
5) 慢性期のリハビリの考え方　　144
6) 運動麻痺を評価する　　　　　145
　　（a）ブルンストロームテスト　145
　　（b）脳卒中の回復過程の特殊性を知る
　　　　　　　　　　　　　　　　147
　　（c）ブルンストロームテストで簡単評
　　　　価　　　　　　　　　　　148
　　（d）ブルンストロームテストの利用
　　　　――下肢麻痺とADLの考え方　150
7) 車いす訓練　　　　　　　　　151
8) 着替えはリハビリにもってこい　153

9) 拘縮のリハビリ　　　　　　　154
10) 肩の亜脱臼に注意？　そんなに神
　　経質にならないで　　　　　　156
11) 脳卒中の「痛み」と「しびれ」は
　　難治性　　　　　　　　　　　157

2. 骨折　158

1) お年寄りの骨折とは　　　　　158
2) 寝たきりを防ぐには　　　　　160
3) 大腿骨頸部骨折のリハビリ　　162
4) 腰椎圧迫骨折のリハビリ　　　164
**コラム：腰の重だるさが残る→腰背筋の
　　　　　疲れによるもの　　　　167**
5) 橈骨遠位端骨折のリハビリ　　168
6) 上腕骨頸部骨折　　　　　　　170
7) 2度と骨折しないためには　　172

3. 変形性膝関節症　174

1) 変形性膝関節症とは　　　　　174
2) 治療の3本柱　　　　　　　　175
3) 運動療法　　　　　　　　　　177
　　大腿四頭筋訓練（足上げ体操／座って
　　足上げ体操／足踏み体操／タオル押し
　　つけ体操）
4) 物理療法　　　　　　　　　　182

4. 変形性腰椎症　184

1) いわゆる老化による腰痛　　　184
2) 在宅リハビリの考え方　　　　185
3) リハビリの実際　　　　　　　186
　　（温熱療法／腰背筋のストレッチ）

5. リウマチ　188

1) リウマチとは　　　　　　　　188

目次

イラスト●サンゴ，花輪泰憲　レイアウト●あづま堂印刷 編集室

2）3つのタイプ　190
コラム：根拠のない健康食品をすすめないで　191
3）リウマチ患者さんは賢い　192
4）「リウマチのリハビリ」の特徴　194
5）在宅リハビリのキッカケを作る　196
6）少しずつ体を動かすリハビリを紹介する　198
7）リウマチ体操　200

6. パーキンソン病　202

1）パーキンソン病とは　202
2）まず介護者にねぎらいの言葉を　204
3）パーキンソン病はこんな病気　205
コラム：パーキンソン病は転倒注意　207
4）リハビリ前の基礎知識　207
5）リハビリの実際
　（A）押しかえして〜リハビリ　208
　（B）吸って〜，吐いて〜リハビリ　209
　（C）ゴルフスイング寝返り起き上がりリハビリ　210
　（D）バージンロード歩行リハビリ　211
　（E）横断歩道またげまたげリハビリ　212
　（F）前方足出し歩行介助法　213

Ⅵ. リハビリの基礎知識　215

1. なぜリハビリをするのか　216
2. どのタイプか考える　217
3. 脳卒中・骨折タイプのリハビリ　218
4. 加齢タイプのリハビリ　220
5. 介護援助タイプのリハビリ　222

6. 3つのタイプは連鎖する　224
7. お年寄りのための新しい運動の考え方　226
8. リハビリ中止の基準　①血圧　228
9. リハビリ中止の基準　②痛み　230
10. 生活状況を評価する　232
11. 身体状況を評価する　234
12. 病院リハビリと在宅リハビリのちがい　236
13. 在宅リハビリスタッフはスーパーマン??　238
14. 心臓病患者にリハビリは可能か？　240
15. 寝たきりにさせないためにはまず「座る」こと　242
16. 「座る」リハビリのすすめ方と注意点　244
17. 「立つ」リハビリ　246
18. 「歩く」リハビリ　247
19. 安易に「転倒注意」と言わないで　248
20. お年寄りの寝たきり予防とは　250
21. 要介護5の考え方から学ぶもの　252

あとがき　255

I やる気をだすには?

1. やる気をだすには?(苦悩) 2
2. ある認知症患者さんに教わったこと 4
3. みんな「昔」を語り始めた 6
4. なぜ急に昔を語りはじめたか 8
5. 話の内容 10
6. お年寄りに教わる 11
7. 「ギブ&テイク」の関係を作る 12
8. 「自己愛」を感じてもらい「気力」を引き出す 13
9. イチレツランパン破裂して 14
10. 在宅リハビリ発展のためには 15
11. 「心」と「身体」は一体だ 16

I ● やる気をだすには？

① やる気をだすには？（苦悩）

　私の「在宅リハビリ探しの旅」は，「やる気をだすにはどうしたらよいか？」という現場の切実な疑問がきっかけとなって始まりました．そもそも在宅リハビリとは，身体が不自由なお年寄りや障害者に対し，体を動かさせて，筋力トレーニングをさせればよいのでしょうか？

　従来のリハビリ法は，あまりにもリハビリ技術の方法論のみが重視されすぎたため，大切な何かが忘れ去られているような気がしてなりません．超高齢化社会に突入した

リハビリ技術の方法論は，現場では通用しなかった

　私が講師をした「在宅リハビリ」の講演で，「やる気をだすにはどうしたらよいか？」という質問にまったく答えられなかった

今日，私たちには，老いて障害をもった人々が「もう少し生きていたい」と思えるような対応をすることが求められています．お年寄りにとって一番つらいことは，自分が不必要で，迷惑な人間だと思い知らされることだといいます．

ですから，お年寄りに対して周囲の人々が態度や見方をよい方向に変えられれば，この問題は解決できると考えます．今回の在宅リハビリ探しの旅で，そのきっかけになるものを見つけましたので，ご紹介します．

かくして，広い視野での在宅リハビリ探しの旅が始まった

Ⅰ ● やる気をだすには？

❷ある認知症患者さんに教わったこと

　認知症のため，コミュニケーションをとることがむずかしく，会話もつじつまが合わない，要介護5の寝たきりのTさん（91歳）があるとき，ベッド上で「とどろ～く，つつお～と」という歌詞の歌を大声で一人で歌っていました．介護者の娘さんが言うには，この歌を歌ったあとは腰痛も軽くなり，寝返りもできるようになるのだそうです．

　そんなバカな……と思いつつ，とてもリズムのよい歌なので，娘さんと私で歌を覚えて3人で歌うことにしました．驚いたことに，歌詞はTさんが一字一句きちんと覚えていて教えてくれました．そして実際みんなで歌ってみると確かにTさんの顔がほころび，介護用ベッドから起き上がるのです．

　これを訪問のたびに繰り返した結果，Tさんはベッドの柵につかまり立ちができるようになり，足踏みもでき，介助で歩けるようになったのです．その後，調べてみると，この歌は「広瀬中佐」という名前の曲で，1923（大正12）年から終戦の1945（昭和20）年まで，小学校で広く歌われた（Tさんは4年生，10歳のとき習った）文部省唱歌であることが判明しました．

　そういえばサビの部分の「杉野は何処（いずこ）杉野は居（い）ずや」は，私も以前どこかで聞いたことがあるような気がします．さらに驚くべきことは，訪問先のすべての患者さんの目の前でこの歌を歌ってみると，8割以上のお年寄りがよく知っていて，そのほとんどの人がところどころ歌詞を口ずさんでくれることでした．

広瀬中佐　文部省唱歌
著作権：消滅（詞・曲）

一．
轟く砲音（つつおと）飛び来る弾丸（だんがん）
荒波洗うデッキの上に
闇を貫く中佐の叫び
「杉野は何処（いずこ）杉野は居（い）ずや」

二．
船内隈（くま）なく尋ぬる三度（みたび）
呼べど答えず探せど見えず
船は次第に波間に沈み
敵弾いよいよ辺（あた）りに繁（しげ）し

三．
今はとボートに移れる中佐
飛び来る弾丸（たま）に忽（たちま）ち失せて
旅順港外恨（うら）みぞ深き
軍神広瀬とその名残れど

〔一九一二（大正元）年十二月　尋常小学校唱歌四〕

日露戦争で戦死した広瀬中佐の臨場感あふれる歌．お年寄りにとっては子供時代のなつかしのメロディーのようだ

訪問すると，一人で歌を歌っていた

歌詞を教わり，3人で歌っていると，数カ月後，歩けるようになった．
広瀬中佐 恐るべし!!

Ⅰ ● やる気をだすには？

❸ みんな「昔」を語り始めた

　軍歌だと思っていた「広瀬中佐」を男女を問わずみんなが好意的に口ずさむ光景は，私にとってとても奇異で，不思議なものでした．しかし，よく話を聞いているうちに，その謎は解けてきました．

　「広瀬中佐」は日露戦争の歌であり，「同期の桜」や「海ゆかば」などのように太平洋戦争時代に作られた歌ではありません．つまり「同期の桜」や「海ゆかば」のように家族や友人の戦争による死，あるいはご本人のつらい戦争体験を思い出させる歌ではないのです．文部省唱歌であったこの歌は，むしろ子供時代の強い思い出をよみがえらせるなつかしのメロディーのようなのです．多くのお年寄りが「広瀬中佐は軍歌ではない」と断言していたのも，これでうなずけます．

　軍人さんを歌った曲はすべて軍歌であり，軍歌は軍隊で歌われると思い込んでいた，戦争を知らない私にとっては新鮮な発見でした．また，お年寄りの生きてきた時代背景をまったく考えずに，現在の病状のみに対応してきた私自身の診療態度も改善すべきであることを痛感しました．

　そんな折，「広瀬中佐」の歌をきっかけに，みんな「昔」のことを語り始めたのです．

● 「広瀬中佐」の歌はなぜ好まれるのか？

「広瀬中佐」	→	日露戦争の歌・文部省唱歌
「同期の桜」「海ゆかば」	→	太平洋戦争の歌・軍歌

　　　　　　　　　　　　　　　　　　　　　まったく違う

→「広瀬中佐」の歌は悲しい思い出ではなく，
　子供時代を思い出させるなつかしいメロディーだ
　お年寄りにとって軍歌ではない

コラム

どうしてしゃべってもらえないの？

知り合いのケアマネジャーが嘆いています．
「どうせねえちゃんに言ってもしょうがないから」
という捨てゼリフのおまけ付きです．
さて，なぜしゃべってもらえないのでしょう？
そして，どうしたらしゃべってもらえるようになるのでしょう？

その答えは……この章，「Ⅰ●やる気をだすには」にあります．

❹なぜ急に昔を語り始めたか

　ここで大きな疑問がでてきます．「広瀬中佐」の歌をいっしょに歌うと，なぜ急にお年寄りは昔のことを語り始めるのでしょう？　それを知るには，この国の近代史を知らなければなりません．

　いまのお年寄りたちは，明治天皇が定めた大日本帝国憲法により統治され，教育勅語により教育をされた幼少期や思春期時代を過ごしてきました．そして，その間，日本は日中戦争，太平洋戦争に多くの時間と労力を費やしました．お年寄りはみなこのような非常事態の世情のなかで育ち，人格形成を遂げてきたのです．

　しかし，太平洋戦争が終わり，敗戦国となった日本は，それまでの「天皇の統治する神の国」ではなくなり，「民主国家」に突然変身しました．もちろん文部省唱歌の「広瀬中佐」も否定され，歌わなくなりました．

　そしてそのとき，この激動の変化の渦に巻き込まれた多くの当時の若者たちは，きっとこう思ったに違いありません．「いったいいままでの教えは何だったんだろう，あれはすべて間違いだったのか」と．それ以降，この世代の人々は，昔のことを人に語ることを自ら封印してしまったようです．

　さらに，その後，「アジアの奇跡」といわれるほどの素晴らしい経済成長をなし遂げた日本には，「若くて新しいものはよい，老いて古いものはダメ」といった風潮が広まり，お年寄りはますます昔のことを人に話さなくなりました．

　今考えれば，そんなことをまったく知らず，無邪気に「この歌を知ってますか？」といって，歌いかけてくる私の姿は，お年寄りにとって驚くべき事件だったようです．そして「こいつには少し話してもいいかな」と昔のことをボソボソと語り始めたのではないでしょうか．

●世代の断絶を「広瀬中佐」が解く

戦前	大日本帝国憲法 教育勅語 神の国	← お年寄りはこのような教育で育ち，人格形成をしてきた
世代の断絶の壁		
戦後	日本国憲法 民主主義 経済大国	← 現在の日本のかたち

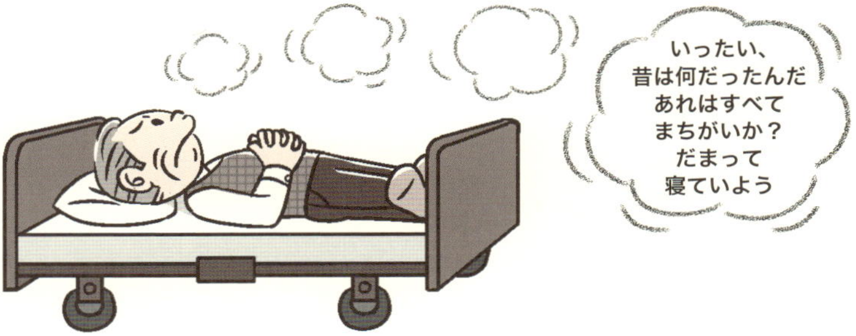

5 記憶はちょうちんにたとえるとわかりやすい

お年寄りの戦前，戦中の思い出話は，戦後生まれの私にとって驚きの連続であり，大変興味深いものでした．質問すれば，答えがどんどん湧き出るように返ってきます．そこで「なぜこんな学童期のプライベートなことまで教えてくれるのだろう」という疑問が起きました．

みなさんは，記憶と年齢は"とっくり型ちょうちん"の形をしているということをご存じですか（図①）．

つまり学童期，青春期の体験は記憶として残りやすく，老年期の体験は記憶に残りにくいのです．さらに老化により時間軸が圧縮されると，とっくり型は"折りたたみ式（蛇腹式）花びん型ちょうちん"のようになります（図②）．年をとると，昔話が多くなるというのはこのためです．

ですから「広瀬中佐」の歌で前述の世代のカベをぶち壊し，封印を解けば，話題は当然，学童期，青春期の思い出話となります（図③）．これはお年寄りにとってストレスがなく，楽しく愉快なことらしく，話がとまらなくなったりします．

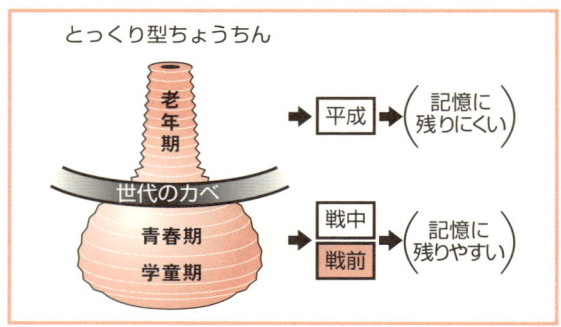

図①●記憶と年齢は"とっくり型ちょうちん"の形をしている

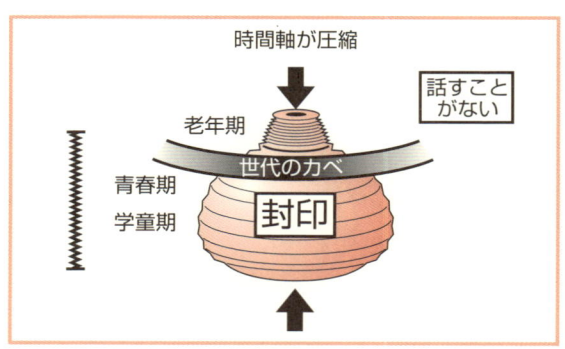

図②●老化により時間軸が圧縮され，"折りたたみ式（蛇腹式）花びん型ちょうちん"のようになる

図③●「広瀬中佐」の歌で世代のカベをぶち壊せばお年寄りの国に入れる

⑥ お年寄りに教わる

　もちろん，お年寄りのなかには症状が重く，会話ができない方も数多くいらっしゃいます．そのような方にも耳元で「広瀬中佐」を歌うと，たいていが顔をいっしょにほころばせ，笑顔で反応してくれます．すると介護者が「どうしてそんな歌知ってるの？」と驚いてくれて，そこから昔話が始まります．

　介護者を通じて話される，その思い出話は，戦前，戦中のこの国がいかに貧しく，生きることが大変であったかを私に教えてくれます．同時に，食べ物があることのありがたさ，平和のありがたさを間接的ではありますが，強烈に訴えかけてきます．「ほんとうにそれはこの国の話なんですか？」と問い返したことも数知れずありました．

　現在，無言で私の目の前に横たわっているお年寄りは，それらの困難と飢えを乗り切り，戦後の日本の復興を支え，そして年老いて人生の最終章を過ごしている人なのです．

　それまで普通の寝たきり老人として，お年寄りを診療してきた私自身にも何か大きな変化が生じました．無言のお年寄りに人として大切なものを教わり，少し成長できたように思えます．お年寄りのなかには，「広瀬中佐」の歌を知らない方も何人かいました．そのような人は，事情があって小学校すら行けなかった人で，文字も読めないのです．この国に文字の読めない大人がいることなど，私の常識では考えられず，大変な苦労を重ねてきた人たちだということを知りました．

Ⅰ ● やる気をだすには？

❼ 「ギブ ＆ テイク」の関係を作る
アンド

　アメリカのコフートという高名な精神分析学者は，人間関係において，最も理想的で安定した形は，「ギブ＆テイク」の関係であると断言しています．これは金銭的なことをいっているのではなく，あくまで心理的な意味での「ギブ＆テイク」です．

　日本的に言い換えれば「持ちつ持たれつ」の関係といえるかもしれません．この考え方は，日本では精神科医であり，作家である和田秀樹先生により広く紹介されています．この「ギブ＆テイク」の関係を患者さんとリハビリスタッフの間にも成立させられないでしょうか？

　従来の患者さんとリハビリスタッフの関係は，一方的にリハビリスタッフがギブし続けるというものでした．しかし，「広瀬中佐」の歌を歌うことにより，患者さんから戦前，戦中の体験を教わり，自分自身の成長にも役立つとしたら，ものすごく貴重なテイク（受け取り）があることになります．ですから，在宅リハビリの世界においても，ちょっとした工夫で「ギブ＆テイク」の最良の人間関係を作ることが可能なのです．

　在宅訪問はまずはじめに，信頼関係と良好な人間関係ありき，です．お互いの背景をさらけ出すことにより，信頼関係を作ることが何よりも大切です．これができれば，在宅リハビリの質がぐっと向上することは間違いありません．

● 理想的な人間関係

友	⇔	友	
親	⇔	子	⇒　すべて「ギブ＆テイク」の関係
夫	⇔	妻	
師匠	⇔	弟子	

患者さんから貴重な人生経験を教わることにより，
リハビリスタッフが人として成長できれば「ギブ＆テイク」になる

{ 信頼関係 / 良好な人間関係 } が作れれば ⇒　在宅リハビリの質が向上する

⑧「自己愛」を感じてもらい「気力」を引き出す

さらにコフートは,「ギブ&テイク」の関係の心理的な産物である「自己愛」の重要性について説いています.「自己愛」とは,「自分は重要視されていると他人から思われたい心理」のことです. すべての人間は,「自己愛」を感じたいために他人と人間関係をもつといわれています. ですから, 生きる気力を失っているお年寄りに「自己愛」を感じてもらえるようになれば, 生きる気力が湧いてくると考えてよいでしょう.

方法は簡単です. お年寄りは, 戦前, 戦中, 戦後の大変で困難な時代を生き抜いてきた賢者です. 豊かな今の時代にいる私たちには知りえない貴重な体験をし, 苦労を乗り越えてきました. ですから, 私たちはその体験を教えてもらえるように積極的にきっかけ作りをし, お年寄りから学ぶのです. そのかけがえのない生涯学習により私たち自身が成長し, その姿を恩返しとしてお年寄りに見せれば, きっと「自己愛」を感じていただけるのではないでしょうか.

ご存じのように, 在宅リハビリでは,「気力」が一番重要です. そしてまた,「気力」を引き出すことは非常に繊細でむずかしいことです. しかし, ただ何かをお年寄りに与えようとするだけではなく, 私たちも積極的に得ようとすれば, そこに「ギブ&テイク」の関係が生まれ, そして「自己愛」が発生し, 自然と「気力」が引き出されます. 私は, 在宅リハビリ探しの旅のなかで, このような説を見つけました.

●飯島説⇒「自己愛」が「気力」を引き出す

「自己愛」とは, 自分は重要視されていると他人から思われたい心理

方法

お年よりは貴重な人生経験をもつ賢者

↓

その経験を教えてもらえるようキッカケをつくる（例:「広瀬中佐」を歌う）

↓

多くのことをお年寄りから学ぶ

↓

自分自身が人として成長する

↓

恩返しとして, その姿を見せる

↓

「ギブ＆テイク」の関係ができる

↓

「自己愛」が発生する

↓

「気力」が湧く

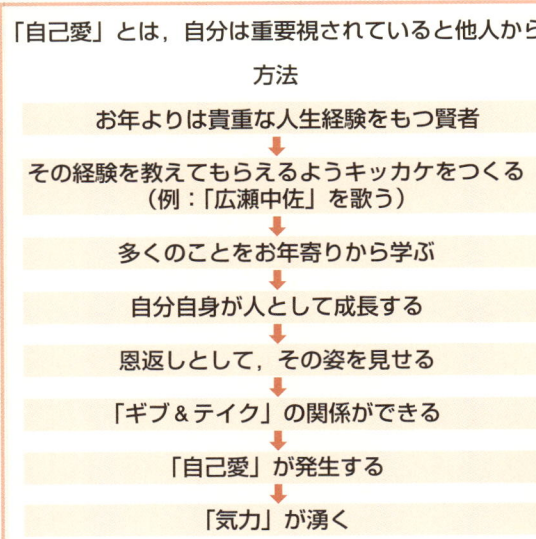

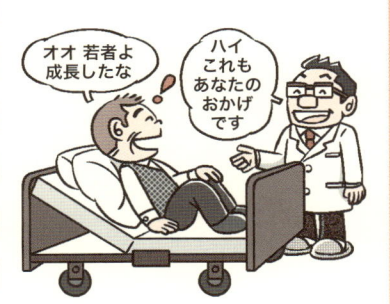

Ⅰ ● やる気をだすには？

❾ イチレツランパン破裂して

　在宅患者さんのなかには，生活が困窮していたために，学校に行けなかった方もいらっしゃいます．そのような方は，文部省唱歌である「広瀬中佐」を知りません．しかしその時代に育ったほとんどの女の子が歌った歌があります．

　それがこの「イチレツランパン破裂して」ではじまる手まり歌です．お年寄りのなかには「それはお手玉の歌だ」とか，「手遊びの歌だ」と主張する方もいらっしゃいます．いずれにしろ，その当時，だれもが歌ったなつかしのわらべ歌であることは間違いありません．この歌はもともと「一番はじめは」という，明治初期に作られた手まり歌の替え歌です．しかしその内容には，たとえば「六人残して皆殺し」などと手まり歌としてはまことに不適切な表現が多く，驚かされます．

　明治末から昭和戦前にかけて，「国家」が子どものあそびにも大きく踏み込んでいたことがうかがい知れます．私たちリハビリスタッフは，今，目の前にいるお年寄りがそのような時代に育たざるをえなかった事実をかみしめ，同時に自分の育った時代に感謝をしなければなりません．それにより，お年寄りを大切にしたい気持ちが自然に湧き起こり，お年寄りに「自己愛」が発生するのです．

　レコード会社に問い合わせたところ，「イチレツランパン」はその不適切な表現のため，現在製造されていないそうです．しかし，私たちリハビリスタッフは，「自己愛」のため，そして「自分自身の成長」のために，お年寄りとともに歌うことが必要であると考えます．

● あの時代，だれもが歌った，なつかしのわらべ歌*

「イチレツランパン」	「イチレツランパン」の原曲の手まり歌はこれ
一、イチレツランパン破裂して	「一番はじめは」
二、日露戦争始まった	一番初めは　一の宮
三、サッサと逃げるはロシアの兵	二は日光の〔二また日光〕東照宮
四、死んでも〔死ぬまで〕尽くすは日本の兵	三は〔三また〕佐倉の　宗吾郎
五、五万〔御門〕の兵を引き連れて	四は〔四また〕信濃の　善光寺
六、六人残して皆殺し	五つ〔五は〕出雲の　大社
七、七月八日の戦いに	六つ村々　鎮守様
八、ハルピンまでも攻め込んで〔攻め寄って，攻め入って〕	七つ成田の　不動尊〔不動様〕
九、クロパ〔ポ〕トキンの首を取り	八つ八幡の　八幡宮
十、東郷元帥〔大将〕万々歳〔十でとうとう大勝利〕	九つ高野の　弘法様〔弘法さん〕
	十でところの　氏神さん
	〔十は東京　心願寺〕

*以上の2つは私がお年寄りたちから聞き取ったものですが，地域や個人で少しずつ言い換えがあるようです．「日本わらべ歌全集（柳原書店）」なども参照しました．

⑩ 在宅リハビリ発展のためには

　在宅リハビリの現状はなかなか成果が見えてこない，未開拓な状態です．このことは，在宅リハビリの現場で，実際携わっている人ほど痛感しているのではないでしょうか．

　理由はいくつかありますが，大きな理由の1つは，教育機関で習うリハビリテーション学の内容と在宅リハビリで要求されている内容のギャップがあまりに大きすぎることです．つまり，いくら教科書でリハビリテーション学を勉強しても，実際の在宅現場で役に立たないのです．そこでこの閉塞状態を打開するために，私なりに今後の在宅リハビリの発展のために必要なことを提案します．

①**大胆な発想**
　既存のリハビリテーション学の延長ではなく，現場のニーズに着目した常識を覆すような大胆な発想が必要．

②**具体的**
　「毎日の成功体験を積み重ねましょう」などと，抽象的な表現が多くの教科書に書いてありますが，実際，2年も3年も寝たきりの人に，いったい何を成功させろというのでしょうか？　私にはさっぱりわかりません．

　それなら「だらけ体操」（詳細は26頁以降）をしてみましょうとすすめてみたり，「広瀬中佐」の歌を耳元で歌ってみてはいかがでしょうか．

③**簡単**
　「明日から○○さんにすぐやってみよう」と思えるような，簡単なリハビリが在宅リハビリには最適です．

●在宅リハビリへの提案

現在の在宅リハビリ　⇒　なかなか成果が見えてこない
理由　⇒　リハビリテーション学をいくら勉強しても在宅現場で役に立たないから

在宅リハビリへの提案
①大胆な発想
②具体的
③簡単

たとえば，だらけ体操を行いながら「広瀬中佐」を歌う

⑪ 「心」と「身体」は一体だ

　私の「在宅リハビリ探しの旅」は，まだ始まったばかりです．しかし，その一里塚として「在宅リハビリの本質は？」という問いに対する答えを一度出してみようと試みました．

　17世紀に活躍した，近代哲学の父，ルネ・デカルトは，心と身体は別のものであるという「心身二元論」を確立しました．一切の感情を排除したその考え方は，その後，数学や物理学，化学，医学などの科学を著しく発展させました．しかし，私はここにきて，人類は何か大きな忘れ物をしたままひた走っているような気がしてなりません．その大きな忘れ物とは，もちろん「心」です．なぜそのように考えたかというと，在宅リハビリの現場でいくら新しいリハビリ法を発明しても，常に「何か足りない……」という想いに悩まされてきたからです．

　「リハビリは単に手足を動かせばよいのか？」

　この問いに答えてくれる教科書はありませんでした．しかし「心に効く」アプローチを発見したとき，私の頭の中から，そのもやもやがすっと消えてなくなったのです．実際，この方法をはじめてから，在宅リハビリも軌道にのりはじめ，お年寄りが自主的にリハビリをしてくれることが多くなりました．

　やはり「身体」と「心」は，つながっているのではないでしょうか？　私はあえて「心」と「身体」は一体であるという「心身一元論」を主張します．

　実際，お年寄りが多い在宅リハビリにおいて，筋力増強や可動域の拡大だけを目指すリハビリは，受け入れてもらえません．ご本人の「リハビリをしよう」という動機づけがないと，リハビリ自体が始められないのです．つまり，「やる気」をだすための「心」のアプローチが欠如していると在宅リハビリは絵に描いた餅になってしまいます．したがって，この事実をしっかり理解したうえで，「心」にアプローチを行い，そして状態像に適したリハビリ法を切れ目なく紹介していけばうまくいくことが多いのです．

　このような経験から，私は，「在宅リハビリにおいて"心"と"身体"は一体だ」と強く思うようになりました．

Ⅱ 在宅リハビリの現状

1. ヤミの中の行為　18
2. これが在宅リハビリの現実　20
3. 国（厚生労働省）と現場のギャップ　22

Ⅱ ● 在宅リハビリの現状

1. ヤミの中の行為

 **Point**
- 「何をしたらいいかわからない」
- だれにも教えてもらえない
- 「密室」の中で一人で手探りでやるしかない
- 「在宅リハビリ」という言葉が一人歩きをしている
- 理学療法士，作業療法士が少なく訪問看護師，あん摩マッサージ師指圧師，ヘルパー，家族が肩代わりをしている

「お願いします」

患者さんもご家族もあなたを温かく迎え入れてくれます．そしてあなたのリハビリをいまかいまかと待っています．

これからのひとときは，あなたが主役，いまからそのステージのはじまりです．

さあ，早く始めねば……．

「ところで何をすればいいの？」「だれか助けて！」

今日も日本全国の多くの訪問先で，こんな状況が展開されているのではないでしょうか．

いったいなぜこんなことになってしまったのでしょう？

まずは「在宅リハビリ」という言葉が介護保険制度の普及により，勝手に一人歩きをしてしまい，急速に一般化したものの，その具体的内容や目的が十分に議論されなかったため，結局，何をしたらいいかだれもわからないという奇異な状況が生まれてしまったためです．

また，在宅の世界に飛びこんでみても，訪問リハビリの教育や研修はほとんど行われておらず，教えてくれる先生もほとんどいません．そのため自分自身の経験をもとに密室中で手探りのままやるしかないというのが現状だからではないでしょうか．

さらに，本来リハビリのプロである理学療法士や作業療法士が極端に不足しているため（**図**），訪問看護師，あん摩マッサージ指圧師，ヘルパー，家族がその肩代わりをしているというのも現状です．

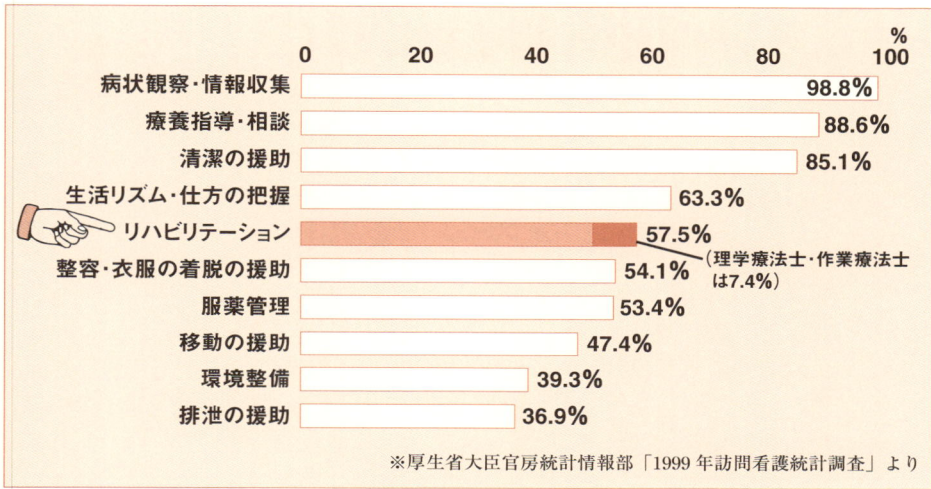

図● 訪問看護業務における看護内容の割合（1999年）
看護内容の割合（利用者100に対してどのくらいの比率で実施していたか）について上位10項目を提示

1999年「厚生省・訪問看護統計調査」によると
訪問看護の利用者100に対して57.5%と
訪問リハビリのニーズはとても高いが……

Ⅱ ● 在宅リハビリの現状

2. これが在宅リハビリの現実

 Point

- 医師が在宅リハビリに対して無理解なため,適切な指示が出せない
- リハビリ依頼の多くは「お任せ」「丸投げ」
- 訪問看護指示書にはリハビリの項目に○がついているだけ.マッサージ療養同意書には部位の項目に○がついているだけ
- 具体的な指示がない
- やっぱり訪問看護師,あん摩マッサージ指圧師,ヘルパー,家族は「密室」の中で一人で手探りでやるしかないのか…
- それでも,在宅リハビリは機能や状態がよくなったと医師の評判は上々
- 在宅の現場では,みんなよくがんばっている

「何をしたらいいかわからない」
　これは訪問看護師,あん摩マッサージ指圧師,ヘルパー,家族が不勉強のせいなのでしょうか.
　ここに興味深い資料があります.東京都医師会による,「在宅リハビリテーションに療法士が関与して在宅診療医が困ったこと」のアンケート調査の結果です(**表①**).
　ここでいう療法士というのは,理学療法士,作業療法士,言語療法士のことですが,彼らの肩代わりをしている,訪問看護師,あん摩マッサージ指圧師,ヘルパー,家族も同様に考えてよいでしょう.
　このアンケートで最も注目すべき点は,困ったことの第1位が「d. 訓練に関する指示を誰が出しているのかわからなかった」というものであることです(**表①**).
　つまり,在宅リハビリは本来医師の適切な指示によって行われるはずですが,医師自身が訓練の指示を「誰が出しているかわからない」という,まさに驚くべき事実が浮かび上がってきたのです.
　在宅リハビリに対する医師の無理解と無関心ぶりが露呈してしまったアンケート結果を,われわれ在宅診療をする医師は真摯に受けとめねばなりません.
　しかし,誰が指示しているかわからずに行われている在宅リハビリは,**表②**のaでわかるように,患者さんの機能や状態がよくなったと,過半数の医師が認めていて,きちんとした成果を上げています.
　このアンケートから,在宅の現場ではみんなよくがんばっているということがわかります.

表①● 在宅リハビリテーションに療法士が関与して，在宅診療医が困ったこと（196名の複数回答）

a.	療法士に対してどのような指示を出してよいかわからなかった	17名	(8.7%)
b.	療法士特有の言葉や定義がわからなかった	5名	(2.6%)
c.	その療法士がどのような内容の訓練を専門にしているのかわからなかった	42名	(21.4%)
d.	訓練に関する指示を誰が出しているのかわからなかった	48名	(24.5%)
e.	症状が増悪することが心配だ	3名	(1.5%)
f.	事故が起こることが心配だ	3名	(1.5%)
g.	療法士が指示通りにしなくて困った	1名	(0.5%)
h.	療法士がよけいなことを言いすぎる	13名	(6.6%)
i.	その他，困ったこと	9名	(4.6%)
j.	困ったとは思わない	82名	(41.8%)

（在宅診療をする医師へのアンケート調査）
東京都医師会：医療関連職種の連携推進のための医師（医師会）の果たす役割について（答申）1995年3月15日 p.13, 表14より

なんじゃこりゃ～！

指示書には、リハビリの項目に〇がついているだけ

表②● 在宅リハビリテーションに療法士が関与して，在宅診療医がよかったと思うこと（196名の複数回答）

a.	患者の機能や状態がよくなった	102名	(52.0%)
b.	家族が訓練の方法がわかって喜ぶことが多かった	101名	(51.5%)
c.	家族自身の身体状況の改善に役立った	36名	(18.4%)
d.	療法士の業務や訓練の方法がよくわかった	11名	(5.6%)
e.	患者の家の改築計画に役立った	20名	(10.2%)
f.	外来診療に役立った	11名	(5.6%)
g.	療法士に対する指示の出し方がよくわかった	8名	(4.1%)
h.	療法士の所属がわかり連絡しやすくなった	10名	(5.1%)
i.	介護用品，福祉機器の必要性がわかった	23名	(11.7%)
j.	その他，よかったこと	9名	(4.6%)
k.	よかったと思わない	24名	(12.2%)

（在宅診療をする医師へのアンケート調査）
東京都医師会：医療関連職種の連携推進のための医師（医師会）の果たす役割について（答申）1995年3月15日 p.12, 表13より

Ⅱ ● 在宅リハビリの現状

3. 国（厚生労働省）と現場のギャップ

- 国（厚生労働省）は軽度者（要支援，要介護1，2）の寝たきり防止のための在宅リハビリに熱心
- しかし実際，在宅リハビリを受けている人の7割強は要介護3，4，5の重度者
- 国と現場では在宅リハビリの認識に大きなギャップがある
- 患者さんのニーズに合う，効果的なリハビリを現場から発信し，在宅リハビリの発展に貢献しよう

　介護保険財政の危機から，国も本気で在宅リハビリに取り組もうとしています．在宅リハビリによっていつまでも元気で長生きしてもらおうという国の政策は，素晴らしいと思います．しかし問題点は，その対象が軽度者（要支援，要介護1，2）に重点が置かれ，重度者（要介護3，4，5）は置き去りにされていることです（**図①**）．

　2004（平成16）年7月に私が行ったアンケート調査によると，都内13か所の訪問看護ステーションの訪問先は，難病などの医療保険患者を含めて集計すると，要介護3，4，5の重度者が7割強となりました（**図②**）．

　つまり，国の考えている在宅リハビリと実際に訪問看護師，マッサージ師（あん摩マッサージ指圧師），ヘルパー，家族の行っている在宅リハビリでは，名前は同じでもその内容はまったく異なるのです．介護保険制度も在宅リハビリの普及もまだ始まったばかりのものですので，これから改善が加えられたり成熟をして，現状に適した進化をしなければなりません．

　そのためにも，私たち現場のスタッフはきちんとした知識と技術を身につけ，患者さんのニーズに合う効果的なリハビリを現場から発信し，在宅リハビリの発展にみんなで貢献していこうではありませんか．

総合的な介護予防システムの確立
筋力向上トレーニング、閉じこもり予防など、軽度者を対象とする新たな介護予防給付の導入、統一的な介護予防マネジメントの確立

2000年4月末からの増加率

計	78%
支	107%
1	127%
2	51%
3	55%
4	41%
5	57%

（出典：介護保険事業報告）

軽度者が増加しているが自立支援に資するサービスが提供されているか？

いつまでも元気で長生きするために

介護予防プログラムの具体例

要注意高齢者の早期発見	対処法
生活機能低下	筋力向上トレーニング
転倒危険者	転倒予防教室
軽度のボケ	地域型痴呆予防プログラム
低栄養状態	低栄養予防教室
口腔ケア	はみがき励行と義歯調整

（出典：東京都老人総合研究所）

図①● 国の在宅リハビリの考え方

東京都江東区K訪問看護ステーションの訪問先の介護度別人数（2004年6月末現在）
棒グラフ下の■は医療保険の患者さん
13か所の訪問看護ステーションのアンケート結果でも要介護3,4,5が7割強であった

図②● 実際の訪問看護（リハビリ）利用者

263-00454

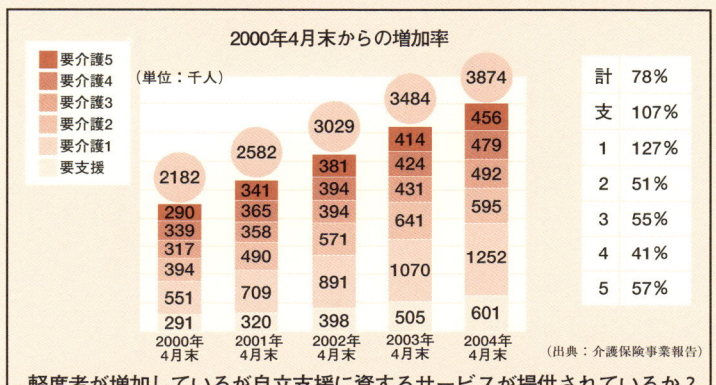

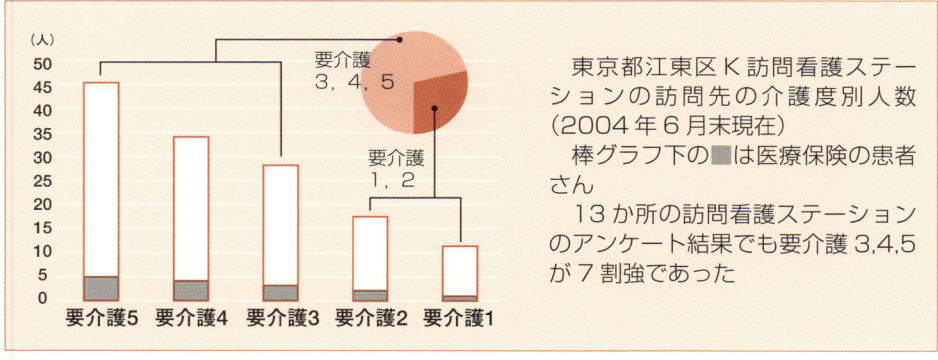

III リハビリの実際

A. 要介護 3,4,5 の人におすすめのリハビリ
1. だらけ体操
   ① 紹介　26
   ② 多くのバリエーション　27
   ③ 誕生秘話　28
   ④ なぜ「だらけ」なのか　30
   ⑤ なぜ効果があるのか、その背景を考える　32
   ⑥ 真のねらい　34
   ⑦ どんな患者さんによいのか　35
   ⑧ 何回やればよいのか　36
   ⑨ 脳梗塞の片麻痺に対する考え方　37
   ⑩ 身体面からみた効果　38
2. だらけ体操では物足りない人におすすめのリハビリ
   あわおどり体操　39
3. パワーリハビリ vs. だらけ体操　40
4. だらけ呼吸
   ① 紹介　41
   ② やり方　42
   ③ その意義
      〈1〉身体について　43
      〈2〉心について　44
5. 要介護 4,5 の人におすすめのリハビリ
   ① 足裏トントン マッサージ　45
   ② のけぞり ユラユラ リハビリ　46
   ③ ふねこぎ ユラユラ リハビリ　47
   ④ 尻上げ・股開きリハビリ（尊厳リハビリ）　48
   ⑤ ミニペットボトルホカホカリハビリ　50
   コラム：ミニペットボトルホカホカリハビリは脳にも効く!!　51
   ⑥ チークダンス バランスリハビリ　53

B. 要介護 2, 3 の人におすすめのリハビリ
   ① カベピタ立位リハビリ　54
   ② へそ出し立ち上がりリハビリ　55
   ③ カベピタ立位リハビリ，へそ出し立ち上がりリハビリを上手に行うためには？　56
   ④ 転ばないように歩くためには？　58
   ⑤ スイングバー・ポータブルトイレ足踏みリハビリ　60

C. 嚥下・構音（発声）リハビリ
   1. 嚥下・構音障害とリハビリ　62
   2. 障害を評価する─患者さんの嚥下力を評価するテスト　64
   3. 実践─知ってしまえば簡単にできるリハビリの紹介　65
      1) バカバカ発声リハビリ　66
      2) ペットボトル ブクブク リハビリ　68
   コラム：大人気のペットボトルブクブクリハビリ　69
      3) 食事前の準備運動　70
         （首・口・舌・顔の体操，深呼吸，発声練習）
      4) カラオケ リハビリ　72
      5) ヒエヒエ スプーンリハビリ
         （アイスマッサージ）　73
      6) 口腔ケア
         a. いまなぜ口腔ケアなのか？　74
         b. 口腔ケアの実際　75
         c. おすすめグッズ紹介　76
         d. 口腔ケア中の誤嚥を防ぐ　78
         e. 脳卒中の左右差を意識する　78
         f. 胃瘻が造設されている人こそ口腔ケアが必要　78
   コラム：①口を開けたままゴックンさせないで　79
         ②カバくんに学ぶ正しいうがい法　79
      7) 肺炎のリスクを 1/3 にする意外な薬　80

D. すでに拘縮してしまっている人におすすめのリハビリ
   関節ゆるゆるリハビリ
   ① 紹介　81
   ② リハビリ前の基礎知識　82
   ③ 実践
      〈1〉はじめに　83
      〈2〉足指の関節のリハビリ　84
      〈3〉足関節のリハビリ　85
      〈4〉膝関節のリハビリ　86
      〈5〉股関節のリハビリ　88
      〈6〉手指と手関節のリハビリ　90
      〈7〉肘関節のリハビリ　92
      〈8〉肩関節のリハビリ　94

E. 在宅リハビリの「格言」/
   時間配分とリハビリの実例
   1. 在宅リハビリの「格言」
      1) 訪問時，まず「顔色」「バンザイ」チェック　95
      2) 迷ったときは本人や介護者に聞こう　95
      3) 「いつもと違う」は立派な症状　95
      4) 必須ツールは「ばか話」　96
   2. 時間配分とリハビリの実例　97

A 要介護 3, 4, 5 の人におすすめのリハビリ

1. だらけ体操① ── 紹 介

Point

- 要介護3, 4, 5の方に最適
- ベッド上で,あるいは座って歩くまねをするだけ
- 以前歩いていた人なら,だれでもできる
- 一度の説明ですぐ理解してもらえる
- 世界一安全
- だまされたと思ってやってみてください

> ア～疲れた、疲れた

> ア～疲れた、疲れた

① ベッド上で,手,足を動かし,歩くまねをするだけ
② ほどよくやったら,「ア～疲れた,疲れた」と言って(声に出さなくても心の中で言えばよい)おしまい(1日何回やってもよい)
③ 毎日やる必要はない.土日は休みでよい

爽快感がただよいます
＜座ってやってもよい＞
① ベッドサイドに座って
② 腕を振り,足踏みするだけ

　みなさんはどんなリハビリを行っていますか？　楽しくやれていますか？　長続きしていますか？　自発的に患者さんがやってくれていますか？　何回,何セットやればいいかわかりますか？　だいいち,自分のリハビリの指導に満足していますか？

　私は自分自身の今までのリハビリ指導に,自信ももてなかったし,満足もできなかったので,新しい体操を発明しました.それが「だらけ体操」です.

　ぜひ自分で寝っころがって,やってみてください.「ア～疲れた,疲れた」と言うと,なんとなく笑えて,どことなく爽快感がただよいます.

A. 要介護3,4,5の人におすすめのリハビリ

1. だらけ体操② ── 多くのバリエーション

Point
- 歩くまねをするだけなので，やり方は患者さん任せでよい
- 患者さんの状態によって，さまざまなだらけ体操が生まれる
- みんなでやり方を考え，いっしょにやってみると楽しい

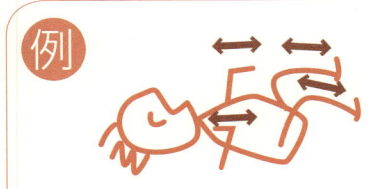

例

自転車こぎのようにしてやっている人もいる

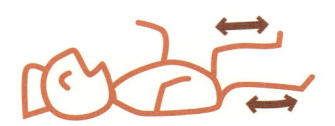

在宅スタッフもいっしょにやってみると楽しいし，本人のダイエットにもなる？

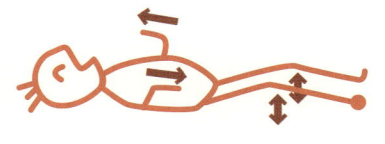

膝に拘縮のあるおばあちゃんは膝を伸ばす体操として利用していた

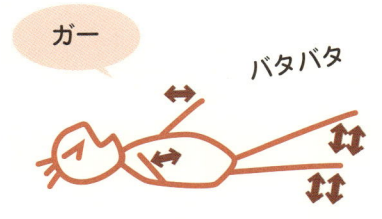

脳出血（視床出血）のため身体のバランスのわるかった男性は，とにかくひまがあれば手足をバタバタさせるようにしていたところ，いつの間にか四肢の拘縮と痛みがとれた

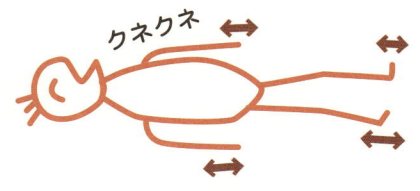

手足を上げずに全身をクネクネさせているだけの人もいた

　「だらけ体操」の定義は，「歩くまねをして，ほどよくやったら『ア～疲れた，疲れた』と言う」ことだけです．そのため人それぞれでやり方が異なり，多くのバリエーションが生まれました．
　在宅スタッフもいっしょにやってみて，いろいろなやり方を発明し，患者さんに提案してみてください．試行錯誤しているうちにきっとその患者さんに最適な「だらけ体操」が見つかると思います．

III ● リハビリの実際

1. だらけ体操③——誕生秘話

Point
- 「だらけ体操」は訪問診療中に突然生まれた
- 訪問診療中にテレビ体操を患者さんといっしょにした
- しかし実際できるのは,腕ふりと足踏みだけだった
- これはまさに歩く動作そのものだ！
- この患者さんが80年以上毎日やってきた動作だ
- 「歩く動作」はまばたきや食事の時の噛むことと同様,無意識で毎日やってきた動作だ
- これならだれにでもできるこの発見をヒントに発明……☞「だらけ体操誕生!!」

訪問したらテレビ体操を見ていた

こんにちは〜

いっしょにやってみたかったが……

あ、そ〜れ
あ、そ〜れ

結局できたのは腕ふりと足踏みだけだった……

A. 要介護3,4,5の人におすすめのリハビリ

だらけ体操 誕生!!

　「歩くまねをするだけ」のだらけ体操は，このようにして，訪問診療中に，突然誕生しました．

　その患者さんは，座位保持はできましたが，ポータブルトイレは介助移動という要介護4か5ぐらいの状態の方でした．

　テレビ体操をいっしょにやってみて，腕ふりと足踏みしかできない，という惨憺たる結果に，お互い気まずくなってしまって，苦しまぎれに「じゃあこれをやってみましょう」と言っていっしょにやったのが「歩くまねをするだけ」のだらけ体操の誕生の瞬間です．

　こうして「だらけ体操」は在宅の現場で患者さんに教えてもらうことによって誕生しました．その後，医学的見地から改良を加え，今の形を発明したのです．

1. だらけ体操④──なぜ「だらけ」なのか

Point
- 患者さんは「ハツラツ」とか「イキイキ」などの言葉にうんざりしている
- 「だらけ」により、やらなければいけないという強迫感からのがれられるので安心する
- サプライズ効果でまず興味をもってもらえる
- バカバカしさを演じることにより、同じ目線で、一緒にやってみましょうと言える
- 強制しないことで、楽しくやれそうな雰囲気作りができ、意欲が高まる
- 「笑い」を引き出せる
- 何よりも、みんなが楽しめ、介護者も喜ぶ

A. 要介護 3, 4, 5 の人におすすめのリハビリ

　「だらけ体操」と命名した後に，患者さんとご家族に「この名前，どう思いますか？」と質問してみました．正直いって「バカにしてんのか」「失礼だ」などの，おしかりを受けると思っていたのですが，予想に反して好評でした．

　とくにうるさ型のご家庭で大好評だったのが印象的でした．おそらくそのようなご家庭は，介護者が一所懸命で，患者さんもそれに応じようと日々がんばっているからでしょう．

　ご家族から「自分からすすんで体操してくれるようになったので，とても楽になりました」と感謝されたのも予想外のことでした．

III ● リハビリの実際

1. だらけ体操⑤ ── なぜ効果があるのか，その背景を考える

Point
- 寝たきりや準寝たきりの患者さんでも，「このままではいけない，なんとかしなければ」という思いが心の隅に残っている
- しかしどうしていいかわからないので，一日中ベッド上でテレビを見ている（不機嫌，無気力，無関心）
- リハビリはやったほうがいいとわかってはいるが，今さらつらいことはしたくない
- することがないのは本当につらい，何のために生きているんだ
- だらけ体操紹介➡受け入れ

だらけ体操を紹介したが，不機嫌，無気力，無関心
一日中テレビを見ている……

「どうせダメだろうなぁ」
「ア〜疲れた，疲れた」

ところが，次の訪問時……なんと毎日やっている!!

「気づくとバタバタやってます」
「どうして？？」

A. 要介護 3, 4, 5 の人におすすめのリハビリ

　要介護 4, 5 の患者さんの中には, 正直いって, だらけ体操を紹介しても, どうせ拒否するだけだろうと予想される方が何人もいらっしゃいました. それでも, 念のため, 実演して, 紹介してみました.
　次回の訪問時に, どうせダメだろうと思いつつ, おそるおそるたずねてみると, なんと一所懸命, 毎日やってくれている方が多数いてビックリしました. どうしてやってくれているのだろうと, 逆に困惑しました. 私に気をつかって, 無理してやってくれているというふうでもありません. よく考えてみると, 現在不機嫌で無気力で無関心で一日中テレビばかり見ている方でも, 必ずしも昔からそのような状態ではなかったはずです.「このままではいけない, なんとかしなければ」という思いが心の隅に残っているものの, どうしたらよいかわからない, 何をしたらよいかわからない, というのが現実だったのでしょう.「なんとかしたい」という思いのスイッチをだらけ体操が押したのではないでしょうか.
　もちろんだらけ体操は魔法の杖ではありません. しかし, お手伝いできる道具であることは確かです.

Ⅲ ● リハビリの実際

1. だらけ体操⑥――真のねらい

Point
- だらけ体操は「心に効く体操」です
- 自発性の向上により,意欲が出ます
- 「体がほぐれりゃ,心もほぐれる」
- 「だらけ体操」は人を幸せにする体操です

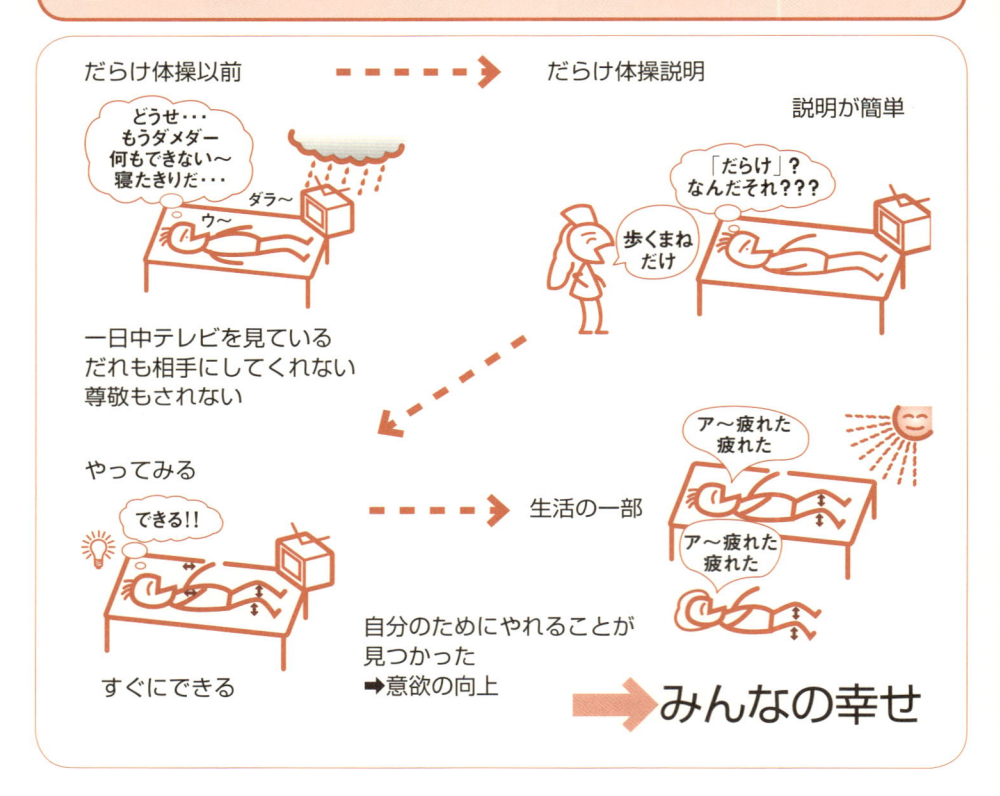

だらけ体操以前

どうせ…
もうダメだー
何もできない〜
寝たきりだ…

一日中テレビを見ている
だれも相手にしてくれない
尊敬もされない

だらけ体操説明

説明が簡単

「だらけ」？
なんだそれ？？？

歩くまねだけ

やってみる

できる!!

すぐにできる

生活の一部

ア〜疲れた
疲れた

ア〜疲れた
疲れた

自分のためにやれることが見つかった
➡意欲の向上

➡ **みんなの幸せ**

　「だらけ体操は四肢の運動ができて,安全だし,拘縮予防にもいいですね」と仲間の看護師によく言われます.確かにそのとおりなのですが,真のねらいはちょっと違います.私が東京都の江東区と江戸川区の訪問看護ステーションに行ったアンケートにおいて,「何が一番困るか？」という質問に対する,ダントツの1位の回答は「**意欲を引き出すにはどうしたらよいか**」でした.

　つまり,在宅リハビリにおいて最も大切なことは,単に四肢を動かすことではなく,自発的な運動を通して**意欲を引き出し**,ひいては「**長生きしてよかった**」と実感していただくことです.

　だらけ体操の真のねらいはまさにそれです.

A. 要介護3,4,5の人におすすめのリハビリ

1. だらけ体操⑦──どんな患者さんによいのか

Point
- 要介護3,4,5の半数以上の患者さんがやってくれるようになった（当院で1年間経過観察調査の結果）
- とくに要介護4での有効率が7割と高い
- 要介護5の、とくに重症例では実施が困難
- 認知症（痴呆症）とうつ病の患者さんには継続が困難
- 要介護1,2の人はもともと歩けるので、あまり必要がない
- なぜか介護者も勝手にやりはじめて「あ〜疲れた、疲れた」と言っている
- ➡要介護3,4,5の患者さんにとりあえずすすめてみてください

「どんな患者さんにすすめたらいいのですか？」

訪問看護ステーションへ、だらけ体操の普及をお願いしに行くと、よくこんな質問をされます。「そういえばどんな患者さんによいのだろうか？」という私自身の疑問から当院での結果を1年間追跡調査してまとめてみました（図）。

私のところは約50人の患者さんに訪問診療を行っている小さなクリニックなので、確実なことは言えないのですが、この調査である程度の傾向はつかめました。

①要介護3, 4, 5の半数以上（5割強）の患者さんが、1年後も継続的にやってくれている
②とくに要介護4の有効率が約7割と高い
③要介護5のとくに重症例は実施自体が困難
④認知症とうつ病の患者さんは継続が困難
⑤要介護1, 2はもともと歩けるのであまり必要がない

ということがわかりました。

とくに、①は、以前は自発的にまったく運動をしなかった患者さんの半数以上が1年以上継続して、自分から運動しているということを意味し、「自発性の向上」「意欲の向上」に効果のあることがわかりました。

図●当院で行った1年間の追跡調査

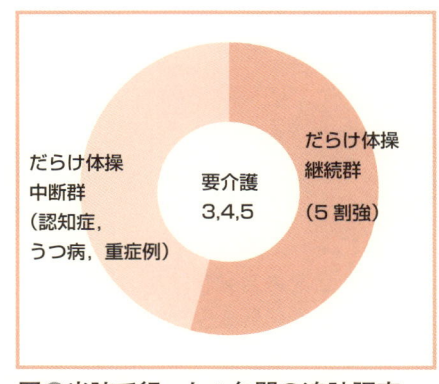

また、「なんでもっと早く教えてくれなかったんだ」というおしかりの声や、「ぜひ、もっと広く世間に普及させてください」というはげましのお言葉もいただきました。「私もやってます」という介護者の声が複数あったことも驚きです。

調査の結果により、要介護3, 4, 5の患者さんにはすすめてみる価値がありそうだ、ということが判明しました。

III ● リハビリの実際

1. だらけ体操⑧──何回やればよいのか

Point
- 「何回やればよいか」は人それぞれ,異なる
- 楽だけれども運動している実感が得られるぐらい
- 運動直後に軽く汗ばんでいることに気づく程度
- 「心地よい」と感じられる程度
- 楽して効果が得られ,効果が実感できると習慣化できる(運動の習慣化をめざす)
- 「何回やってください」と強制せずに,自身のその時の判断に任せることにより,自発性を引き出し意欲を高める
- 「ア〜疲れた,疲れた」と言いたくなるぐらいが心身ともに,最も適した運動量

「どんな運動をどのくらいしたらよいのか?」

これは先の江東区と江戸川区の訪問看護ステーションの協力で集計した訪問看護師を対象としたアンケートで第2位の質問でした(ちなみにダントツの第1位は意欲をどうやって引き出せるか?でした).

「大腿四頭筋訓練を1回5セット,朝,夕の2回毎日やってください」というのは,確かに簡単です.しかし実際にそれをほとんどの患者さんがやってくれない,という現実を訪問看護師は知っているので,このようなアンケート結果になったのだと予想できます.

患者さんは,人それぞれ病状や状態像が異なり,リハビリに対する意欲もまったく異なるので,画一的基準を設定すること自体に無理があるのではないでしょうか.

同じ患者さんでも日によって体調や気分も異なるでしょう.

そこで思いついたのが,そのつど,自分の運動量を自分自身の判断で決めていただくという方法です.

これにより,押しつけられたリハビリから自分のためにするリハビリへと変わり,患者さん自身の自発性を引き出し,意欲を高めることができるのです.

さらに,楽に効果が得られ,その効果が実感できるため,運動の習慣化も可能となり,理想的な在宅リハビリの形が完成します.

運動直後に「心地よい」と爽快感が得られるくらい,軽く疲れて,運動した余韻が楽しめるくらいがちょうどよいでしょう.「ア〜疲れた,疲れた」と言いたくなるぐらいが心身ともに最も適した運動量と言えます.

A. 要介護 3,4,5 の人におすすめのリハビリ

1. だらけ体操⑨──脳卒中の片麻痺に対する考え方

Point
- 片麻痺の人にも有効
- 「動く側を動かす」のが原則
- 「動く側をより大きく動かす」ことにより,その動作が少しでも麻痺側に伝わればよい
- 麻痺側は少しでも動くことにより,関節拘縮やそれに伴う痛みが予防できる
- バランス訓練にもなる
- 体を動かすことにより,障害の受け入れや意欲の維持も上手にできる

だらけ体操以前
- 脳卒中により片麻痺になってしまった
- 自分でどうしたらよいか困惑している

（突然こんな体になってしまって…動けない）

だらけ体操をやってみると……
- うまくできないことにいらだつ
- 麻痺側を動かそうとするので身動きがとれなくなってしまう

（やっぱり左が動かない…ダメダ〜）

（麻痺側は考えないで動く側を大きく大きく）

（なるほど…）

- 動く側をより大きく動かすようにアドバイスする
- 片側のみ大きく動かすので,一見ぶかっこうに見えるがそれでよい
- 麻痺側が動く側の動きにつられて少しでも動けば,関節拘縮や,それに伴う痛みが予防できる,と体操のメリットを説明する

（動く側でカバーすればいいのか）

だらけ体操の効能を理解すると……
- 障害の受け入れがスムーズになり,今後の対応策を自分で考えてもらえるきっかけになる

座ってもできる

こんなこともできる　**裏ワザ**

動く側の手を麻痺側の大腿部の下に入れ,歩くリズムに合わせ軽く持ち上げる

　脳卒中の片麻痺の場合は,歩く動作ができないので「だらけ体操」ができないのではないかとよく質問されます.でも心配はご無用.片麻痺の方でも十分できます.コツは,動かない側（麻痺側）を動かそうとするのではなく,動く側（健側）を大きく動かすことです.それにより,麻痺側の関節拘縮を予防するだけでなく,障害の受け入れが容易になります.

Ⅲ ● リハビリの実際

1. だらけ体操⑩ ── 身体面からみた効果

Point
- 「心」の効果だけでなく「身体」にも効果はある
- 全身運動のため、いろいろな筋肉や関節が動く
- 拘縮の予防と改善にもなる
- 運動をすることにより、心肺機能も向上する
- 不動による血流のうっ滞が消え、ムクミがとれる
- 廃用症候群の予防になる
- 関節可動域訓練、筋力増強訓練、日常動作訓練が同時にできる
- 歩くまねだけでは物足りなくなって、自発的に立位、足踏みを始める人もいる

　これまで、だらけ体操の「心」への効果を強調してきましたが、「心」だけでなく、もちろん「身体」にも効果があります。

　もともと、人間は動物です。身体を動かすことにより、生命を維持し、生活を営むようにできています。

　しかしその動物であるはずの人間が、動かず植物のようになってしまったら、やはり不自然であり、多くの問題点が噴出してしまいます。

　いわゆる「廃用症候群」です。

　「不動」は、関節拘縮や筋萎縮のみならず、自律神経調節機能の低下による起立性低血圧、筋肉のポンプ作用低下による血流のうっ滞から生じる静脈血栓、消化器系の機能低下による便秘、心肺機能の低下などの全身症状も深刻な問題を生じてしまいます。

　それらを解決するのがだらけ体操なのです。

　だらけ体操は全身運動のため、いろいろな筋肉や関節が動き、関節可動域訓練、筋力増強訓練、日常動作訓練（歩行のまね）の主要なリハビリメニューをすべて含んでいる体操です。

　また、その方法の単純さ、安全性において、在宅での重度の要介護度の患者さんに最も適した運動です。

　つまりだらけ体操は「廃用症候群を撃退する体操」なのです。

　拘縮を予防し、末梢循環を改善し、心肺機能を改善させるこの体操は、疾病の予防と改善を促進し、ひいては、生命予後を改善させることも予想される「長生き体操」ともいえるでしょう。

　また、いくらリハビリを促しても、全然やらず一日中座っていた患者さんが、だらけ体操を伝授後に、歩くまねだけでは物足りなくなり、自発的に立位や足踏みをはじめ、勝手にADL（日常生活動作）のレベルを上げていったケースも数例経験しており、身体に対する効果を実感しています。

A. 要介護3,4,5の人におすすめのリハビリ

2. だらけ体操では物足りない人におすすめのリハビリ
―― あわおどり体操

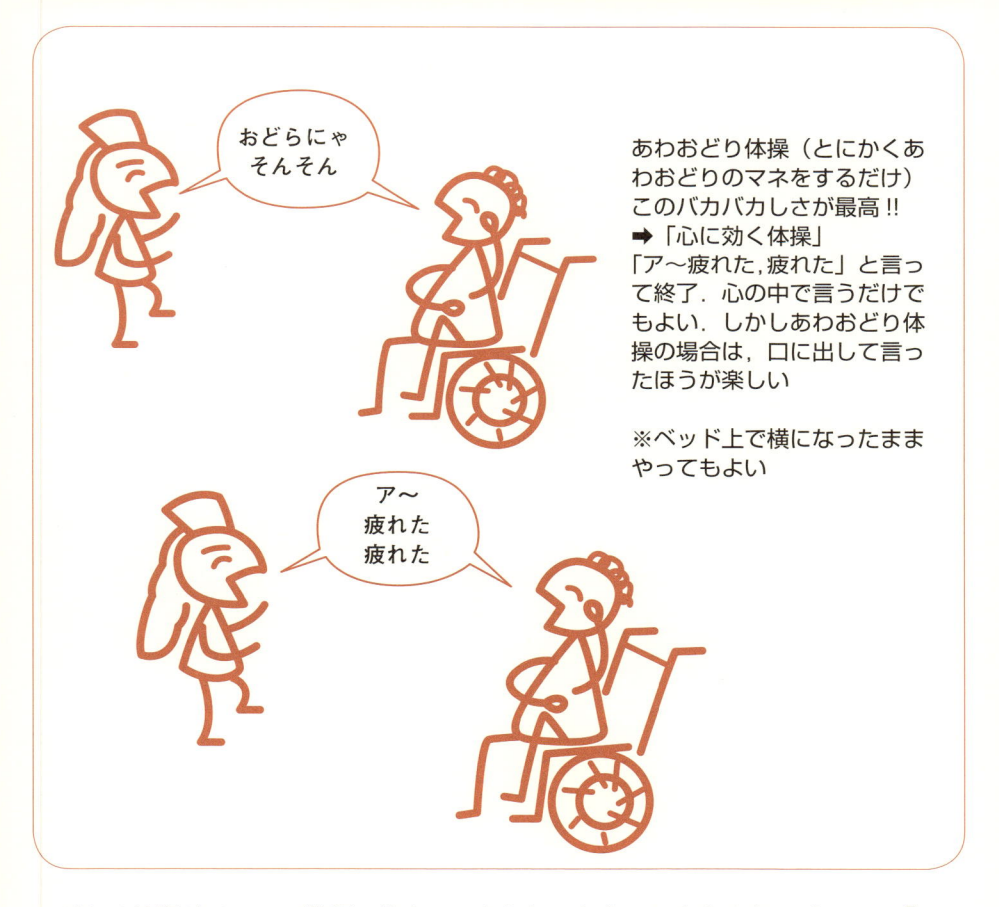

> おどらにゃそんそん

あわおどり体操（とにかくあわおどりのマネをするだけ）このバカバカしさが最高!!
➡「心に効く体操」
「ア～疲れた，疲れた」と言って終了．心の中で言うだけでもよい．しかしあわおどり体操の場合は，口に出して言ったほうが楽しい

※ベッド上で横になったままやってもよい

> ア～疲れた疲れた

　だらけ体操だけでは，単調で飽きてしまうという方におすすめなのが，この「あわおどり体操」です．
　やり方は簡単で「とにかく，あわおどりのマネをするだけ」です．歩行動作のマネであるだらけ体操と異なり，「あわおどり体操」はひねり動作が加わりますので，バランス訓練としても効果があります．
　しかしあわおどり体操の最大の特徴は，そのバカバカしさです．ある意味，「心に効く体操」といってよいかもしれません．だまされたと思って，リハビリスタッフもぜひ一度やってみてください．

3. パワーリハビリ vs. だらけ体操

　パワーリハビリテーション（以下，パワーリハビリ）とは，活動性の低下したお年寄りに対し，トレーニングマシンを用いて，筋力を増強し，動作性を改善させることにより，自信と積極性をとり戻させることを目標としたリハビリ方法です．

　国際医療福祉大学大学院教授の竹内孝仁先生が中心となり考案し，実践したところ，予想を上回る効果を上げたことから，現在では多くの自治体施設や，回復期リハビリ病棟，老人保健施設などに幅広く普及し，取り組まれています．

　厚生労働省も要介護者の急増を抑える切り札として，2006年の介護保険制度から導入し始めました．高齢者に積極的な筋力トレーニングをすすめるパワーリハビリは，世界でも類をみないものです．超高齢化先進国である日本において，パワーリハビリの成否を現在，世界中が注目しているといっても過言ではありません．

　お年寄りのリハビリ方法として，「パワーリハビリ」と「だらけ体操」を比較してみました（表）．

　両者の相異点とそれぞれの利点，欠点を知り，組み合わせることにより，高齢者のリハビリメニューに厚みが増し，質を向上させることが可能となります．

　アプローチは異なりますが，両者とも最終的には「心に効く」ことを目的にしているということで，その方向性は同じであり，正しいと確信しています．

表●パワーリハビリとだらけ体操の比較

対象	パワーリハビリ	だらけ体操
	要支援〜要介護1・2・3	要介護3・4・5
自分の可能性の再発見	○	○
顔つきの改善	○	○
筋力増強	◎	△
ADLの改善	◎	○
コスト	×	◎
在宅でできるか	×	◎
廃用予防	◎	◎
動性の改善	◎	△
達成感	◎	○
心に効く	❀	❀

A. 要介護3,4,5の人におすすめのリハビリ

4. だらけ呼吸①──紹　介

Point
- 重度の寝たきりや無気力な方におすすめ
- だらけ体操すらできない人でもできる
- 深呼吸を3回するだけ
- 「深呼吸ぐらいなら……」とやってくれる人が多い
- 簡単にできるので,達成感と爽快感が得られ,意欲も向上する
- 介護者もいっしょにやると楽しい

　在宅の患者さんの中には，重度の寝たきりの方や無気力で寝てばかりいる方もいます．そのような患者さんに，少しでもリハビリに意欲を燃やしてもらおうと，いろいろ試してみたところ，「深呼吸をするだけ」というのが意外と有効でした．どんなに無気力な人でも，深呼吸ぐらいならばと，2，3回ぐらいはやってくれます．

　また，重度の寝たきりの人には，無理はせずできる範囲でよいということを伝えるとやってくれます．新鮮な空気を多く体内にとり込むことで爽快感が生まれ，意欲の向上に結びつきます．

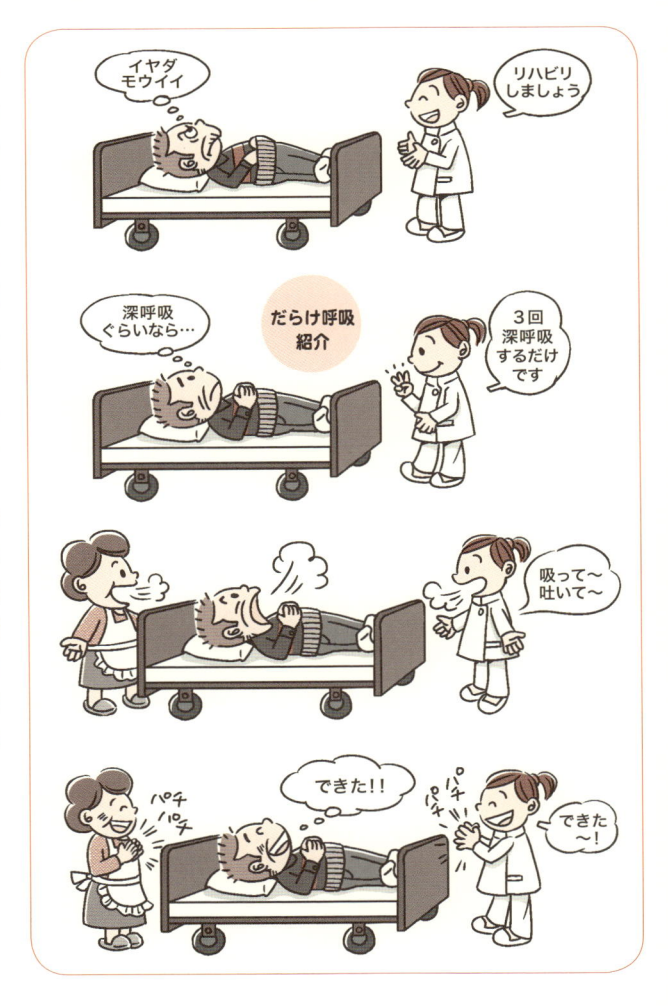

4. だらけ呼吸② ── やり方

Point
- 息を「吐く」ことを意識する
- うまく吐けないときは、口の前に介護者の手を置き、手のひらにゆっくりと息をふきかけるようにしてもらうとうまくいく
- 肺気腫の呼吸リハビリである「口すぼめ呼吸」のようなイメージで
- 息を吸う時の2倍以上の時間をかけてゆっくりと息を吐く

　まず自分で深呼吸してみてください．「ス～～」と大きく息を吸い込んでも，「ハッ」と一気に吐き出してしまう方が多いのではないでしょうか．

　しかしこれでは，次の息の吸い込みが苦しくなってしまます．そこで考えついたのが従来の呼吸筋トレーニングの「ローソク吹き」や「風車吹き」の在宅版ともいえる，手のひらにゆっくりと息を吹きかけてもらうという方法です．

　この方法を使ってみると，今まで息がうまく吐き出せなかった人がおもしろいように上手にできるようになりますので，ぜひ試してみてください．

①深呼吸を3回するだけ．
②実際やってみると，息を吸い込めても，吐き出しが上手にできない人が多い．
③吐き出しが不十分だと，次の息の吸い込みもむずかしくなってしまう．
④息を上手にゆっくり吐くことが大切．
⑤口の前に介護者の手を置き，手のひらにゆっくりと息を吹きかけてもらうと，うまくいく．
⑥介護者もいっしょに息を合わせてやってみると楽しい．

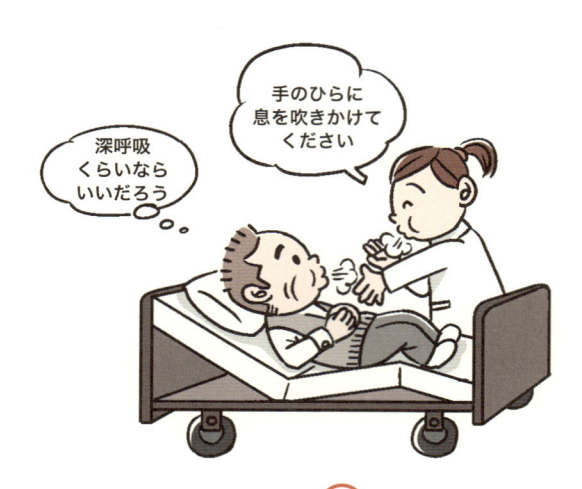

A. 要介護 3,4,5 の人におすすめのリハビリ

4. だらけ呼吸③ ── その意義〈1〉：身体について

Point
- 呼吸筋のトレーニングになる
- 深呼吸で，肺内の空気のよどみを一掃することにより，肺炎の予防になる
- 無動の人に対し，動くきっかけを作ることになるため他の運動，リハビリを促しやすくなる
- 深呼吸により，正常呼吸筋だけでなく，補助呼吸筋も作動させることになり「呼吸力」がアップする（表）

お年寄りの呼吸
肺がよどんでいる／吸気時／呼気時／斜線部分が換気

Ⓐ お年寄りの呼吸は……呼吸筋運動の低下により，浅く速い．そのため換気効率がわるく，肺内の空気はよどんでいる

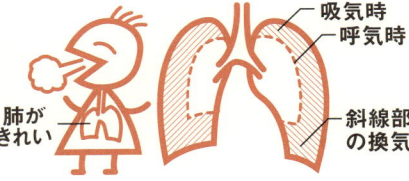

だらけ呼吸をすると
肺がきれい／吸気時／呼気時／斜線部分の換気が増す

Ⓑ だらけ呼吸により……換気が増し，空気のよどみがなくなり，肺炎予防になる

お年寄りの呼吸は通常，呼吸筋運動が低下しているため，浅く速い呼吸になります．そのため気道分泌物の排出が困難であったり，肺内の空気がよどみがちになり，細菌やウイルスが繁殖しやすいため，肺炎リスクが高まっています．

だらけ呼吸は「換気の改善」「呼吸力アップ」により，お年寄りの死亡頻度の高い肺炎を予防する「長生きのための呼吸法」なのです．

表●呼吸運動に働く筋

安静吸気	努力吸気		努力呼気
横隔膜 外肋間筋 内肋間筋前部	横隔膜 外肋間筋 内肋間筋前部 *肋骨挙筋 *上後鋸筋 *胸鎖乳突筋	*斜角筋群 *大・小胸筋 *僧帽筋 肩甲挙筋 脊柱起立筋群 肋下筋	内肋間筋横・後部 腹筋群 *腹横筋 *胸横筋 *下後鋸筋

➡ 正常呼吸筋だけでなく補助呼吸筋を作動させる

➡「呼吸力」アップ！

＊：補助として働く筋（中村隆一，齋藤宏：基礎運動学．第6版，医歯薬出版，2003）

III ● リハビリの実際

4. だらけ呼吸③——その意義〈2〉：心について

Point

- だらけ呼吸の対象者には，身体だけでなく心も病んでいる人が多い
- 「あきらめ」に対して，いくら言葉で励ましても効果はない
- 「まだできるんだ」と実感してもらうことが大切
- 在宅スタッフからの必死の援助より，さりげない援助のほうが，受け入れやすく，心を開きやすい
- 口の前に手を差し出すことが，さりげない援助になる
- だらけ呼吸は思ったよりうまくいくので，成功体験と達成感を得られる
- 新鮮な空気を多く取り込むことで爽快感と望みが生まれる
- 1日2～3回のだらけ呼吸で意欲が向上する
- だらけ呼吸は重度の要介護者に対する，リハビリのはじめの一歩となる

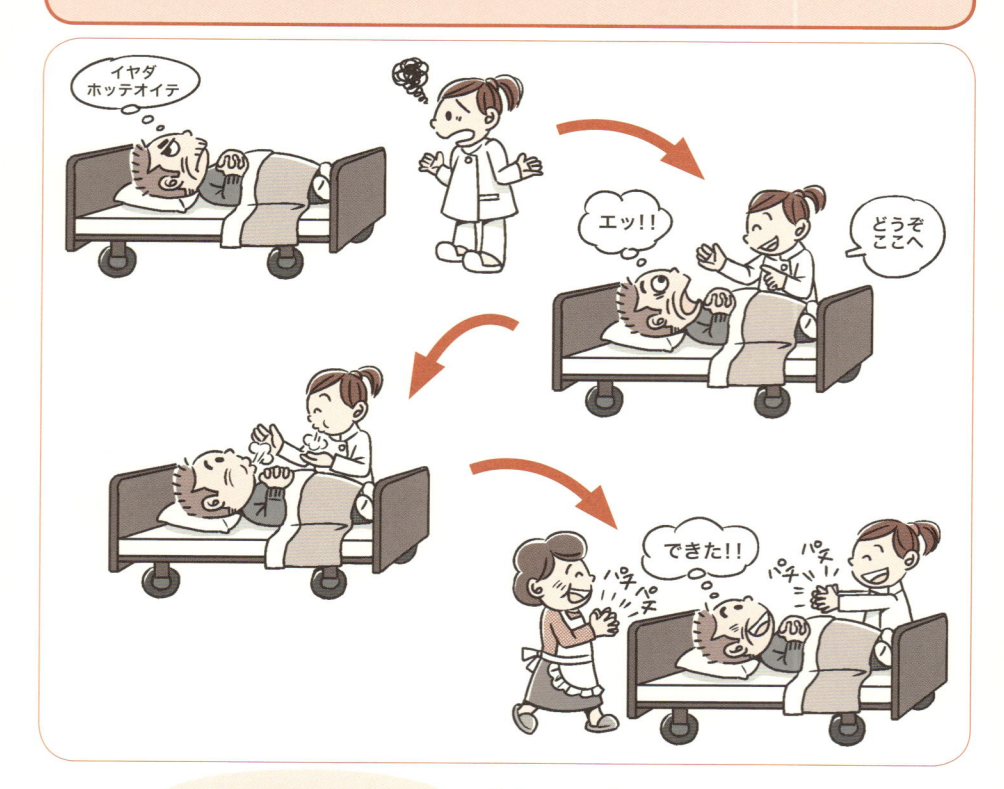

はじめの一歩　　「次回は座ってみましょう」

A. 要介護3,4,5の人におすすめのリハビリ

5. 要介護4，5の人におすすめのリハビリ①
——足裏トントンマッサージ

Point
- 足の裏をトントン，30秒ずつたたくだけ
- 気持ちいいと感じてもらえるくらいの強さでたたく
- 全体をまんべんなくたたく
- もう一方の手で足の甲をおさえるとたたきやすい
- 元気の出るツボの「湧泉（ゆうせん）」を押すのもおすすめ

「第二の心臓」といわれるくらい，足の裏にはたくさんの血管が集まっています．
しかし心臓からもっとも遠いところなので，血流もうっ滞しやすくなっています．私たちは歩くことによって，足の裏の血液を心臓に送り返し血流の調整をしています．
在宅リハビリの患者さんはその機能が低下していますので，足の裏をトントンたたくマッサージが有効です．さらに「湧泉」という元気の出るツボを「押せば命の泉湧く〜」と説明しながら押してあげると喜ばれます．

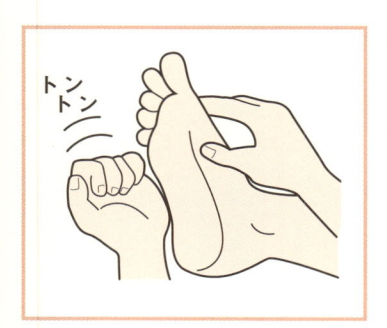

こぶしを使って足の裏全体をトントン30秒ずつたたく（両足で1分）．
もう一方の手で足の甲をおさえるとたたきやすい．

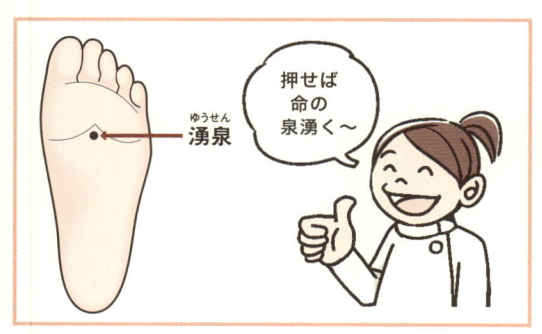

「湧泉」は足の指（趾）を曲げたときにできるへの字形のしわの中央のくぼみ．押せば命の泉湧くと言われる元気の出るツボ．「湧泉」は廃用症候群を撃退するまさに在宅リハビリ用のツボなのだ．
「湧泉」を「押せば命の泉湧く〜」と患者さんと声を合わせて押すと楽しい．

Ⅲ ● リハビリの実際

5. 要介護4,5の人におすすめのリハビリ②
――のけぞりユラユラリハビリ

Point
- 「座る」ことは大切なこと
- このリハビリにより,バランスがよくなり座位保持力が高まる
- 後ろに倒れまいと腹筋にも力が入るため,腹筋を鍛えることができ,排便のりきみ力をつけることができる
- 股関節を動かすため拘縮が改善し,オムツがえも楽になる「排泄に効果のあるリハビリ」

ハイいきますよ～

しっかりと体を支える

ユラ ユラ

ユ～ラ

ユ～ラユ～ラ

　「座る」ことは大切なことです．しかしずっと座っているだけでは能がありません．リハビリスタッフとしても何かひと工夫ほしいところでしょう．
　そこで私が考案したのが「のけぞりユラユラリハビリ」です．
① まずベッドサイドに患者さんといっしょに座ります．このときリハビリスタッフは,肩を組むようにして患者さんの体を支え,もう片方の手で前方から胸部を支えます．
② 「ハイいきますよ～」と声をかけ,いっしょに後方へのけぞっていきます．30°くらいのけぞったら,そこで「ユーラユーラ」と声を出し合い,20～30秒間前後に動きます．
③ この動きを体力に合わせて数セット行います．
　このリハビリによりバランスがよくなり,座位保持力が高まります．さらに後ろに倒れまいとして,腹筋にも力が入るため,腹筋を鍛えることができ,排便のりきみ力をつけることができます．また股関節も動くため拘縮が改善し,オムツがえも楽になります．つまりこのリハビリは「排泄に効果のあるリハビリ」なのです．

A. 要介護3,4,5の人におすすめのリハビリ

5. 要介護4，5の人におすすめのリハビリ③
——ふねこぎユラユラリハビリ

Point
- 腰背筋のマッサージ効果がある
- 前傾したときに大腿四頭筋に力が入るため，その訓練になる
  ↓
- 両足が床につくことにより，立位へのキッカケができる

「のけぞりユラユラリハビリ」で多少緊張感を味わった後のクールダウンとして考案したのが，この「ふねこぎユラユラリハビリ」です．これは「のけぞりユラユラリハビリ」と比べて患者さんにとって楽で楽しいリハビリです．

この「ふねこぎユラユラリハビリ」により座位保持への踏ん張りが効くようになります．また前傾したときに前に倒れまいと，大腿四頭筋に力が入り，大腿四頭筋訓練になり，さらに揺り動くことにより腰背筋のマッサージ効果も期待できます．

① まずベッドに座った患者さんと向かい合わせになり，両手をつなぐ（患者さんに両足を床につけてもらう）．

② 「ハイ　引きますよ〜」と声をかけ，いっしょにふねをこぐように前後に揺り動かす．「のけぞりユラユラリハビリ」と同じリズムで「ユ〜ラ，ユ〜ラ」と声を出し合い，20〜30秒間動く．

III ● リハビリの実際

5. 要介護 4.5 の人におすすめのリハビリ④
――尻上げ・股開きリハビリ（尊厳リハビリ）

Point
- オムツがえに伴う体力的,精神的負担感を軽減させるためのリハビリ
- 日常生活動作（ADL）改善というよりは,人としての尊厳を保つための"尊厳リハビリ"
- オムツがえ動作がそのままリハビリに

　要介護 4,5 の人の中には,オムツをしている方が相当いらっしゃいます.
　排泄の後始末というのは介護する方にとっても,される方にとっても体力的だけでなく,精神的に負担感の大きいものです.
　そんな負担を少しでも軽減させるために考案したのがこの「尻上げ・股開きリハビリ」です.これは ADL 改善をめざすというよりは,人としての尊厳を保つためのリハビリといったほうが適切かもしれません（尊厳リハビリと名づけました）.
　方法は簡単で,オムツがえのときの操作をそのままリハビリ動作にしただけです.

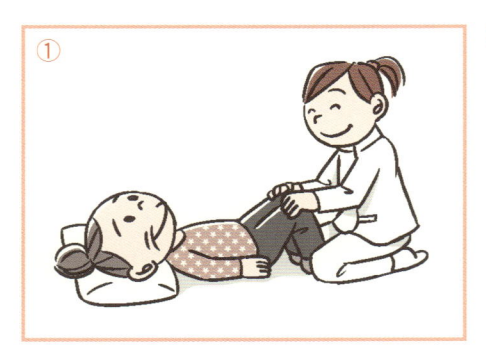

①まず患者さんに仰向けに寝てもらい,膝を曲げてもらう.リハビリスタッフは患者さんの両膝に両手を添えて太ももを利用して患者さんの足関節を固定する.

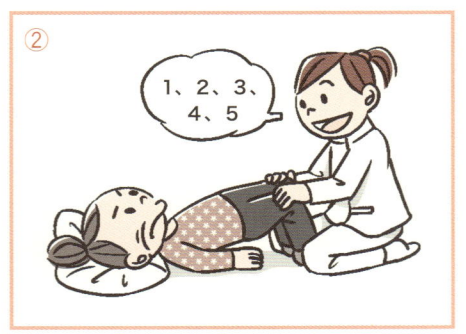

②ゆっくりとお尻をもち上げてもらい,もち上げたところで 5 秒数える.

A. 要介護 3, 4, 5 の人におすすめのリハビリ

③ 5 秒数え終わったら,「ハイ　脱力〜」と言いながらゆっくりとお尻をおろしてもらう. そのときに, 尻上げの際に伸ばされていた大腰筋が緩むので, 股関節に若干の余裕ができる.

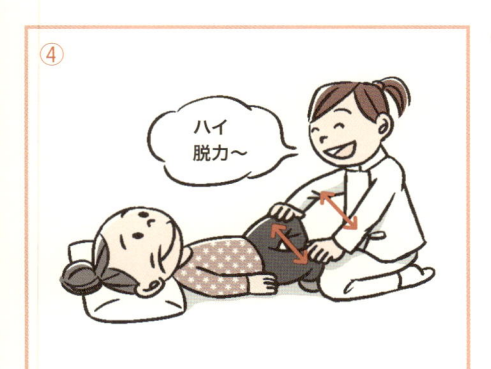

④ その股関節の若干の余裕を利用し, お尻が床に着地したと同時に, ゆっくりと股を開き, 5 秒数えて「ハイ　脱力〜」と言いながら股を閉じる. ①〜④を 10 回くりかえす. これによりオムツがえが楽になり, 尊厳が保たれやすくなる.

III ● リハビリの実際

5. 要介護 4.5 の人におすすめのリハビリ⑤
——ミニペットボトルホカホカリハビリ

Point
- 拘縮した手指のリハビリは痛みを伴いやすく,なかなかうまく行えない
- そこで考案したのが,ミニペットボトルホカホカリハビリ
- チャプチャプ音が出て,おもしろいので喜ばれる
- 一石四鳥：①手指が温熱効果のためほぐれる.②手関節,肘関節,肩関節が自然に動く.③便秘にも効果があり,④脳の活性化にもなる

①
明治プロビオヨーグルト LG21　112ml 容器がもちやすくてよい

＜2本用意＞
ぬるめのお湯を半分くらい入れる（リハビリスタッフがペットボトルを握ってみてホカホカ感じるくらいの温度がよい）

①まず100〜120mlぐらいのミニペットボトルを2本用意し,その中に,ぬるめのお湯を約半分入れる.

②

②両手にミニペットボトルを握ってもらう.

③

③ミニペットボトルをチャプチャプ音が出るように振ってもらう.もしこの動作がむずかしいようなら,リハビリスタッフが手伝う.この一連の動作は,チャプチャプ音が出るというおもしろさのため,かなり喜ばれる.またこの動きにより,手関節,肘関節,肩関節が自然に動く.

A. 要介護3,4,5の人におすすめのリハビリ

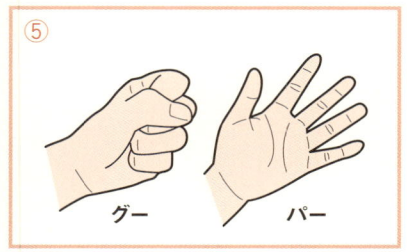

④ミニペットボトルを振るのに疲れたら，握ったままお腹の上においてもらう．それによりミニペットボトルの温かさがお腹に伝わり，その温感刺激により，腸の動きが活性化し，便秘にも効果がある．15分ぐらいは温かさが続くので，その間，振ったり，お腹の上にのせて休んだりするとよい．

⑤中のお湯が冷めたら，握るのをやめ，手指をグーパーグーパーと動かす．これにより手指もほぐれる．

コラム　ミニペットボトルホカホカリハビリは脳にも効く!!

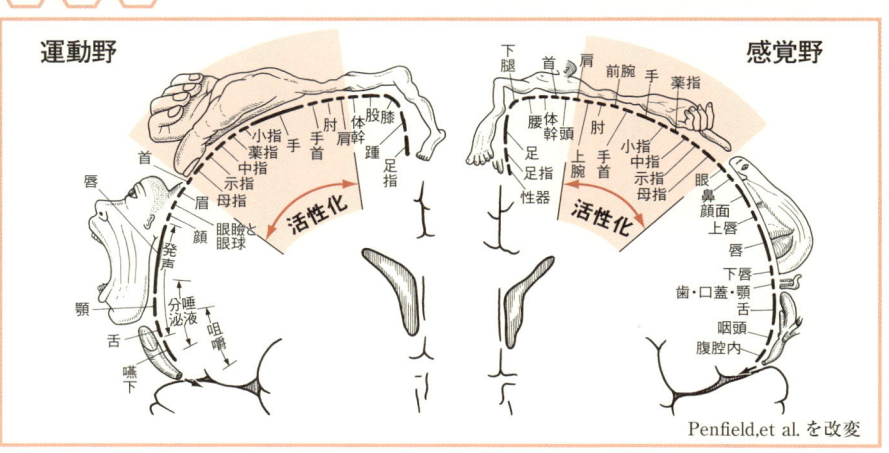

運動野　　　　　　　　　　　感覚野

Penfield, et al. を改変

上の絵は，脳を縦に切り，手や足などの各部位の運動や感覚が，脳のどの部分で司られているかを示したものです．ペンフィールドの有名な図です．

　ミニペットボトルホカホカリハビリにより，運動野と感覚野の約1/3もの範囲が刺激されていることがわかります．つまりミニペットボトルホカホカリハビリは脳を活性化させるのです．

Ⅲ ● リハビリの実際

● 指先の開き方のコツ

　要介護4,5の人の中には手指の拘縮が著しく，ミニペットボトルが握れない方がいます．そのような場合の手先の開き方のコツをお教えしましょう．

　そもそも拘縮は，関節を曲げる筋肉や腱（屈筋腱）が短くなったために，関節が伸びなくなっている状態です．

　ここで話をわかりやすくするために，腕から手指までの筋肉や腱を1本のヒモと考えてみましょう（A図）．そのヒモに余裕を作るためには，指先以外の関節を順番に曲げていけばよいのです．

　まず①肘関節（B図）を曲げ，次に②手関節を曲げ，さらに③MP（中手指節）関節を曲げます．すると，ヒモが緩み指先が開きやすくなります．

　この原理をより納得していただくために，自分の手で実験してみましょう．

　まず腕を伸ばしグーを作ります（C図）．

　それから①②③（D図）の順に関節を曲げていきます．それから③の方向へ，もう一方の手で強く押すと……どうしたことでしょう．④指先が勝手に開いてしまいます．

　（指の筋肉のバランスを利用する③の動作がもっとも大切です．）

　この原理とコツを利用して，一石四鳥のミニペットボトルホカホカリハビリを行ってみてください．

● 拘縮した指先の開きかた

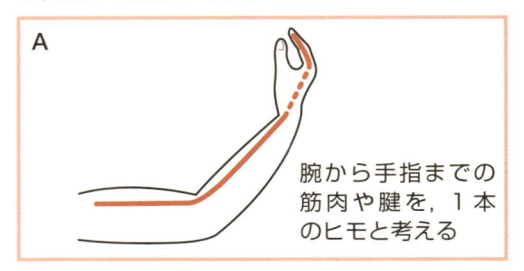

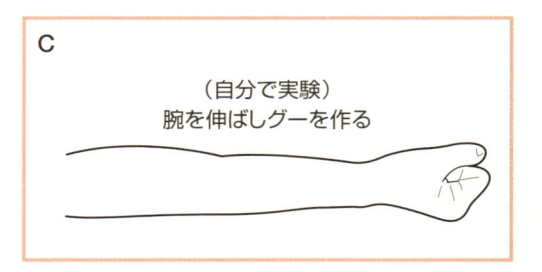

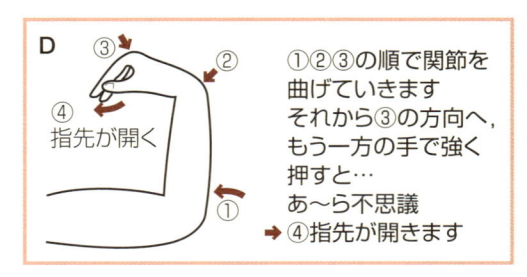

A

腕から手指までの筋肉や腱を，1本のヒモと考える

B

ヒモに余裕を作る
①肘関節を曲げる➡
②手関節を曲げる➡
③MP（中手指節）
　関節を曲げる➡
　すると
➡④指先が開く

C

（自分で実験）
腕を伸ばしグーを作る

D

①②③の順で関節を曲げていきます
それから③の方向へ，もう一方の手で強く押すと…
あ〜ら不思議
➡④指先が開きます

A. 要介護3,4,5の人におすすめのリハビリ

5. 要介護4.5の人におすすめのリハビリ⑥
——チークダンスバランスリハビリ

Point
- 医師からのリハビリ指示書には、「転倒注意」とよく書かれている
- しかし転倒防止は本当に難しい
- そこで考案したのが「チークダンスバランスリハビリ」

①チークダンスのように体を密着させる

②チークダンスをおどるように前後、左右などのあらゆる方向にユラユラとゆっくり動く

③もう1ランク上の「チークダンスをおどりながら移動するリハビリ」をやるとさらに効果的

まずチークダンスのように体を密着させ、お互いの体を支え合うことにより、患者さんとリハビリスタッフの立位の姿勢を安定させます。

それから、チークダンスをおどるように、その場で前後左右などのあらゆる方向にゆっくりとユラユラ動きます。

患者さんは、立位を保つために、体の重心の移動に対応しようと、右足、左足と軸足を移しながらバランスをとります。これが転倒防止のためのバランス訓練になるのです。

もしこの動作だけではもの足りなくなった場合、もう1ランク上の「チークダンスをおどりながら移動するリハビリ」をやってみましょう。これは読んで字のごとく、チークダンスをおどりながら移動するだけです。これにより転びそうになったときに体を支える瞬時の一歩が出やすくなり、転倒をギリギリのところで回避することが可能になります。

その気になれば簡単にできますので、ぜひ試してみてください。

転倒を回避する瞬時の一歩が出やすくなる

B 要介護2,3の人におすすめのリハビリ

①カベピタ立位リハビリ

Point
- 加齢に伴い,背中が丸くなり,足腰が弱くなっていく
- まだ歩けるものの,転倒の危険がある要介護2,3ぐらいの人向き
- 「転倒注意」といわれても,具体的に何をしたらよいかわからない人も多い
- そこで考案したのがこの「カベピタ立位リハビリ」

(1) カベにお尻をつけて立つ

(1) まずカベにお尻をつけて立つ.

(2) 少しずつ上体を起こし,①~④を行い,⑤そのまま10数える

(2) 少しずつ上体を起こし,
① 背中をカベにつける(実際につかなくても,つけるつもりがあればよい).
② 後頭部をカベにつける(〃).
③ おへそを前方に出す.
④ すると自然と膝が伸びて,よい立位がとれる.
⑤ ④の姿勢で10数える.

(3) もとの(1)の状態に戻し,(2)の①~⑤の動作を5~10回くりかえす

(3) またもとの姿勢〈(1)の状態〉に戻し,(2)の①~⑤の動作を5~10回くりかえす.

これにより前傾姿勢を矯正し,前傾変形を予防することができます.また姿勢を正すことにより転倒防止効果も期待できます.

B. 要介護2,3の人におすすめのリハビリ

②へそ出し立ち上がりリハビリ

Point
- 「立ってしまえば,なんとか歩けるけど,立つのが大変」という高齢者のために考案したのがこの「へそ出し立ち上がりリハビリ」
- 体の軸と,骨盤の傾きがポイント

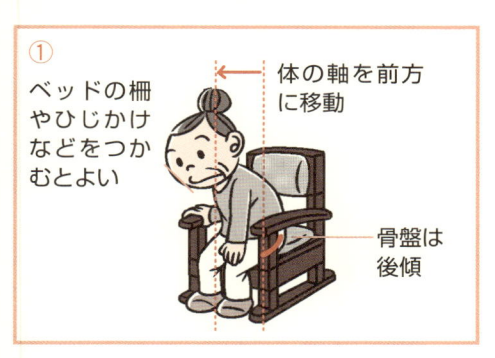

①
ベッドの柵やひじかけなどをつかむとよい
体の軸を前方に移動
骨盤は後傾

① まずおじぎをして体の中心の軸を前方に移動させる.手はベッドの柵や,ひじかけなどをつかむとよい.このとき,骨盤の傾きはまだ後傾のまま.

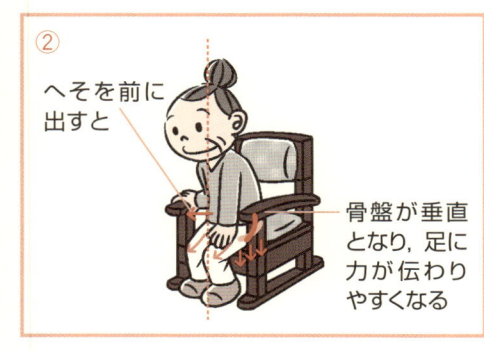

②
へそを前に出すと
骨盤が垂直となり,足に力が伝わりやすくなる

② へそを前方に出す.それにより,それまで後傾だった骨盤が垂直になり,足に力が伝わりやすくなる(それまで足の力は前方に逃げていた).

③ スムーズな立ち上がり
お尻を引っ込める

③ 最後に,前方にある体の軸に向けて,お尻をひっこめる.すると思ったよりスムーズに立ち上がれる.

Ⅲ ● リハビリの実際

③カベピタ立位リハビリ,へそ出し立ち上がりリハビリを上手に行うためには?

Point
- 大腿四頭筋のパワーアップが必要
- 自転車こぎ型だらけ体操をするとよい

カベピタ立位リハビリ
①~④の順に上体を起こしていく
② 後頭部をつける
① 背中をつける
③ おへそを前に出す
④ 勝手に膝が伸びる

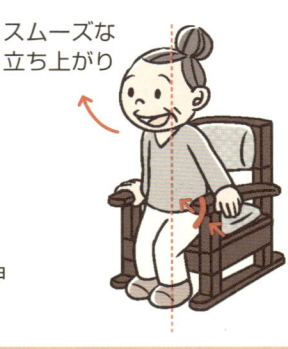

へそ出し立ち上がりリハビリ
スムーズな立ち上がり
体の軸のほうへお尻をひっこめる

　「カベピタ立位リハビリ」や「へそ出し立ち上がりリハビリ」を実際やってみると,太ももに力が入ることがわかると思います.それぞれの動きには太ももの筋肉(大腿四頭筋)が非常に重要な役割をしているのです.
　つまりこれらのリハビリを上手にやるためには,大腿四頭筋のパワーアップがどうしても必要になってきます.
　「何かいい方法はないでしょうか?」
　「あります」
　「え!それは?」
　「自転車こぎ型だらけ体操です」
　本来「だらけ体操」は,歩くまねをすることにより要介護3,4,5の人の「心に効く体操」です.しかしこの「自転車こぎ型だらけ体操」は,大腿四頭筋の筋力をパワーアップさせることにより,要介護2,3の人の立ち上がり動作にキレを与えることを目的にした体操なのです.
　方法は両足を宙に浮かし,自転車をこぐように両足を動かすだけです.これは非常に簡単なので,まず在宅スタッフが自分でやってみて,効果を実感してから,要介護2,3の人に紹介してあげるとよいと思います.

B. 要介護 2,3 の人におすすめのリハビリ

太もも（大腿四頭筋）の力が必要

⬇

大腿四頭筋を鍛えるためには……

⬇

自転車こぎ型だらけ体操

⬇

要介護 2，3 の人の立ち上がり動作にキレを与える

● 自転車こぎ型だらけ体操

両足を宙に浮かし，自転車をこぐように動かす

これにより大腿四頭筋がパワーアップする

Ⅲ ● リハビリの実際

④転ばないように歩くためには？

Point
- 転ばないように歩くには
  ↓
- 大腰筋を鍛える
  ↓
- 自転車こぎ型だらけ体操
  ↓
- すべての道はだらけ体操に通ず

大腰筋がゆるんでいる場合

- 大腰筋
- ② 猫背の前傾姿勢は歩行時危ない
- ① これでは太ももが上がらない
- ③ 骨盤が寝ているので脚の力が地面に垂直に伝わらない

大腰筋が収縮している場合

- 大腰筋
- ② 上体が起きている
- ① これなら太ももが上がる
- ③ 骨盤が起きて脚の力が伝わる

　大腿四頭筋を鍛えて，立ち上がり動作にキレが出たとします．はたして，それだけで転びにくい歩行ができるのでしょうか？
　答えは「No」です．
　安定した歩行のためには太ももを上げることが大切です．
　ポイントは「大腰筋」です．ウエストがくびれ，猫背がなおり，モテモテになるということで，若い女性が必死になって（？）やっているという「大腰筋エクササイズ」で有名な「大腰筋」です．意外に思われる方も多いと思いますが，この大腰筋の筋力アップこそが転倒防止の第一歩なのです．大腰筋は背骨から脚のつけ根を結ぶ筋肉です．もう少し詳しくいうと腰椎の右左の両側に始まり，前方の内臓と後方の骨盤の間

B. 要介護2,3の人におすすめのリハビリ

を通り，大腿骨の上部につながっている筋肉です．

　主な働きは，
①太ももを上げる→これにより歩行時にしっかりと踏み出しができ，歩幅が大きくなり，歩行が安定する
②背骨（脊柱）を支える→前傾姿勢を矯正し，猫背を防ぎ，歩行時に上体を起こす
③骨盤を起こす→骨盤が寝てしまうと脚の力が地面に垂直に伝わらないので，それを矯正する
の3つであり，いずれも歩行に重要な働きをしてくれています．それでは大腰筋を鍛えるにはどうしたらよいでしょうか？
　ヒントです．大腰筋エクササイズの基本は，「太ももをしっかり上げて足踏みをするということ」です．カンのいいみなさんならもうおわかりでしょう．答えは「自転車こぎ型だらけ体操」です．実際にやってみると大腰筋が鍛えられている様子がイメージできると思います．
　結局，要介護2,3の人には，立つにしても歩くにしても「自転車こぎ型だらけ体操」が一番よいのです．
　まさに「すべての道はだらけ体操に通ず」ですね．

Ⅲ ● リハビリの実際

⑤スイングバー・ポータブルトイレ足踏みリハビリ

Point
- 足腰の筋力強化，バランス感覚向上
  ⇒転倒予防におすすめ
- 介護保険対応の福祉用具が利用できる

● まずは環境設定

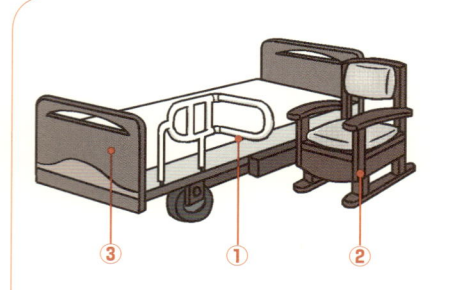

スイングバーにつかまり足踏みをする

万一バランスをくずして倒れても，三方を囲まれているので安全

♪とどろ～く砲音～ 飛びく～る弾丸～♪

① スイングバー（手すりにとりつける）
② ポータブルトイレ（しっかりした家具調のもの）
③ 電動介護用ベッド

　加齢や病気により，足腰が弱かったり，バランスがわるくなり，転倒の危険性のある方におすすめしたいのが，この「スイングバー・ポータブルトイレ足踏みリハビリ」です．
　介護保険対応の福祉用具を利用して，ベッドの横に安全なリハビリスペースを作り，そこで足踏みをして，足腰の筋力とバランス感覚を鍛えようというものです．
　まず在宅スタッフがするべきことは，リハビリスペースを作る，環境設定です．
① スイングバーは聞きなれない言葉かもしれませんが，ベッド用の手すりの一種で，可動性のある介助バーです．スイングバーをベッドに対し直角に開き固定することで，患者さんがベッドから降りるスペースを確保します．
② 次にポータブルトイレをベッドに平行に密着させるように置きます．ポータブルトイレは，万が一，バランスをくずして後方に倒れたときの支えになるためのものですので，なるべくしっかりとした家具調のものを選んでください．
③ 介護用ベッドは，上下移動ができる電動ベッドがおすすめです．これによりベッドの昇降時や足踏みのときのスイングバーの高さの調整が容易になります．
　これでベッドの横に安全なリハビリスペースができました．あとは患者さんがスイングバーにつかまり，好みの歌でも歌いながら，足踏みをするだけです．簡単ですのでぜひすすめてみてください．

B. 要介護2,3の人におすすめのリハビリ

座ってもできるだらけ体操

ア〜
疲れた、疲れた

C 嚥下・構音（発声）リハビリ

1. 嚥下・構音障害とリハビリ

Point
- 脳卒中の急性期には50％ぐらいの患者さんに嚥下・構音障害が認められる
- でも多くの患者さんは自然に症状が軽快する
- 5人中4人はふたたび食べられ，しゃべれるようになる

●患者さんへの説明用のイラスト例

このようなイラストを作ってベッド周囲の壁にはってもらえば，病態の理解とリハビリへの動機づけとなる．

口腔／口蓋垂／舌全体,とくに舌の奥が挙上する力が弱い／口の奥の筋肉が弱く，少しこもったような声となる／のみこむ力が弱く，むせることがある／喉頭蓋／喉頭／食道／気管

　口には，①食べる，②しゃべる，③呼吸するという3つの役割があります．病気や加齢で唇や舌の動きがわるくなると，
　（1）上手に食べたりのみこんだりできなくなる（嚥下障害）
　（2）しゃべりにくくなる（構音障害），などの症状が現れます．
　おもな原因は脳卒中，パーキンソン病，認知症（痴呆），老化などです．「食」は命のもとであり，とても大切なものです．しかし脳卒中の急性期には50％ぐらいの患者さんに嚥下・構音障害が認められ，日常生活に支障を来します．
　しかし多くの患者さんは自然に症状が軽快し，慢性期まで障害が残る頻度は10％以下といわれています．
　つまり5人中4人はふたたび食べられるようになるのです．

C. 嚥下・構音（発声）リハビリ

　最近では入院日数の短縮化により，まだきちんと食べられない，しゃべれない状態で患者さんが自宅へ帰ってくることも多くなりました．
　また今後は，障害が残ってしまった重症度の高い患者さんも在宅で生活する機会が増えてくることでしょう．
　在宅リハビリスタッフは，嚥下・構音障害をきちんと評価し，適切なリハビリを行うことがますます求められています．
　それでは，在宅の現場ですぐに役立つリハビリ知識について説明していきましょう．

嚥下障害とは？
　脳卒中やパーキンソン病などによって，唇や舌，頬，軟口蓋の動きがわるくなり，食べ物を噛んだり，のみこむことが困難になる状態．

構音障害とは？
　いわゆる「ろれつが回らない」こと．唇や舌，頬，軟口蓋などの筋肉の動きがわるくなり，うまく発音できない状態．
「失語症」（言葉の理解，思い出すことが障害される）とは異なる．

2. 障害を評価する　患者さんの嚥下力を評価するテスト

まず患者さんの嚥下力を評価する方法を2つご紹介しましょう．

1　30秒間ツバゴックンテスト

① 座った状態で，「ヨーイドン」で口の中にツバをためてもらい，ゴックンとのみこんでもらう．
② リハビリスタッフはのど仏（喉頭隆起）の上下運動を見てのみこみを確認する．
③ わかりづらいときは，のど仏に指を軽く添えてみるとよい．
④ 30秒以内に3回以上できれば正常．2回未満は嚥下障害の疑い．

2　水のみテスト

レベル1（正常）
・1回でスムーズにのめる

レベル2（嚥下障害の疑い）
・2回以上に分けてのむが，むせない

レベル3（嚥下障害）
・むせる

① 座った状態で，一口水をのんでもらう．
② そのときののみ方，むせ方を観察する．

C. 嚥下・構音（発声）リハビリ

3. 実践　知ってしまえば簡単にできるリハビリの紹介

　ある病院が看護職員に行ったアンケートでは，約9割の人が嚥下・構音障害患者さんに対してリハビリの必要性を感じていました．しかし実際に積極的にリハビリを行っている看護職員は2割にも満たなかったそうです．なぜ必要性を感じていながら，実際には行わないのでしょう？　その理由は，1位は「誤嚥がこわい」，2位は「時間がとれない」でした．

　たしかに，嚥下・構音リハビリは，手足を動かすリハビリとは異なり，誤嚥や窒息の可能性がないとはいえません．このようなご時世ですので，ついつい尻ごみしてしまうのも理解できます．ましてや在宅ではそれ以外の処置が多く，そこまで手が回らないのが現状だと思います．

　それでは，患者さん自身ができる，安全で，簡単なリハビリを中心にご紹介していきましょう．

III ● リハビリの実際

> **1　バカバカ発声リハビリ**

　脳梗塞やパーキンソン病などで，いわゆるろれつが回らない状態（構音障害）の患者さんは在宅の現場には数多くいらっしゃいます．

　そんなときに効果があるのが，声を出す発声訓練です．発声訓練は，単に声が出しやすくなるだけでなく，発声する舌の位置と，嚥下するときの舌の位置が似ていることから，嚥下訓練にもなり，誤嚥を防ぐといわれています．

　代表的な発声は「カ」「タ」「パ」です．これらはのみこむときの舌の動きと似ているため，舌の可動域訓練としても有効です．私も訪問先で「タカタカタカタカ」「パタパタパタパタ」「パカパカパカパカ」と患者さんと声を合わせてやっています．

　しかし「パカパカパカパカ」の発声が「バカバカバカバカ」になってしまう人がとても多いことを発見しました．どうも「バカ」は言いやすいらしいのです．そこで発声リハビリの最後に「バカバカバカバカ」と言ってもらうことにしたところ，「バカバカバカバカ」が，ひときわ大きく発声されるのです．しかもなんだか患者さんもご家族もうれしそうです．

　そこで誕生したのがこの「バカバカ発声リハビリ」です．患者さんも「バカバカバカバカ」を言いたいために，発声訓練を積極的にしてくれるようになりました．そしてリハビリが愉快で楽しくなりました．とても簡単ですのでぜひお試しあれ．

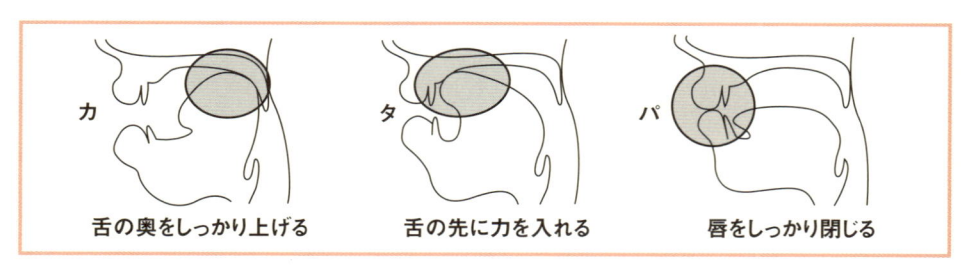

カ	タ	パ
舌の奥をしっかり上げる	舌の先に力を入れる	唇をしっかり閉じる

C. 嚥下・構音（発声）リハビリ

2　ペットボトルブクブクリハビリ

① 300ml 程度のペットボトルに水を半分入れ，(先が曲がる) ストローを 1 本入れる．
② 患者さん自身が手に持って (可能ならでよい)，ストローを吹くだけ．
③ 上半身全体を使ってなるべくゆっくり，風車を回すようなイメージで吹くのがコツ．
④ 最初は 1, 2 秒しか吹けなくても，しだいに 10 秒程度吹けるようになる人が多い．
⑤ このように口だけでなく，上半身全体で口腔，および呼吸器官を動かし，訓練することにより，誤嚥しにくくすることができる．

このリハビリは驚くべき多くの効能があります．
① カゼをひきにくくする
　ブクブクすることにより，水蒸気を大量に発生させ，その水蒸気により鼻腔，口腔粘膜が加湿保護され，ウイルスの侵入をブロックする．
② 脳が元気になり，意欲が湧く
　ペットボトルを手に持ち，ブクブクすることにより脳の運動野と感覚野の約 7 割が活性化されます (右図)．またブクブクを見たり，聞いたりすることにより，視覚の中枢や聴覚の中枢も活性化される可能性があります．つまり「脳に効き，心に効く」リハビリです．
③ 呼吸リハビリになる
　胸膈を徒手的に動かす本格的なリハビリには及びませんが，この方法により十分な換気が得られます．
④ 誤嚥しにくくなる
　上半身全体で口腔，および呼吸器官を動かすことが誤嚥予防の訓練になります．
以上からペットボトルブクブクリハビリは「一石四鳥」のリハビリといえます．

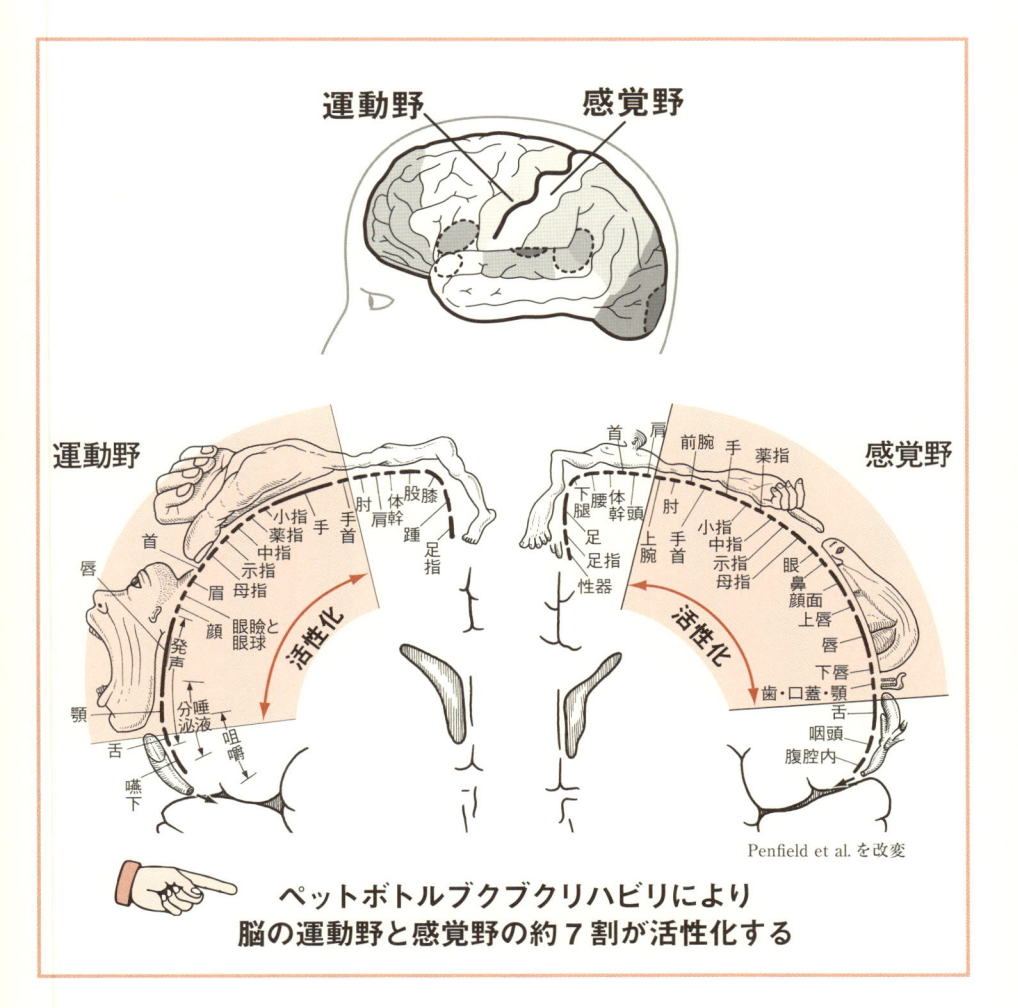

C. 嚥下・構音（発声）リハビリ

運動野　感覚野

運動野　感覚野

首　肩
前腕　手
薬指
小指
示指
母指
眼鼻顔面
上唇
唇
歯・口蓋・顎
舌
咽頭
腹腔内

下腿
腰
体幹
頭
肘
手首

足
足指
性器

膝
股関節
体幹
肩
肘
手首
小指
薬指
中指
示指
母指

首
踵
足指

眉
眼瞼と眼球
顔
唇
発声
顎
舌
嚥下
咀嚼
唾液分泌

活性化　活性化

Penfield et al. を改変

ペットボトルブクブクリハビリにより
脳の運動野と感覚野の約7割が活性化する

コラム　大人気のペットボトルブクブクリハビリ!!

　このリハビリは，自分で吹くことによりブクブクと水が反応するので，患者さんもけっこうおもしろがってやってくれます．つらいリハビリというわけでもないので，私の考案したリハビリのなかでも人気の高いリハビリです．
　よく「何回やったらいいですか？」と質問されますが，適切な答えがみつからず，「お好きなようにドーゾ」と答えています．

III ● リハビリの実際

3 食事前の準備運動

　食事前に首や口や舌の運動をしておくと、筋肉の緊張がほぐれ、誤嚥予防になります．

　また誤嚥は最初の一口目に起こることが多いので、準備運動をすることにより食べることへの気合が入り、一口目をスムーズに食べることができます．運動法をイラストにしましたので、患者さん宅の壁にはってみてもいいでしょう．

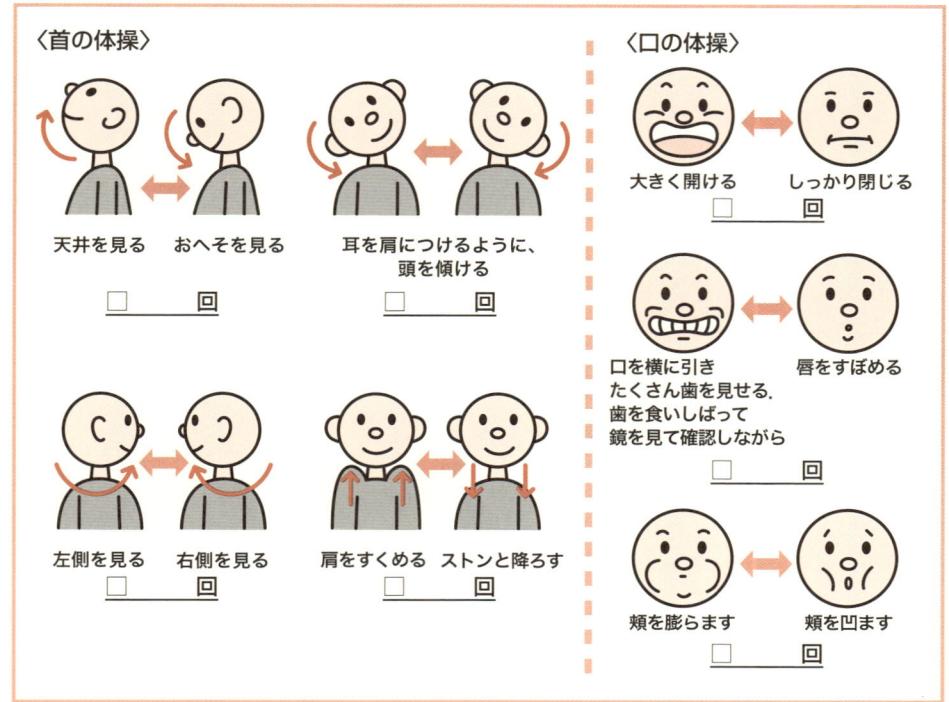

「食べる前に一仕事よ」

〈首の体操〉

天井を見る　おへそを見る　□　回

耳を肩につけるように、頭を傾ける　□　回

左側を見る　右側を見る　□　回

肩をすくめる　ストンと降ろす　□　回

〈口の体操〉

大きく開ける　しっかり閉じる　□　回

口を横に引きたくさん歯を見せる．歯を食いしばって鏡を見て確認しながら　唇をすぼめる　□　回

頬を膨らます　頬を凹ます　□　回

C. 嚥下・構音（発声）リハビリ

〈舌の体操〉

舌を奥から出す ↔ 引っ込める
□ 回

顎をなめる ↔ 鼻をなめるように
□ 回

舌で口の端をなめる
□ 回

〈顔の体操〉

片目ずつギューッとつぶる
□ 回

両目をギュッとつぶる ↔ 大きく開く
□ 回

眉間に皺を寄せる ↔ 眉毛をあげる
□ 回

〈深呼吸〉

鼻から吸って ↔ 口から吐く
□ 回

〈発声練習　大きな声で、はっきりと発音しましょう！〉

あー　いー　うー　えー　おー

□ 回

・何回やれるか目標を決めてやってみよう
・それからおいしくいただきまーす

東京都総合ケア機構運営委員会の資料より一部改変

4　カラオケリハビリ

　脳梗塞で右片麻痺の患者さん宅に訪問していたときのことです．
　その方はろれつが回らず，筆談を交えて会話をするのですが，友人が遊びにきたとき，いっしょにカラオケをしたというのです．
　現在の発声の状況から考えて，「そんなバカな，できるはずがない」と思いましたが，とりあえずそのカラオケをやってもらうことにしました．
　するとどうでしょう．たしかにそれなりに歌えているのです．理由の一つは，画面の下に歌詞が出るので，聞いている側からすると，何を言っているのかがあらかじめ理解できるためと考えられます．つまり筆談をしている状況に似ています．これを「テロップ効果」と名付けました．
　もう一つの理由は，歌っているほうもメロディーにのせて発声しているので，たとえ発声が不正確でも，それなりに歌えているような気になれるためと考えられます．これは私たちが英語の歌をカラオケで歌って，それなりに歌えたと満足している状況に似ています．これを「メロディー効果」と名付けました．
　つまり，この「テロップ効果」と「メロディー効果」に強力にサポートされるため，歌っている人も聞いている人もカラオケがそれなりに楽しめる場合があり，成功体験を味わえるのです．
　現在はテレビに接続するだけで，すぐ使えるカラオケ内蔵マイクも発売されていますので，興味のある方は試してみるとよいでしょう．

ろれつが回らなくてもカラオケができる!?

- テロップ効果
  → 画面に歌詞が表示される
- メロディー効果
  → メロディーにのせれば多少ごまかせる

これらの効果に強力にサポートされ，意外と楽しめることがある（成功体験）．

カラオケ好きはためしてみよう！

C. 嚥下・構音（発声）リハビリ

5　ヒエヒエスプーンリハビリ（アイスマッサージ）

　嚥下反射を鍛えるリハビリとして，アイスマッサージが有名です．これは，口腔内に，冷やした綿棒を入れ，嚥下反射を促すという方法です．

　なぜ綿棒を入れると反射が促されるのか，不思議に思われる方もいるかもしれません．それは，綿棒による機械的刺激と，冷たさによる温度刺激の相乗効果で嚥下反射が誘発されやすくなるからです．在宅の現場ではいちいち綿棒を作ったり，冷やしたりするのは手間がかかるので，より簡単な方法を紹介しましょう．名づけて「ヒエヒエスプーンリハビリ」．

① まず柄の長い小さめのスプーンを用意します．
② 次にコップに氷を入れ，その中にスプーンを入れ冷やします．
③ あとは普通のアイスマッサージと同じです（下図参照）．

　嚥下反射が比較的しっかりしている方には，このヒエヒエスプーンリハビリのあとに，コップに入った氷を口に含んでもらって，さらなる温度刺激と機械的刺激を味わっていただいてもよいでしょう．後かたづけも簡単ですので一度ためしてみてください．

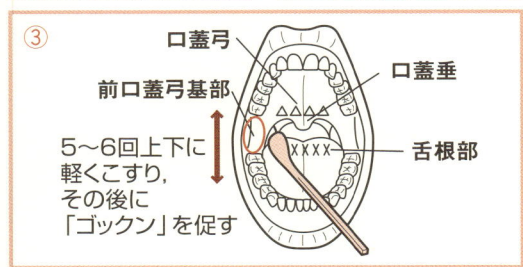

①柄の長い小さめのスプーンを用意する．

②コップに氷を入れ，その中でスプーンを冷やす．

③冷やしたスプーンで前口蓋弓基部や口蓋全体，そして舌根部を軽く5～6回こすると「ゴックン」ができる．なかなかできない人でも数秒間静かにスプーンで刺激すると「ゴックン」できる場合が多い．3～5分やるとよい．

④嚥下が比較的上手な人は氷を口に含み，なめてもらうとさらに効果的．後かたづけも簡単．

Ⅲ ● リハビリの実際

6　口腔ケア

> **Point**
> ●口腔ケア➡①口腔内や咽頭の細菌の繁殖を防止する
> 　　　　　②嚥下反射を改善する
> つまり➡高齢者の肺炎を減らす

■ a.いまなぜ口腔ケアなのか？

　「口腔ケア」がいま，在宅リハビリの大きなキーワードになっています．最大の理由は，口腔ケアによる肺炎の予防効果が明らかになってきたからです．

　肺炎は日本における死亡原因の4位であり，肺炎による死亡者の9割は65歳以上の高齢者です．また高齢者の肺炎の死亡率は20～40%といわれ，いったんかかると重症化しやすく，治りにくく，しばしば死に至る恐ろしい病気です．

　高齢者の肺炎の約半数が，誤嚥によって生じる，誤嚥性肺炎と推測されています．そのため，この誤嚥性肺炎をいかに少なくするかということが，高齢者の命を守るための重要なテーマとなります．

　そもそも口腔内や咽頭に病原性細菌が繁殖していなければ，多少の誤嚥があったとしても，誤嚥性肺炎にはならないはずです．しかし，口腔内は，食物が流れこみ，常に37℃前後に保たれているため，細菌にとってはとても居心地がよく，仲間を増やしやすい場所なのです．だったら，まめに口の中のそうじをして，細菌が繁殖しにくいようにしよう，というのが口腔ケアの基本的な考え方です．

　脳卒中の患者さんでは夜間睡眠中に気づかないうちに誤嚥が起こることが多いことから，とくに寝る前の口腔ケアの大切さが指摘されています．また口腔ケアは，口や咽頭の細菌の繁殖を防止するのみならず，嚥下反射も改善することがわかってきました．口腔ケアの有用性を示すデータとしては，ある老人保健施設において，口腔ケアをした群は，しなかった群とくらべて肺炎になる率が半分近くまで減らせたという報告もあり[1]，今後口腔ケアの重要性はますます増していくことでしょう．

参考文献

1) Yoneyama,T.,Yoshida,M.,Matsui,T.,et al.：Oral care and pneumonia. Oral Care Working Group. Lancet（354）515,1999.

C. 嚥下・構音（発声）リハビリ

■ b. 口腔ケアの実際

> **Point**
> - 口腔ケアの無理強いは禁物
> - ケア操作による誤嚥に気をつけよう
> - 歯垢や舌苔をきれいにしよう
> - 入れ歯は夜間はずすのが基本

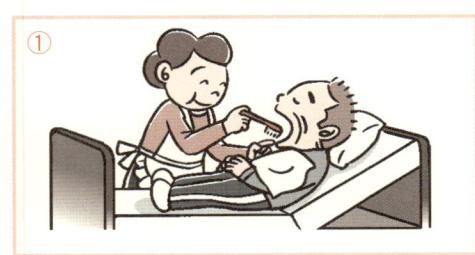

① 誤嚥防止のためベッドを起こし，上体を起こす．むずかしいなら頭を横向きにする．まず少しの水で口をゆすいでもらい，柔らかい歯ブラシやスポンジブラシ，あるいはガーゼを使って歯や舌などをきれいにする．

② 入れ歯は毎食後および就寝時にはずし，流水でブラッシング．夜間ははずしておくのが基本．

　口の中は他人に見られると恥ずかしいと感じる人も多く，ケアをする際に無理強いは禁物です．あくまで本人の意思を尊重し，受け入れられないようなら，勇気ある撤退も選択肢に入れておきましょう．

　要介護4，5の重症者に対する口腔ケアにおける最大の注意点は，口腔ケアの操作によって誤嚥性肺炎を起こさないようにすることです．ベッドをなるべく起こし，上体を起こします．それがむずかしい場合は，頭を横に向けましょう．

　まず誤嚥に注意しながら，少量の水で口をゆすいでもらいます．

　それから柔らかい歯ブラシで歯肉を傷つけないように，歯みがきをします．歯みがきの方法は通常の方法と同じです．歯みがき粉は必要ありません．薄めたイソジンやお茶でブラッシングやうがいをすると，殺菌効果だけでなく，爽快感も得られるのでよいでしょう．

　また舌に白く付着した舌苔は，食物のカスや，細菌，剥離した上皮などが堆積して苔状になったものです．口臭の原因になるので，ブラッシングをしたりガーゼできれ

III ● リハビリの実際

いにとるように心がけてください.

　また，入れ歯は夜間ははずすのが基本です．寝る前に入れ歯をはずすことにより，入れ歯を洗う習慣ができ，入れ歯と接する歯肉を休めることができます．しかし人によっては，入れて寝たほうが歯のためによい場合もあるので，かかりつけの歯医者さんに相談してください．

■ c.おすすめグッズ紹介

　要介護5の方の口腔ケア用のおすすめグッズをご紹介します（図①）.
　㈱オーラルケア（フリーダイヤル☎0120-500-418）から「柄付くるリーナブラシ」という名前で発売されています．メーカー希望小売価格は1本500円（税抜き，送料別，1本から発送．http://www.oralcarestore.jp/ より注文可）．要介護5で口腔ケアしている方に教えてあげましょう．きっと感謝されますよ．

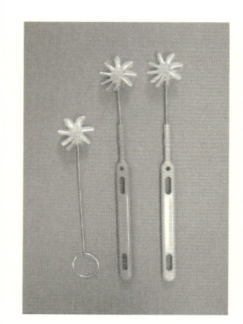

「くるリーナブラシ
（左端）」「柄付くる
リーナブラシ」

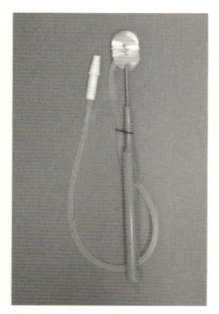

「吸引くるリーナブ
ラシ（吸引機接続
用）」

「くるリーナブラシ」の特徴
①先端が柔らかく，丸くなっているので歯肉を傷めない
②口を開けてくれない場合でも柄が細いので滑りこませられる
③口腔内に入れているときに歯で咬まれてしまっても，ブラシと柄がしっかり連結しているので，ブラシの先端がスポンジタイプのように咽頭へ脱落する心配がない
④よごれが効率よくからめとれる
⑤歯ブラシ同様，洗って再使用できるので経済的

図①●介護の現場から生まれた要介護者の口腔ケア用歯ブラシ

C. 嚥下・構音（発声）リハビリ

① 水またはぬるめのお茶で毛先を濡らし，水気を軽く切る
② 頬の内側の汚れをとる
　ブラシを頬と歯ぐきの間に入れて，軽く粘膜に押し当て，ゆっくりと上から下，下から上へ動かしながら汚れをかき出す

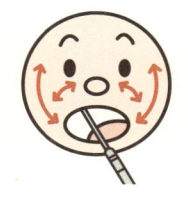

③ 上唇・下唇の内側の汚れをとる
　ブラシを唇と歯ぐきの間に入れて，軽く粘膜に押し当て，ゆっくりと左右に動かしながら清掃．歯の裏側もきれいに
④ 上あごや口の奥のたんや唾液をとる
　上あごの奥にブラシの毛先を軽く触れ，たんや唾液を毛先に巻きつけるようにからめとる．のどの奥に突き当てないように気をつけて

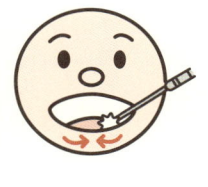

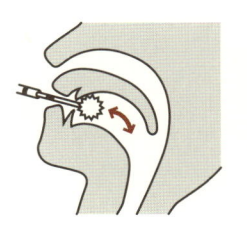

⑤ 舌の上や下もよごれがちなので，奥から手前に柔らかくかき出す
⑥ ワイヤー部分を少し曲げると、無理に口を開かなくても、上あごの奥が清掃できる

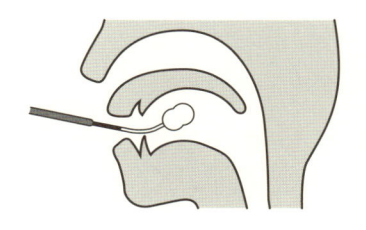

図②●新型ブラシによる口腔ケア　　　　くるリーナブラシ使用説明書より　改変

■ d. 口腔ケア中の誤嚥を防ぐ

　せっかく誤嚥性肺炎を防ぐために、口腔ケアをしていても、その口腔ケアの操作により誤嚥を引き起こしてしまっては、意味がありません。口腔ケアで大切なのは、まずポジションです。

　患者さんのあごが上がったまま、口腔ケアをすると、咽頭と気管が直線状になり、口腔ケア中の唾液や洗浄液が気管に入りこみやすくなり、誤嚥を誘発します（①）。

　その対策として、マクラを利用し、あごをひくようにするとよいでしょう。これにより、咽頭と気管の角度が大きくなり、誤嚥しにくくなります（②）。

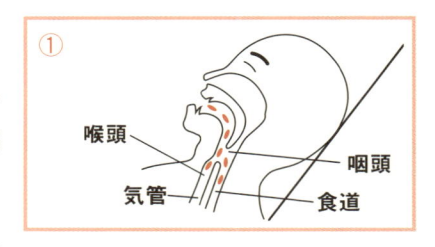

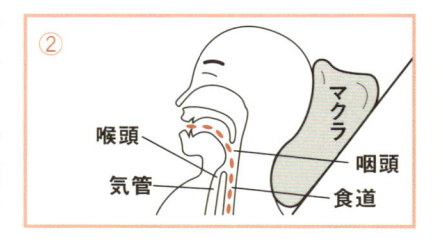

■ e. 脳卒中の左右差を意識する

　脳卒中後遺症により片麻痺になってしまった患者さんは、口の中にも麻痺があると考えましょう。つまり口の中の動きに左右差があります。そのため麻痺側の口腔内に食べカスが残っていることが多いのです（③）。

　リハビリスタッフはまず、口の動きの左右差を確認しておくとよいでしょう。具体的にはアカンベーをするように舌をまっすぐ出してもらいます。もし口の中に麻痺があれば舌は曲がります（④）。これにより口の中の麻痺の有無が簡単にわかります。

　事前に把握しておけば、麻痺している側をより重点的にキレイにすればよいので、効率的な口腔ケアが行えます。

■ f. 胃瘻が造設されている人こそ口腔ケアが必要

　胃瘻が造設されている人は口から食べることがほとんどないので、口腔ケアが忘れられがちです。

　しかし食べることがないぶん、口の動きが少ないので口腔内は汚れています。胃瘻が造設されている人こそ、誤嚥性肺炎の防止のために口腔ケアが求められています。

C. 嚥下・構音（発声）リハビリ

> コラム
>
> ## ① 口を開けたままゴックンさせないで
>
> 　食事介助の現場をみていると，スプーンで舌の上に食べ物を置いてからすぐに「ハイ，ゴックンしてー」と嚥下を促している場面によく遭遇します．
> 　しかしチョット待ってください．ためしに自分で大きく口を開けたまま，ツバをのみこんでみてください．かなり困難なことがすぐわかると思います．つまり口を閉じないと上手に「ゴックン」ができないのです．
> 　食事介助でも，舌の上に食べ物を置いたら，まずしっかり口を閉じてもらい，それから「ハイ，ゴックンしてー」と嚥下を促すのが正しい方法です．これにより，食事中のムセや誤嚥が少なくなることでしょう．「せかさず，まず口を閉じること」．これが食事介助の王道です．
>
> ## ② カバくんに学ぶ正しいうがい法
>
> 　これは意外と盲点で知らない人が多いのではないでしょうか？　毎年冬になると，カゼ予防のために幼稚園などでさかんにうがいが奨励されています．もちろんうがいは園児だけでなく大人にも大変効果のある，のどの洗浄法です．在宅でも可能な人はやらない手はありません．
> 　それでは明治製菓の「イソジンうがい教室」のカバくんの教えに準じて正しいうがい法を学んでおきましょう．
> ①うがいは 3 度に分けて行います．
> ②1 度目はうがい液を口の中に含み，ホッペを膨らますようにクチュクチュと口の中をしっかりお掃除します．
> ③2 度目，3 度目は水がこぼれないよう上を向いて，ガラガラガラと 15 秒ほど繰り返します．
> 　このときリハビリスタッフは「ただいまーのあとは，ガラガラジンジン……」などと歌うと楽しいでしょう．
> 　この 3 度の正しいうがい法を身につけ，風邪をひかない，強靭な体を作りましょう．

III ● リハビリの実際

7　肺炎のリスクを 1/3 にする意外な薬

　血圧を下げる薬は，現在大きく分けて 6 種類あります．そのなかの ACE 阻害薬という種類の薬（商品名：レニベース，タナトリル，エースコール等）が肺炎を減らすのです．しかしいったいなぜ，血圧を下げる薬が肺炎を減らすのでしょう．

　生体には誤嚥を防ぐしくみとして咳反射と嚥下反射があります．この反射にかかわる神経伝達物質をサブスタンス P といいます．ACE 阻害薬にはこのサブスタンス P が分解されるのを防ぐ作用があります．

　つまり高血圧の人が治療のために ACE 阻害薬をのむと，副作用として咳が出やすくなるのです．この副作用を逆利用すると，誤嚥の予防になります．

　在宅リハビリを行っていく際に，肺炎が大きな支障となることはみなさんご存じだと思います．在宅リハビリを行っているお年寄りの多くが，高血圧や誤嚥の危険性をあわせもっていることを考えると，なんとありがたい薬でしょう．

　ACE 阻害薬で血圧をコントロールしつつ，肺炎のリスクも減らし，守りを固めてから，リハビリで攻めて，どんどん元気になる．これが近代型在宅リハビリの知恵なのです．

● ACE 阻害薬による高齢者肺炎の予防

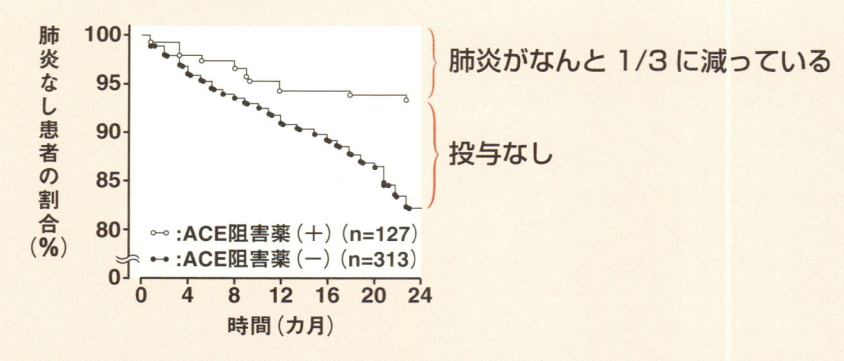

高齢者に長期にわたって ACE 阻害薬を投与すると，肺炎の発生が抑えられる．累積の肺炎発生率の差は，2 年間で 1/3 となった

板橋 繁，座安 清，森川昌利ほか：アンギオテンシン変換酵素阻害による老人性肺炎予防．呼吸，17：1342-1344，1998．より改変

D. すでに拘縮してしまっている人におすすめのリハビリ

関節ゆるゆるリハビリ①──紹　介

- 無理もなく、痛みもない
- からだがよろこんでくれる
- 楽に動かせるところを動かし、少しずつ範囲を広げていくだけ
- 痛みのない方向へ動かし、関節に遊びを作る
- その後脱力してもらい、リハビリスタッフが軽い抵抗を加える
- 関節をほぐしたり、温めてから行うと効果が増す
- 足先から頭に向かって、各関節ごとに行う
- 慣れれば10分でできる
- 痛みがないので患者さんの受け入れもよく、ご家族の協力も得られやすい
- 要介護3, 4, 5の患者さんにおすすめ

　関節のリハビリというと、痛みに耐えながらがんばらなければならないものというイメージが強いようです．

　実際，今までの関節リハビリは，拘縮した関節を他動的に引き伸ばすことにより可動域の改善をめざすというもので，どうしても痛みが生じてしまうものでした．

　無理のない，痛みのないリハビリは不可能なのでしょうか？

　関節は「鉄の扉」と同じで，動かさなければサビついて動きがわるくなってしまいます．そのような状態で無理に力を加えれば蝶番が壊れてしまいます．しかし油を注ぎながら，無理なく少しずつ，キコキコと動かしてあげればスムーズに動くようになります．

　関節も鉄の扉と同じように無理なく動かす方法はないものでしょうか．というわけで，「関節ゆるゆるリハビリ」を考案しましたので紹介します．

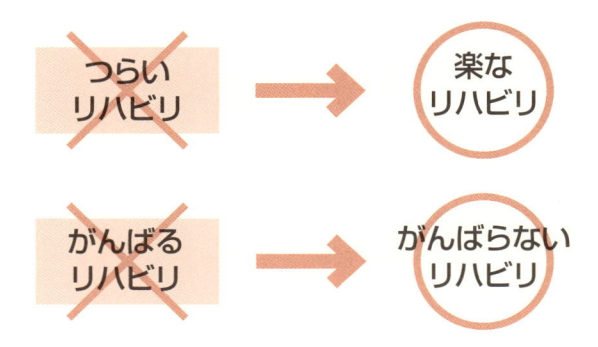

つらいリハビリ　→　楽なリハビリ

がんばるリハビリ　→　がんばらないリハビリ

III ● リハビリの実際

関節ゆるゆるリハビリ② ── リハビリ前の基礎知識

Point

- ●拘縮とは……（①）
  関節包, 滑膜, 靭帯などの収縮によって, あるいは筋肉, 皮膚, 神経の癒着によって関節の動きが制限されること
- ●拘縮を改善するには……
  関節をほぐし, 動かすこと
- ●関節拘縮の生じる方向（②）
  曲げる筋肉（屈筋）の方が伸ばす筋肉（伸筋）より強いため（③）関節を曲げる方向に拘縮する
  （ジャンケンで思わずグーを出してしまうのもこのため）
- ●関節を曲げる筋肉や腱（屈筋, 屈筋腱）をリラックスさせ, ストレッチしてあげることで拘縮を防ぐ

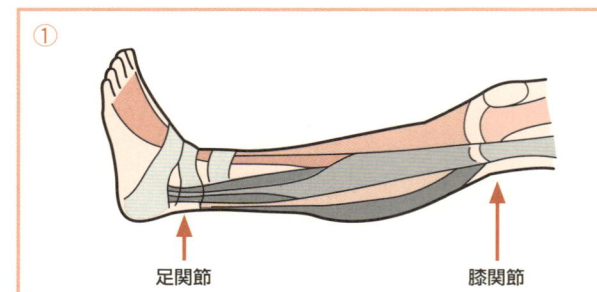

①

足関節　膝関節

関節は, 骨を取り囲む関節包, 靭帯, 筋肉などの, 多くの軟部組織により構成されており, その収縮や癒着によって拘縮が生じている

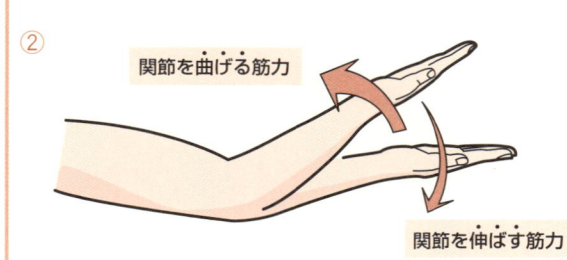

②

関節を曲げる筋力

関節を伸ばす筋力

屈筋力＞伸筋力

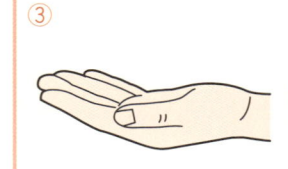

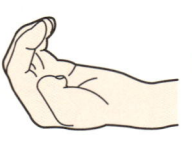

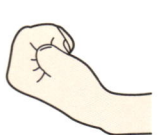

③

屈筋力が伸筋力に勝ってしまうので, 拘縮は「関節を曲げる」方向に発生する.

D. すでに拘縮してしまっている人におすすめのリハビリ

関節ゆるゆるリハビリ③──実践〈1〉 はじめに

Point
- 寝てでも座ってでもできる
- まず深呼吸してリラックス（呼吸リハビリテーション，自律訓練法，禅などいろいろな呼吸法があるが，方法はとくにこだわる必要はない）
- 関節をさすったり，蒸しタオルで温めてからやると効果的

① 筋肉ではなく関節周囲の腱（スジ）をほぐすつもりでもむ……Ⓐ→Ⓗの順にやる．

② 腱（スジ）をもみながら，関節をちょこちょこ動かし，関節可動域の遊びの範囲を確認し，その範囲内で反復運動をする．

③ 関節がほぐれたところで，患者さんにグッと関節を曲げてもらう（7割ぐらいの力でよい．その患者さんにとっての最大屈曲位をとってもらう）．そのとき，リハビリスタッフは指を添えておく．

④ 5秒数えて「ハイ　脱力〜，ハイ　休み〜」と言って，爽快感を味わってもらいながら患者さんに力を抜いてもらい，関節を元のポジションに戻してもらう．そのときリハビリスタッフは添えた指を離さず，少し伸展側に押して，5秒数える．

⑤ この方法により，患者さんが脱力したリラックス時間内に関節可動域を伸展側（拘縮をほぐす方向）へ拡大させ，関節軟部組織をストレッチすることができ，拘縮が改善する．
この動作を3回くりかえす．

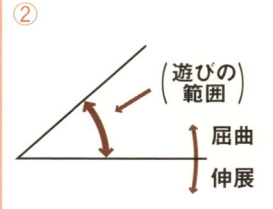

①
- Ⓐ 足指の関節
- Ⓑ 足関節
- Ⓒ 膝関節
- Ⓓ 股関節
- Ⓔ 手指の関節
- Ⓕ 手関節
- Ⓖ 肘関節
- Ⓗ 肩関節

② 関節をちょこちょこ動かすことにより，関節可動域の遊びを確認し，その範囲内で反復運動をする

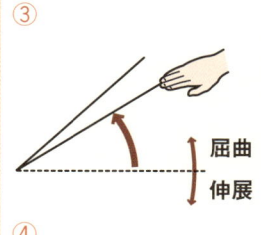

③ 患者さんにグッと関節を曲げてもらう（7割くらいの力でよい）．そのときリハビリスタッフは指を添えておく

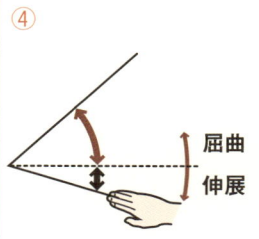

④「ハイ　脱力〜，ハイ　休み〜」で元のポジションに戻すときに，リハビリスタッフは添えた指を離さず，少し伸展側に押して5秒数える

これにより関節可動域を伸展側へ拡大させ，拘縮を改善させる．

III ● リハビリの実際

関節ゆるゆるリハビリ③──実践〈2〉 足指の関節のリハビリ

① 内転 外転

足指には
・足指間の筋肉（骨間筋）
・骨の足底側（足の裏）を走る屈筋腱，骨の足背側（足の甲）を走る伸筋腱
がある

底側骨間筋（右足）　背側骨間筋（右足）

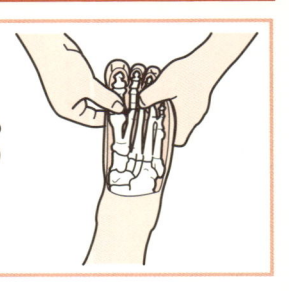

②指関節のリラクゼーション
母指の屈曲　　　母指の伸展

● まず深呼吸でリラックス
①屈筋腱と伸展筋をもみほぐす．
②足指の関節を屈曲，伸展させ，揺するような感覚でちょこちょこ動かし，関節可動域を確認し，関節可動域の遊びの範囲内で数回反復運動をし，関節をほぐす．

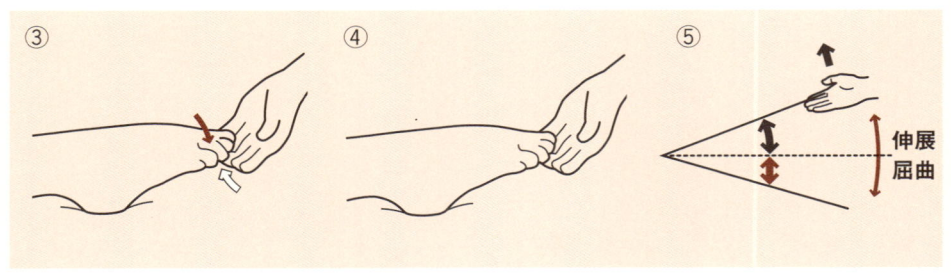

③　　　　　　　　　④　　　　　　　　　⑤　伸展／屈曲

③患者さんにグッと関節を曲げてもらう（7割ぐらいの力でよい）．その時リハビリスタッフは指を添えておく．

④5秒数えて「ハイ　脱力〜，ハイ　休み〜」といって患者さんに爽快感を味わってもらいながら力を抜いてもらう（ため息をつくように息を吐いてもらうとよい）．

⑤そのときリハビリスタッフは添えた指を離さず，少し伸展側（足の甲側）に押して5秒数える．
③〜⑤を3回くりかえす．

D. すでに拘縮してしまっている人におすすめのリハビリ

関節ゆるゆるリハビリ③──実践〈3〉 足関節のリハビリ

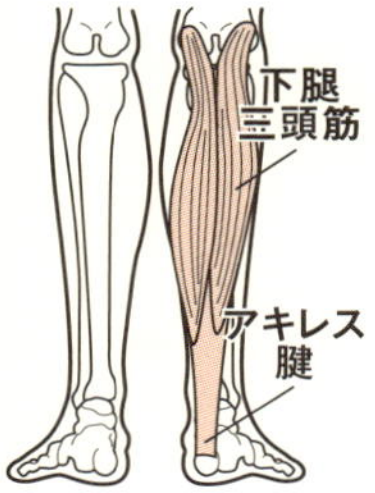

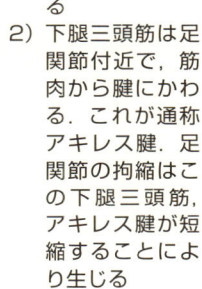

下腿（ふくらはぎ）には，
1) 下腿三頭筋がある
2) 下腿三頭筋は足関節付近で，筋肉から腱にかわる．これが通称アキレス腱．足関節の拘縮はこの下腿三頭筋，アキレス腱が短縮することにより生じる

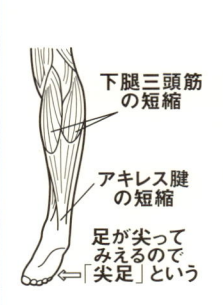

下腿三頭筋，アキレス腱の短縮により，バレリーナの足のような形になる（尖って見えるので「尖足」という）．尖足は脳卒中後や廃用症候群によって生じやすく，歩行時に踵が浮いてしまい，歩きづらく，歩行障害の大きな原因となる

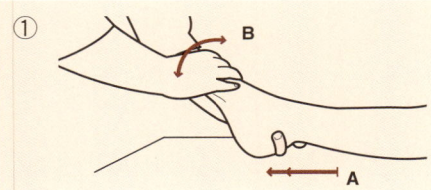

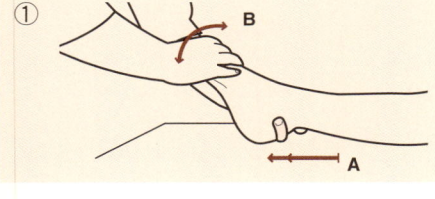

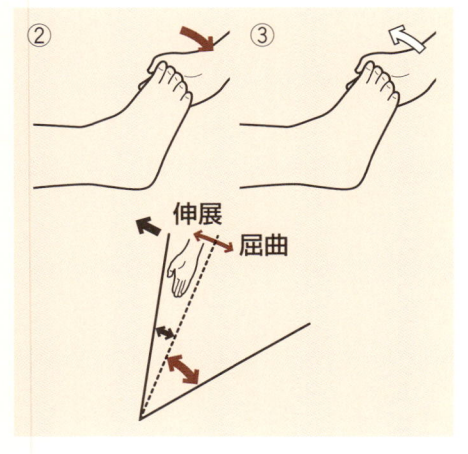

● まず深呼吸でリラックス

① 「尖足」を改善するには，短縮した下腿三頭筋とアキレス腱をほぐし，ストレッチすることが必要．まずアキレス腱をさすり，もみほぐす．このとき，アキレス腱を足先の方向へ引き下げるようなイメージするとよい（A）．

　それと同時にもう片方の手で足関節をちょこちょこ動かし，関節可動域を確認し，関節可動域の遊びの範囲内で数回反復運動をし，関節をほぐす（B）．

② 患者さんに車のアクセルを踏むようにグッと力を入れてもらう（7割くらいの力でよい）．そのときリハビリ・スタッフは親指（母指）のつけ根（母指球）を中心に，手のひらを添えて5秒数える．

③ 「ハイ　脱力～，ハイ　休み～」と言って患者さんに爽快感を味わってもらいながら力を抜いてもらう（ため息をつくように息を吐いてもらうとよい）．そのときリハビリスタッフは添えた手を離さず，少し伸展側（足の甲の側）に押して5秒数える．

①～③を3回くりかえす．

Ⅲ ● リハビリの実際

関節ゆるゆるリハビリ③──実践〈4〉 膝関節のリハビリ

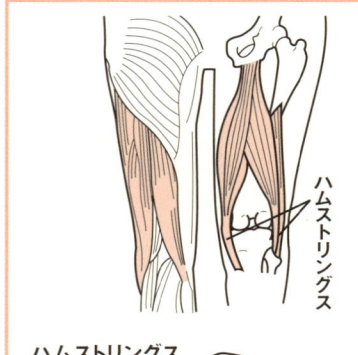

膝関節の拘縮に関する筋肉と腱は，ハムストリングス（ハムストリング筋，膝屈曲筋群）である．ハムストリングスは膝関節屈曲筋（膝を曲げるための筋肉）の総称で，大腿二頭筋と半腱様筋，半膜様筋からなっている．膝関節拘縮はハムストリングスの短縮により起こっている

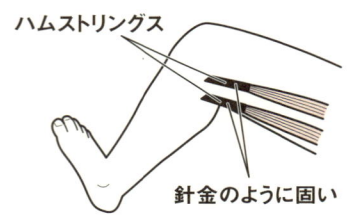

ハムストリングス

針金のように固い

膝関節は90°前後で拘縮を起こしている場合が多く，そのような関節は痛がるばかりで思うようにリハビリができない．
膝の裏（膝窩部）には，両サイドに針金のように固いハムストリングスの腱が触れる．まずこの固い腱にアプローチする

①

● まず深呼吸でリラックス．
① 両手全体で膝の裏（膝窩部外側・内側の上縁）の固いハムストリングをほぐす．つぎに膝を包み込むように両手でおさえる．

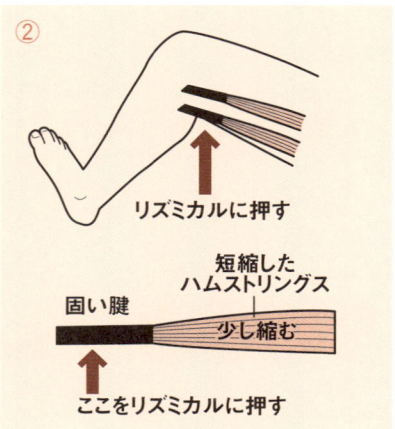

②

リズミカルに押す

短縮したハムストリングス
固い腱　　少し縮む
ここをリズミカルに押す

② 両手の中指と薬指（環指）と小指の指の腹で，内側，外側のそれぞれの腱をひっかけるようにおさえて，お皿（膝蓋骨）の方向（つまり上方）へリズミカルに押す．そのことにより，ピンと張ったロープが緩むように，短縮したハムストリングスが緩む．

D. すでに拘縮してしまっている人におすすめのリハビリ

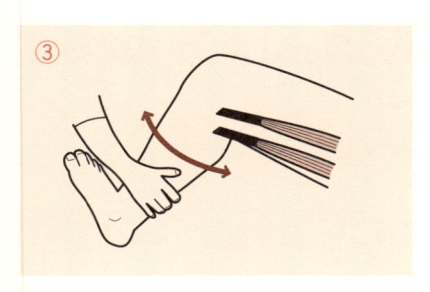

③ハムストリングスが緩んだ頃，今度は足首をもち，上下にちょこちょこ膝関節を動かし，関節可動域を確認する．関節可動域の遊びの範囲内で数回反復運動をし，関節をほぐす．

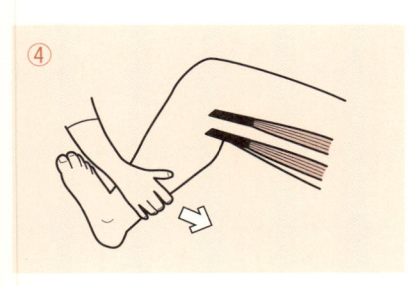

④患者さんに膝を曲げるようにグッと力をいれてもらう（7割ぐらいの力でよい）．

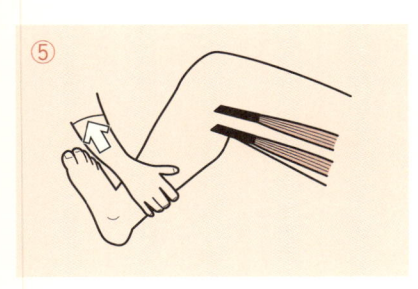

⑤リハビリスタッフはそのまま足首に手を添えて5秒数えて，「ハイ　脱力〜，ハイ　休み〜」といって患者さんに爽快感を味わってもらいながら力を抜いてもらう（ため息をつくように息を吐いてもらうとよい）．

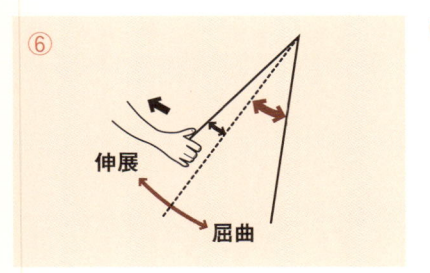

⑥そのときリハビリスタッフは添えた手を離さず，少し伸展側（膝を伸ばす方向）に引いて5秒数える．
④〜⑥を3回くりかえす．

関節ゆるゆるリハビリ③──実践〈5〉 股関節のリハビリ

　寝たきりの方の在宅生活で介護者が一番大変なのがおむつ交換です．股関節の拘縮が強くなると股が広がらず，オムツ交換が困難となります．その原因となっているのが股関節内転筋の拘縮です．

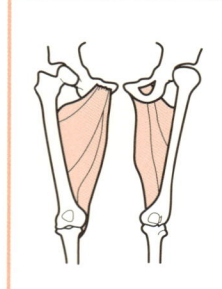

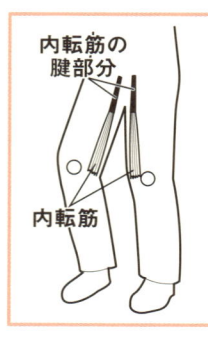

股関節のおもな内転筋（薄筋，長・短・大・内転筋など）は股のつけ根から膝の内側，大腿骨後面に向かって走行している

拘縮している股関節には股の内側のつけ根にロープのように固い内転筋の腱部分が触れる
まずこの固い腱にアプローチする

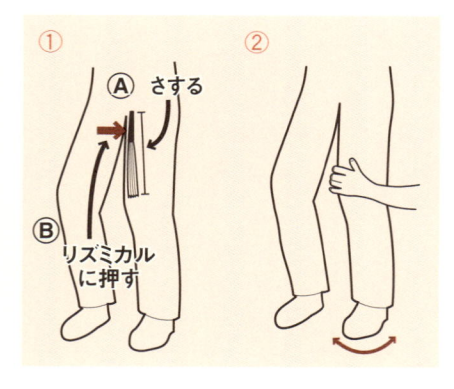

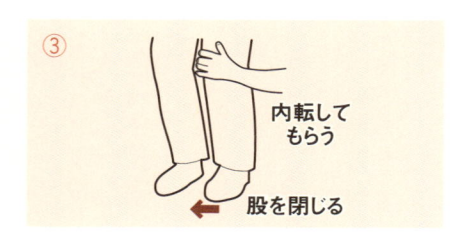

内転筋の腱部分
内転筋

① Ⓐさする Ⓑリズミカルに押す
②
③ 内転してもらう　股を閉じる

●まず深呼吸でリラックス．
① リハビリスタッフの指腹全体で，股の付け根から膝の内側まで（内転筋起始の腱部分から内転筋筋腹そして停止の腱部まで）を髪の毛をなでるくらいの感覚でさすり，ほぐしていく．それから内転筋の腱部分をリズミカルに押す．
② 内転筋がほぐれてきたら膝の内側に手をもぐりこませ，膝をつかみ，股関節を内外にちょこちょこ動かす．関節可動域の遊びの範囲内で反復運動をし，関節をほぐす．
③ 股を閉じるようにグッと力を入れてもらう（7割ぐらいの力でよい）．リハビリスタッフは膝の内側をつかんだまま，5秒数えて「ハイ　脱力～，ハイ　休み～」と言って，力を抜いてもらう（ため息をつくように息を吐いてもらうとよい）．

D. すでに拘縮してしまっている人におすすめのリハビリ

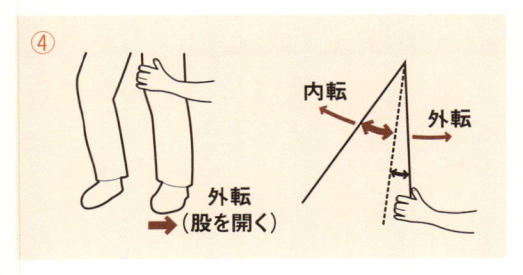

④ そのときリハビリスタッフは添えた手を離さず少し股を開くように引いて（外転）5秒数える．
①〜④を3回くりかえす．

Ⅲ ● リハビリの実際

関節ゆるゆるリハビリ③──実践〈6〉 手指と手関節のリハビリ

　指屈筋腱は手のひら側（手掌側）にある複数の腱の総称で指や手関節を曲げる働きをしています．

　指屈筋腱は指先から手関節をこえて前腕部に伸びている長細い腱のため，手指と手関節の両方に関係しています．ということは，指屈筋腱にアプローチすれば，手指と手関節の両方のリハビリが同時にできるのです．

　つまり短縮した指屈筋腱を伸ばすことがポイントとなります．

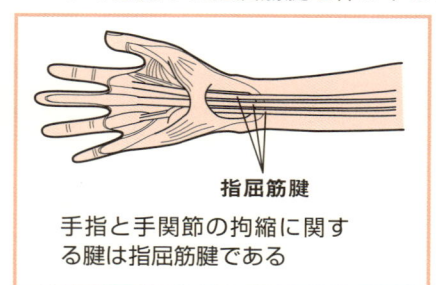

指屈筋腱
手指と手関節の拘縮に関する腱は指屈筋腱である

指屈筋腱の短縮により，
ⓐまず手指の拘縮が起こり
ⓑ手関節の拘縮が起こる

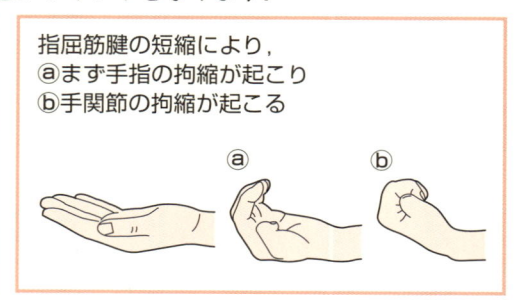

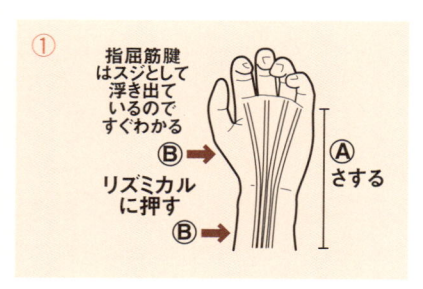

① 指屈筋腱はスジとして浮き出ているのですぐわかる
Ⓑ→ リズミカルに押す
Ⓑ→
Ⓐ さする

● **まず深呼吸でリラックス．**
① リハビリスタッフの示指から小指までの指腹全体で手掌側の指先から前腕までの指屈筋腱を（拘縮が強く不能な場合は前腕のみでよい）髪の毛をなでるくらいの感覚でさする（Ⓐ）．それから短縮した指屈筋腱をリズミカルに押してほぐしていく（Ⓑ）．

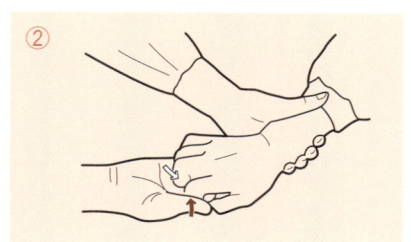

② 拘縮した手指に指をもぐりこませ，それぞれの指の指腹どうしをしっかり密着させ，指を伸ばす方向（指を開く方向）へちょこちょこ動かし，関節可動域を確認していく（必然的に手関節も伸びる方向に力が働く）．関節可動域の遊びの範囲内で数回反復運動をし関節をほぐす．

D. すでに拘縮してしまっている人におすすめのリハビリ

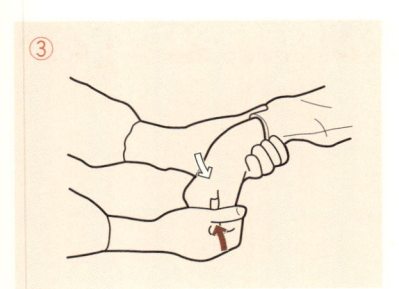

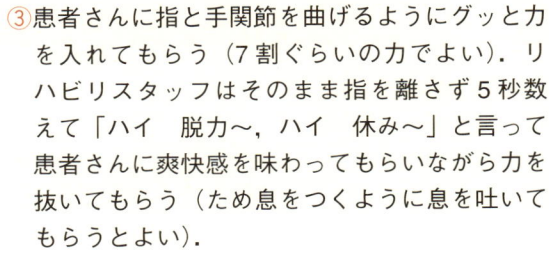

③患者さんに指と手関節を曲げるようにグッと力を入れてもらう（7割ぐらいの力でよい）．リハビリスタッフはそのまま指を離さず5秒数えて「ハイ　脱力〜，ハイ　休み〜」と言って患者さんに爽快感を味わってもらいながら力を抜いてもらう（ため息をつくように息を吐いてもらうとよい）．

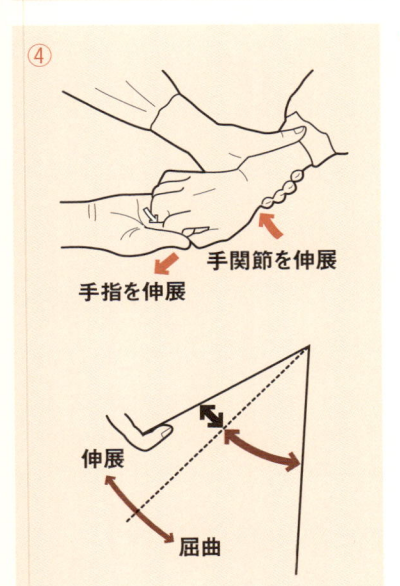

④そのときリハビリスタッフは添えた指を離さず，少し指を開くように引っぱって5秒数える．

①〜④を3回くりかえす．

手関節を伸展
手指を伸展
伸展
屈曲

関節ゆるゆるリハビリ③──実践〈7〉 肘関節のリハビリ

　上腕二頭筋はいわゆる力こぶの筋肉で，肘を曲げたり（屈曲），前腕を回したり（お星さまキラキラの動作）する作用をしています．

　肘関節は 90°以上の拘縮を起こしている場合が多く，いきなり伸ばそうと引っぱると，かえって力みのため肘が曲がってしまうことがあります．

　肘のくぼみのほぼ中央部にある上腕二頭筋腱からアプローチします．

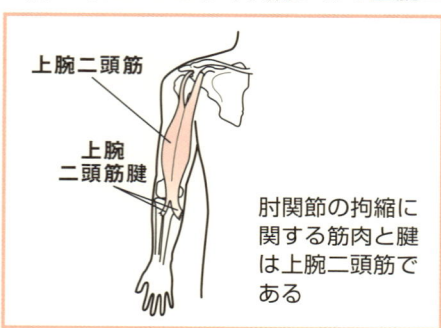

肘関節の拘縮に関する筋肉と腱は上腕二頭筋である

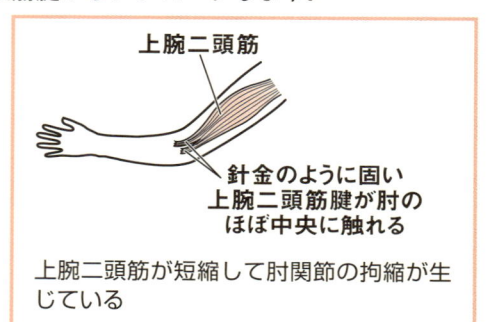

上腕二頭筋が短縮して肘関節の拘縮が生じている　針金のように固い上腕二頭筋腱が肘のほぼ中央に触れる

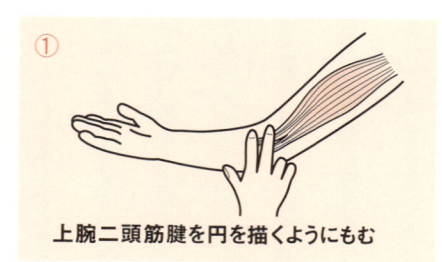

●まず深呼吸でリラックス

① リハビリスタッフの示指と中指の指腹で肘部の上腕二頭筋腱を円を描くように，軟らかくもむ．

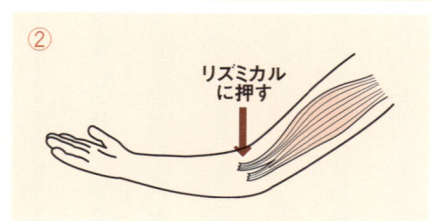

② 次に示指と中指を離さずそのまま上腕二頭筋腱を痛みの出ない程度にリズミカルに押す．

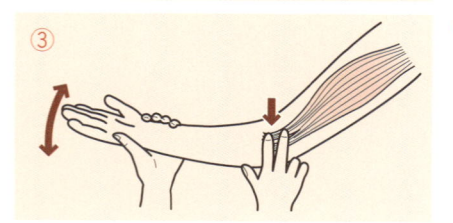

③ そのリズムに合わせて他方の手で，患者さんの手関節部をつかみ，上下にちょこちょこと肘関節を動かし，関節可動域を確認し，関節可動域の遊びの範囲内で数回反復運動をし，関節をほぐす．

D. すでに拘縮してしまっている人におすすめのリハビリ

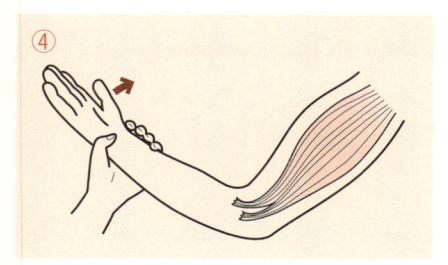

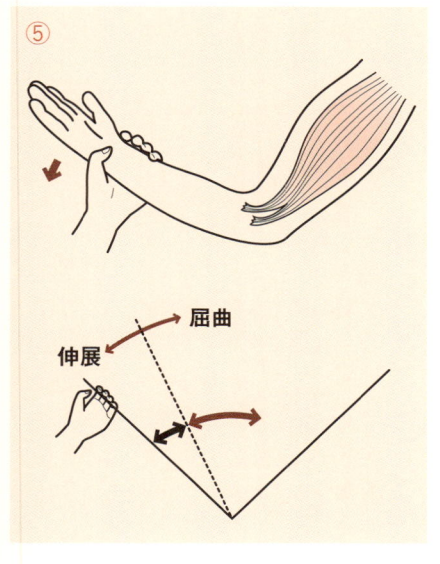

④次に患者さんに肘を曲げるようにグッと力を入れてもらい（7割ぐらいの力でよい），リハビリスタッフは手関節をつかんだまま5秒数えて「ハイ　脱力～，ハイ　休み～」と言って患者さんに爽快感を味わってもらいながら力を抜いてもらう（ため息をつくように息を吐いてもらうとよい）．

⑤そのときリハビリスタッフは，つかんだ手を放さず，少し伸展側（肘を伸ばす方向）に引いて5秒数える．

④～⑤を3回くりかえす．

関節ゆるゆるリハビリ③──実践〈8〉 肩関節のリハビリ

　肩関節の拘縮に関する筋肉は大胸筋です．大胸筋は胸の前面を覆う大きな筋肉で，上腕骨に付着します．そのため大胸筋が萎縮すると上腕が内転し（開かなくなる），胸を抱いたような肢位になります．

　そのためまず大胸筋をほぐすリハビリを行います．

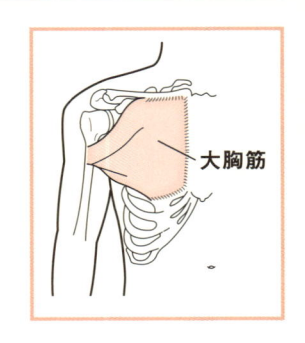

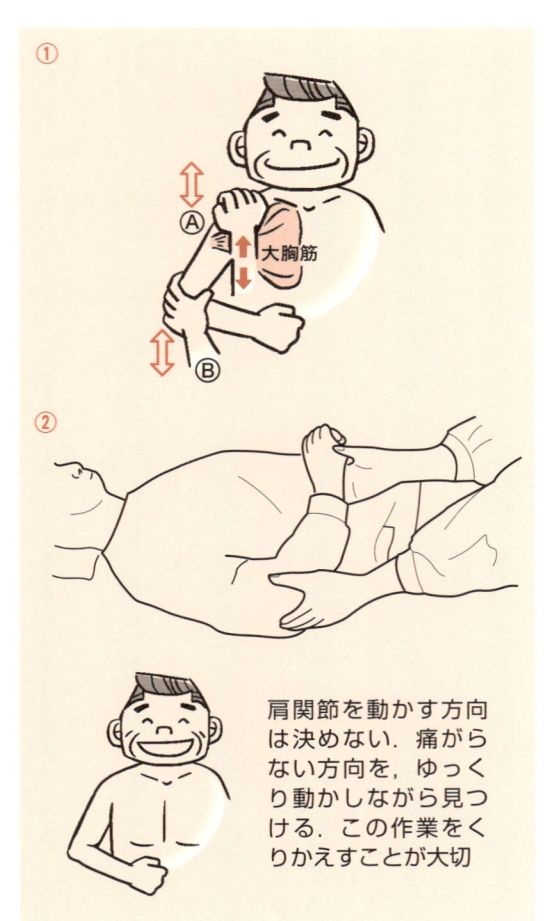

大胸筋

大胸筋

肩関節を動かす方向は決めない．痛がらない方向を，ゆっくり動かしながら見つける．この作業をくりかえすことが大切

● まず深呼吸でリラックス

① リハビリスタッフの手のひら全体で肩関節を髪の毛をなでるくらいの感覚でなで，ほぐれたところで，
Ⓐ肩関節を手のひらで包むように上から肩に手を添え，
Ⓑ他方の手で肘を下から支えるよう包み，
Ⓐ，Ⓑを連動させて上下にゆっくり動かす．これにより，患者さんは自然と肩の上げ下げ運動をすることになり，爽快感を得られると同時に，大胸筋などの筋肉の運動にもなり，肩関節を包む軟部組織にも遊びのスペースが生まれる．

② 次に，リハビリスタッフは患者さんの手関節と肘関節を持ち，動かしても痛がらない方向をゆっくりと見つけ，肩の自発的な動きをさそい，動きがとまりそうなところのちょっと手前で無理をせず動きをとめ，そこでため息をついてもらい，それからまたゆっくりと動き始める．以上を3回くりかえす．

E 在宅リハビリの「格言」／時間配分とリハビリの実例

1. 在宅リハビリの「格言」

Point
- まず「顔色」「バンザイ」チェック
- 迷ったときは本人や介護者に聞こう
- 「いつもと違う」は立派な症状
- 必須ツールは「ばか話」

1　訪問時，まず「顔色」「バンザイ」チェック

　訪問したとき，まずは顔色をチェックするクセをつけましょう．そうすることにより，当然顔を見合わせることになり，あいさつもスムーズにできます．また，その日の天気や季節などの話も自然と出て，そのお宅の雰囲気にスッと入っていけます．

　そしてなによりも，その日の患者さんの体調がわかります．またリハビリを始める前に，バンザイをしてもらうことも，その日の体のキレを計るバロメーターになります．

　このワンパターンの行動を習慣づけることにより，患者さんの体調の把握が容易になります．

2　迷ったときは本人や介護者に聞こう

　患者さんの体調がすぐれないように思えるときは，リハビリを中止するかどうか判断に迷うものです．

　とくに体温や血圧にこれといった問題がなく，積極的にリハビリを中止する理由が見当たらないときは，本当に困ってしまいます．

　そんなときは，本人や介護者に素直にどうするか，判断を求めてみるのも一法です．

　みんなで相談して，結論を出すことにより，より正確な判断となり，チームプレーを行うことにより結束もかたくなれば一石二鳥です．

3　「いつもと違う」は立派な症状

　体温や血圧などは問題ないのだけれど，何かいつもとちょっと違うという直感は大切にしたいものです．

　いつもいっしょにいる介護者が「何か変」といっているときは注意が必要です．

　具体的に何がいつもと違うのかをよく聞き出し，心理状態も加味し総合的に判断し，やっぱりおかしい，と思ったときは主治医に連絡しましょう．

> ## 4 　必須ツールは「ばか話」

　在宅は病院と異なる生活の場です．そこで行うリハビリも当然，病院と異なり生活の一部でなければなりません．
　それを可能にする必須ツールは「ばか話」です．
　「ばか話」とは「おもしろおかしい雑談」のことです．この「ばか話」により，みんなで楽しいひとときが過ごせれば，在宅リハビリが継続されますし，「治療対象者」としてではなく「生活者」としておつきあいできます．すると昔の話なども伺うことができ，私たちにとっても貴重な勉強の時間が過ごせます．
　在宅リハビリはとにかく楽しくやるにこしたことはない，という信念のもと，この「ばか話」の重要性を強調したいと思います．

2. 時間配分とリハビリの実例

Point

- ●時間配分（1時間の訪問の場合）
  ① 体調のチェックと評価
  ↓
  ② 処置とリハビリ
  ↓
  ③ 今日の評価と今後の方針立案
- ➡実際にリハビリに費やせる時間はせいぜい20～40分

- ●その20～40分で何をするか
- ➡単一のメニューではなく，数種類のメニューを効率的に組み合わせる
- ➡要介護度と状態像によりリハビリの内容はだいたい決まってくる

■ 実例1（要介護4：脳梗塞による不全片麻痺）
①～⑥までで約30分

① 最初にベッド上端座位でだらけ呼吸（呼気を意識した深呼吸3回）
↓

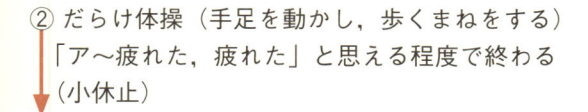

② だらけ体操（手足を動かし，歩くまねをする）
「ア～疲れた，疲れた」と思える程度で終わる
↓（小休止）

③ 立位，歩行訓練
・状態に応じて行う
・体調に合わせた運動量でよい
↓（小休止）

④ くつ下をはくなどの日常生活動作訓練
↓

⑤ 麻痺側の関節ゆるゆるリハビリ
　下肢→上肢へ
↓

⑥ 足裏トントンマッサージ

III ● リハビリの実際

■ 実例2（要介護5：原因疾患は問わない）

①〜⑨まで約40分

① ベッドから車椅子へ介助移動
↓

② 足浴後に足裏トントンマッサージ
↓

③ 口腔ケア（「くるリーナブラシ」を利用）
↓

④ 車椅子からベッドへ介助移動
↓

⑤ のけぞりユラユラリハビリ
↓

⑥ ふねこぎユラユラリハビリ
↓

⑦ 尻上げ，股開きリハビリ
↓

⑧ 関節ゆるゆるリハビリ
　 下肢→上肢へ
↓

⑨ だらけ呼吸（呼気を意識した深呼吸3回）

IV 現場の疑問に答える

- Q1 やる気のない人に対するリハビリの方法は？　100
- Q2. だんだん気力がなくなり，食欲と体力が低下してきたのですが……　102
- Q3. 週1～2回のリハビリで効果はあるの？　104
- コラム　腰痛を訴えているときはリハビリをするべきか？　105
- Q4. 腰椎圧迫骨折後の痛みの評価は？　106
- Q5. 冷たい湿布と温かい湿布　108
- Q6. リハビリの目標設定ができない場合の対処法　109
- Q7. 車いすからの転落予防には　110
- Q8. 足踏み運動のコツは？　112
- Q9. 筋トレの動機づけ　114
- Q10. 膝の関節拘縮を伸ばすには？　116
- Q11. 膝関節拘縮で痛がるときの対処法　117
- Q12. 肥満による膝痛に運動は？　118
- Q13. 膝の水を抜くとクセになる？　119
- Q14. 痛みのためリハビリが進められない　120
- Q15. 腰椎が骨折したかどうかを見分ける方法は？　122
- Q16. 肋骨を骨折しているかどうか見分けるには　124
- Q17. おなかを痛がる患者さんを動かしてよいか　125
- Q18. 痛がったと思うとすぐすいすい歩き出したりする場合，リハビリは……　126
- Q19. 骨粗鬆症による痛みの緩和法　128
- Q20. リハビリ中にふるえ出したらどうすればよいか　129
- Q21. 片麻痺でも車いすをうまく操作するには？　130
- Q22. 鍼（はり）や灸（きゅう）の質問にはどう答えたらよいのか？　132
- Q23. 家で使える歩行器を紹介して　133
- Q24. 膝に効くサプリメントって？　134
- Q25. ペットセラピー導入についてアドバイスを　135

IV ● 現場の疑問に答える

Question ① やる気のない人に対するリハビリの方法は？
やる気のない人にリハビリはどうすればいいの？

Answer 1

これは「在宅リハビリの永遠のテーマ」ともいえる大きな問題です．

私が行った東京都江東区と江戸川区の訪問看護ステーション，訪問マッサージ事業所へのアンケート調査によると，訪問先で一番困っていることのダントツの1位は，「やる気のない人に対するリハビリについて」でした．

正直いって私も，上手な回答が出せませんが，2つのことを提案したいと思います．

＜その1＞「相手の気持ちになって考える」

これはあたりまえのことですが，とても大切なことです．『介護を受ける人の気持ちがわかる本―お年寄りが嫌がる介護してませんか？』（主婦の友社編，主婦の友社，2001年）の一読をおすすめします．

＜その2＞「現実にできそうな，生活での具体的目標を見つける」

これもあたりまえのことですが，実際に具体的目標のあるケースは少ないようです．リハビリを1回休んで，みんなで目標さがしをすることをおすすめします．

いずれにしろ，リハビリは単に手足を動かせばいいというものではなく，いちばん大切なのは「心」だということが身にしみます．

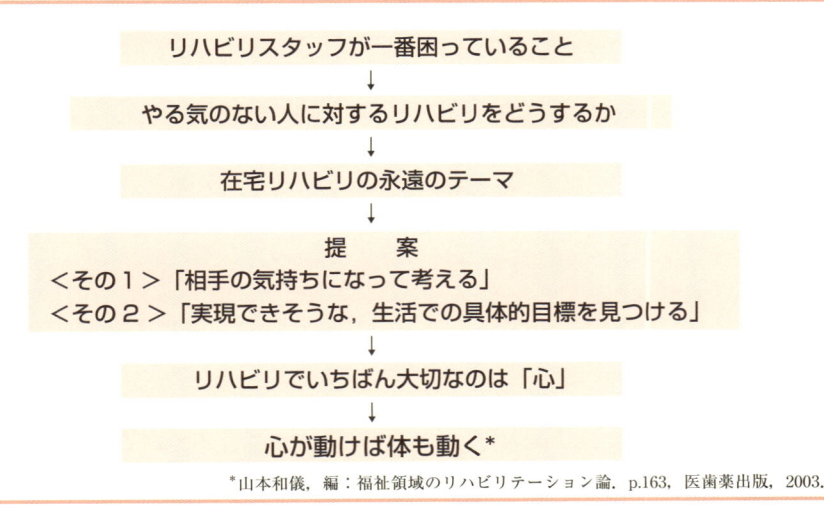

リハビリスタッフが一番困っていること
↓
やる気のない人に対するリハビリをどうするか
↓
在宅リハビリの永遠のテーマ
↓
提　案
＜その1＞「相手の気持ちになって考える」
＜その2＞「実現できそうな，生活での具体的目標を見つける」
↓
リハビリでいちばん大切なのは「心」
↓
心が動けば体も動く*

*山本和儀，編：福祉領域のリハビリテーション論，p.163，医歯薬出版，2003．

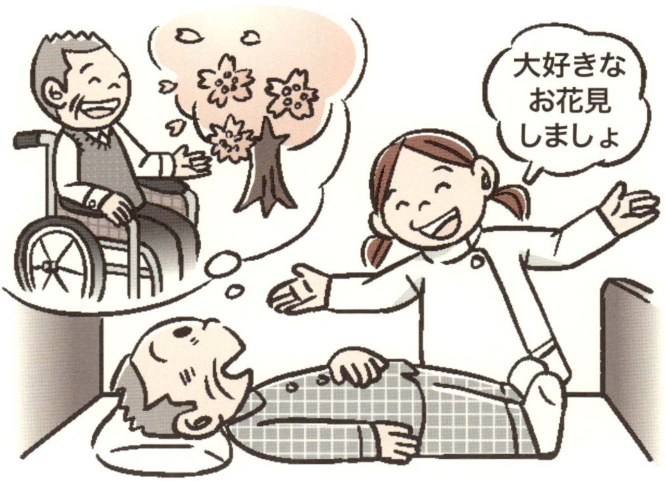

263-00454

Question 2 だんだん気力がなくなり，食欲と体力が低下してきたのですが……

86歳の要介護3で頭のしっかりしていたおじいちゃんが，最近，気力がなくなり，食欲も体力も落ちてきました．認知症なのでしょうか，うつ病なのでしょうか？

Answer 2

　お年寄りで比較的頭がしっかりしていた方がだんだん気力がなくなり，食欲と体力が低下してくるケースは，よくあることではないでしょうか．

　脳や身体に明らかな原因が見いだせない場合，やっぱり頭に思い浮かぶのは「認知症」や「うつ病」でしょう．私も訪問先で，ご家族からよく相談を受けます．

　しかし正直いって私には実力不足のために，よくわかりません．とりあえず対症療法ということで，食欲低下に対し，エンシュアリキッド®などの経口栄養剤をためしつつ，弱めの抗うつ薬を開始します．そして数週間おきに抗うつ薬を増量し，効果が認められない場合は，抗認知症薬を追加するという治療プランを実行しています．

　あるとき，はたしてこの治療プランでよいのだろうかと不安になり，複数の精神科の先生に質問してみました．その回答は，「治療プランはこれでよい」「高齢者の認知症とうつ病は見分けるのが困難」というものでした．つまり，専門の精神科の先生でさえよくわからない，ということが判明しました（親切な精神科の先生が，後日調べてくれて右の表を送ってくれました）．

　だいたいにおいて，うつ病は認知症患者の約4割に合併しているという報告もあり，見分けることが困難なのです．さらに頼みの綱の右の表を患者さんと照合してみても，結局，よくわかりません．

　しかしそんなとき，ある言葉が目に留まりました．「一滴の涙から心の病を目極めよ」でした．つまり患者さんの表情をよく見て，心を通わすことこそが正確な対応に結びつくのです．

　質問の回答にはなっていないのですが，リハビリにもこれは通じるのではないでしょうか．この言葉を肝に命じておけば，認知症患者さんに対しても，うつ病患者さんに対しても，きっとよいリハビリができると思います．

●認知症とうつ病

	認知症	うつ病
発症	潜行性	緩徐
発症までの期間	数カ月～数年	数週～数カ月
経過	安定かつ進行性 脳血管性認知症：通常，階段状	通常，午前中増悪 日々改善傾向
覚醒水準	通常は正常	正常
見当識	正常のことあり 通常は時，場所の障害	通常，正常
記憶	近時記憶障害および ときどき遠隔記憶障害	近時記憶障害および ときどき遠隔記憶障害
思考	緩徐化，興味の減退，保続〔症〕	通常，緩徐化．悲しみと希望のない考えの思い込み
知覚	正常．30～40％で幻覚（多くは視覚）	20％で聴覚幻覚
情動	浅薄，虚脱，不安定，いらいら，軽率	平坦，無反応または悲哀と恐怖．時にいらいら
睡眠	しばしば障害．夜間徘徊が多い．夜間錯乱	早期覚醒
その他		気分障害の既往

Marshall, M.：*Clinician*, 15：38-44, 1997 より一部改変

Question 3 週1～2回のリハビリで効果はあるの？

Answer 3

　関節可動域訓練の大原則は，「1日2回，朝，夕，関節を3回ずつ，疼痛が起きない範囲で，可動域いっぱいに動かすこと」です．関節拘縮がすでに生じてしまっている場合は，「ストレッチなどの他動的関節可動域訓練を最低1日2回行う」です．

　筋力増強訓練の大原則は，「毎日最大筋力の40～50％の抵抗運動を行う」です．たとえば肘を曲げる力が最大10 kgであると仮定すると，筋力アップのためには4～5 kg以上の抵抗を加える必要があります．このような大原則から考えると，週1～2回の訪問時だけのリハビリは効果がなく，意味がないことになってしまいます．

　しかしはたしてそうなのでしょうか？　私はたとえ週1～2回の訪問時のリハビリでも，効果があると考えています．その理由は，週1～2回でも，起き上がりや座位保持，立ち上がりといった日常生活動作訓練をすることにより，身体と精神の両面の廃用が予防できると思うからです．

　週1～2回，リハビリスタッフが家に来てくれて，一緒にトレーニングをしてくれるという事実は，その人の生活のリズムになるでしょうし，それ以上に生きる励みになるのではないでしょうか．指導や助言の不足や，生活での具体的目標への結びつけが不十分だと「訓練は受けるが，あとはベッドで寝て暮らす」という訓練依存症の人をつくってしまう可能性もあります．そのためには「だらけ体操」などの毎日一人でできる，簡単で具体的なリハビリ法の提示が必要です．

　以上のように，週1～2回の訪問リハビリは，やり方によっては，大変有意義なものにもなりうるし，まったく意味のないものにもなりうるのです．

- 関節可動域訓練は「1日2回，関節を3回ずつ，可動域いっぱいに動かす」
- 筋力増強訓練は「毎日，最大筋力の40～50％の抵抗運動を行う」
  ↓　週1～2回の訪問ではこれはできない
- 訪問リハビリは無意味？
  ↓　そんなことはない!!
  身体と精神の両面の廃用が予防できれば有効
  ↓
  身体的な指導や助言，生活での具体的目標への結びつけが大切

コラム　腰痛を訴えているときはリハビリをすべきか？

　いつものように，87歳の要介護3のおばあちゃん宅へ訪問すると，「今日は腰が痛いのでリハビリはお休みしたい」とご本人がいっています．
　そんなとき，あなたならどうしますか？
① リハビリはお休みする
② 動作のリハビリはやめて，軽いマッサージをする
③ まず痛みの評価をする
正解はどれでしょう？

正解は全部です．
えっと思うかもしれませんが，つまりこうです．
①′ 本人が痛くて休みたいといっているときにリハビリを強要すると，人間関係がわるくなり，「もう来ないでくれ」と言われる
　　→休みたいときは休みでよい
②′ 休みたいという希望を尊重しつつ，代わりの身体的なサービスを提供している
　　→在宅リハビリの幅が広がってよい
③′ 腰をトントン軽く叩くことにより「休みたい」という理由をさぐる

　本当は，ただ単に今日はやる気になれない，などの気分的なことも多い．そのようなときは「大丈夫」ということを伝え，今日は軽めに別のことをしようと提案してみる

Question 4 腰椎圧迫骨折後の痛みの評価は？

腰椎圧迫骨折で入院していた要介護2のおばあちゃんが，退院後も，ときどき腰が痛いといって寝てばかりいます．このままでは寝たきりになってしまうと思うのですがどうしたらいいでしょうか？

Answer 4

まず痛みの評価をする必要があります．

高齢者は，腰椎圧迫骨折でいちど痛い思いをすると「また痛くなるのではないか」と不安になり，むやみに安静を長びかせて，気力と体力が衰えてしまうことがあります．

リハビリスタッフはそんなときに，痛みの評価をする技量が必要です．

患者さんが寝ている状態なら，リハビリスタッフは体とベッドの間に手を滑り込ませ，手のひらを上下させ，少し腰を動かしてみましょう．

このとき，痛がらなければ骨折はすでに治っていますので，ご本人と家族に動いても大丈夫ということを説明し，座位から立位へとどんどん動かしていきましょう．痛がる場合でも，決して寝たままにはさせず，痛みに応じて寝返りやベッドアップを少しずつ促していきましょう．

●痛みの評価

体とベッドの間に手を滑り込ませ，手のひらで上下に軽く腰をゆすってみる

痛がらない→骨折は治っている
　　　　　どんどん動かす
　　　　　座位→立位

痛　が　る→骨折はまだ治っていないが
　　　　　寝返りやベッドアップを痛
　　　　　みに応じてすすめる
　　　　　→寝たきりにはしない

●在宅リハビリはニードに合わせて臨機応変に

⇒在宅リハビリはニードに合わせて臨機応変に

叩いて響くようなら腰椎圧迫骨折の可能性がある

Question 5 冷たい湿布と温かい湿布

冷たい湿布と温かい湿布，どちらがいいのですか？

Answer 5

とてもよく聞かれる質問です．

お風呂で温めると痛みが和らぐのに，貼る湿布は冷たくていいの？ と疑問に思われる方も多いと思います．

ご存じのように，湿布には冷湿布と温湿布の2種類があります．冷湿布を貼れば体が冷やされ，温湿布では体が温められると思われがちですが，実際には皮膚の表面温度はどちらも温かくなるのです．

では，なぜ冷湿布は冷たく感じるのでしょう．

それは冷湿布の表面には，メントールなどのスーッとする成分が含まれているからです．

一方，温湿布の表面にはトウガラシに似た成分が含まれているため，カーッとする温かい感じがします．

つまり，冷湿布と温湿布のちがいは，メントールかトウガラシかのちがいで，貼ったときにどう感じるかだけのちがいなのです．

しかし冷湿布にしても温湿布にしてもその効果の真のねらいは，両方の湿布の主成分である，消炎鎮痛薬を皮膚から浸透させ，炎症を改善させ，それにより痛みをとることなのです．

こうして考えると，貼ったときに冷たく感じるか温かく感じるかはあまりたいした問題ではなく，少し乱暴な言い方をすれば，「冷湿布でも温湿布のどちらでもかまわない」というのが結論になるでしょう．「お好みのほうをどうぞ」という言い方もできるかもしれません．

私としては，トウガラシ成分は刺激が強く，かぶれることがあるので，まず最初は，かぶれにくい冷湿布をおすすめするようにしています．

Question 6 リハビリの目標設定ができない場合の対処法

要介護5の脳卒中の患者さん宅を訪問しています．発症から6カ月，退院から2カ月経ていますが，今後どこまで回復するのかがわからず，リハビリの目標設定ができません．そのため，とりあえずできそうなことをするリハビリになってしまっています．これでいいのでしょうか？

Answer 6

　脳卒中の急性期の予後予測は研究が進んでいます．
　発症時と3カ月後のCTとMRIを評価すれば，だいたいどこまで回復するか予想がつくようになってきています．ご相談のケースに対するアドバイスは「現場だけで悩まず，医師から積極的に情報を取ろう」の一言につきます．どこまで回復するかがある程度わかっていれば目標設定が容易で，おのずからリハビリメニューも決まってきます．まず寝たきりの患者さんなら，起こしてよいかを医師に聞きましょう．そうでないと寝たままの単なる時間つぶしの関節可動域訓練に終わってしまう可能性があり，せっかくの回復のチャンスをつぶしてしまう可能性もあります．
　介護保険が普及した現在では，医療と看護と福祉の垣根がずいぶんと低くなりました．患者さんのためにも，そして自分自身のリハビリ能力の向上のためにも，勇気をもって医師から情報を積極的に取っていきましょう．

IV ● 現場の疑問に答える

Question 7 車いすからの転落予防には

要介護4の認知症のおばあちゃんがよく車いすから落ちて打撲します．その対策は？

Answer 7

　転倒予防は，在宅リハビリをすすめるうえで必ず考えなければいけないものです．介護保険が普及した現在では，段差をなくすなどのバリアフリーの考え方は広く知られるようになりました．

　しかし意外な盲点があります．車いすや椅子からの転落が意外と多いのです．私の患者さんでも鎖骨を骨折した人や側頭部に大きなタンコブを作った人がいます．原因は，いずれも床に落としたものを自分で拾おうとしてバランスをくずし，ひっくり返って頭や肩を強打したというものです．

　それらの転落例をよく現場検証してみると，座面がかなり高く，足が床から浮いていることがわかりました．日本人のおばあちゃんは小柄で足が短いのです．そこでおすすめなのが，座面の低い低床の車いすです（**右頁写真**）．

　これだと，足が床にしっかり着地し，転落の危険性がかなり減らせます．たとえひっくり返ったとしても落差が少ないので，大けがには至りません．さらに低床の車いすはもともと小柄な人のために開発されたので，コンパクトで室内でも小回りがきいて移動もラクラクです．

　転落を繰り返していた，私の患者さんも，これに替えてからまったく転落しなくなりました．介護保険でレンタルもできますので，転落歴のある方にはぜひすすめてみてください．

● 車いすからの転落予防には低床の車いすを

足が床から浮いていると落し物を自分で拾おうとして…　　　ひっくり返る！

足が床にしっかりくっついていると……　　　うまく拾える．たとえひっくり返ったとしても落差が少ないので大けがには至らない

■おすすめ商品

松永製作所 室内用車いす　ネクストコア・ミニモ NEXT-50B（自走）
小柄な人でも床にしっかり足がつく：転落防止におすすめ
座面の前面の高さが35 cm（クッションの高さを除く）
コンパクトで室内でも小回りがきく

〈座幅〉　40 cm　　〈座奥行〉　36 cm
〈前座高〉　35 cm（37 cm，39 cmも可）
〈リアタイヤ〉　20インチ　〈キャスタ〉　5インチ（前座高35 cm時）
〈全高〉　88 cm　〈全長〉　94 cm　〈全幅〉　56 cm
〈折りたたみサイズ〉
　幅28 cm × 高さ63.5 cm
〈使用者最大体重〉　100 kg
〈本体重量〉　14.3 kg
〈価格〉
　161,000円（非課税）
　レンタル対応機種
〈問い合せ先〉
　株式会社　松永製作所
　0584-35-1180（代）
　（2019年6月現在）

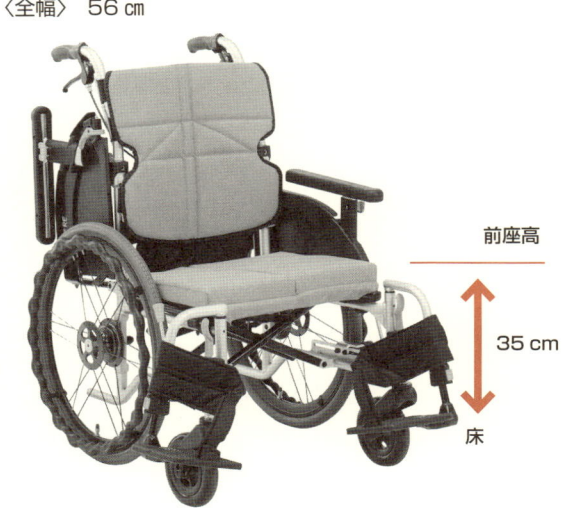

前座高
35 cm
床

Question 8 足踏み運動のコツは？
足踏み運動のコツを教えてください

Answer 8

　足踏み運動は，「立つ」から「歩く」への橋渡し役となる大切なリハビリです．在宅の現場でも，狭い場所でもできる，介護用ベッドのサイドレールにつかまってできる，などの利点からさかんに行われています．そのときに私はよく2つのことをアドバイスしています．

　1つは上体を起こすことです（**図①下**）．お年寄りが介護用ベッドから降りて，そのままサイドレールにつかまり，足踏みをはじめると，往々にして，つかまる位置が低くなりがちです．すると猫背となり，へっぴり腰のまま膝も伸びずに，足踏みをすることになり，有効な足踏み運動ができません（**図①上**）．そんなときは介護用ベッドのリモコンを押し，ベッドを上昇させれば，それに連結しているサイドレールも上昇するので，握り位置が上がります．この操作をすることにより，上体が起き，猫背やへっぴり腰が解消します．さらに膝が伸びるため，足踏みの膝の振り上げも多くなり，有効な足踏み運動ができます（**図①下**）．

　もう1つは，両足を肩幅まで広げることです（**図②**）．足の幅が狭いとバランスがとりづらく，転倒への恐怖感から膝も十分に上げられず，足踏み運動のはずが，すくみ足運動になってしまいかねません（**図②左**）．両足を肩幅まで広げることにより，立位が安定し，膝も振り上げやすくなります（**図②右**）．

　以上の2点が，足踏み運動のコツです．

| ✕ 手すりやサイドレールが低いと，猫背となり，へっぴり腰になる．膝も曲がったままなので，足踏みしても足が上がらない | ○ 握り位置を高くすると，猫背やへっぴり腰が解消され，膝が伸びるので，膝の振り上げが大きくできる．リコモンで介護用ベッド自体を上昇させれば，それに連結しているサイドレールも上昇する |

図①●上体を起こす

| ✕ 足の幅が狭いと，バランスがとりづらく膝が十分に振り上げられない | ○ 両足を肩幅まで広げると立位が安定し，膝も振り上げやすくなる |

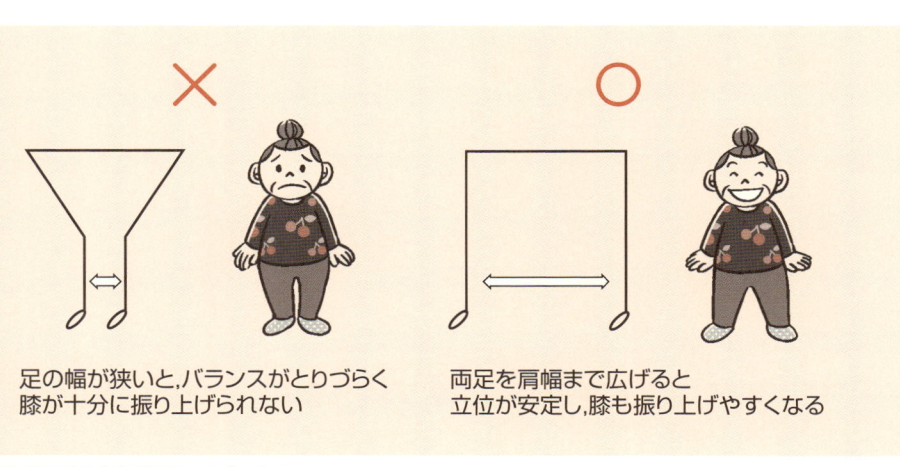

図②●両足を肩幅まで広げる

Question 9 筋トレの動機づけ

筋力トレーニングの動機づけがむずかしくて困っています．どうしたらいいでしょうか？

Answer 9

　筋力トレーニングの成果は，移動訓練や歩行訓練のように，日常生活に直接現れるものではありません．そのためご指摘のとおり，動機づけと継続がむずかしいリハビリといえます．大腿骨頸部骨折で入院し，手術後に無事在宅生活に戻ってこられた患者さんに対し，私はあることをしています．

　それは両側の大腿周径，つまり右左の太ももの太さを計ってその数字を患者さんに教えているのです．これにより骨折した側の太ももが，健側にくらべて何cm細くなってしまったか，つまり筋肉がどれくらい落ちてしまったかを患者さん自身に気づいてもらうようにしています．

　一般的に若いスポーツ選手が足のけがをした場合，けがをした側の太ももが4～6cm細くなります．一方，お年寄りの場合は，もともと筋力がそれほどないためか，私の経験ではその差はだいたい2～3cm程度にとどまっています．しかしたとえ2～3cmの筋肉の減少でも，この事実を数字で知らせることにより，多くのお年寄りは驚き，なんとか失った筋力をとりもどしたいと考えるようです．そこで大腿四頭筋訓練などの筋力トレーニング法を紹介し，定期的に両側の大腿周径を測定するようにして，筋力トレーニングの動機づけと継続の工夫をしています．

●筋力トレーニングの動機づけは？

> ⇒　わかりやすく，筋力低下の事実を教えてあげること
>
> たとえば
> 　大腿骨頸部骨折後の患者さんに対して，両大腿周径（太ももの太さ）を測定し，
> 　知らせる．
> すると
> 　骨折側の太ももが何cm健側にくらべ細くなったかを知ることになり，
> 　筋肉を失った事実に驚き，なんとか筋力をとりもどしたいと考える
> そこで
> 　大腿四頭筋訓練などの筋力トレーニング法を紹介し，
> 　定期的に両側の大腿周径を測定し，知らせるようにする

● 大腿周径（太ももの太さ）の測定法

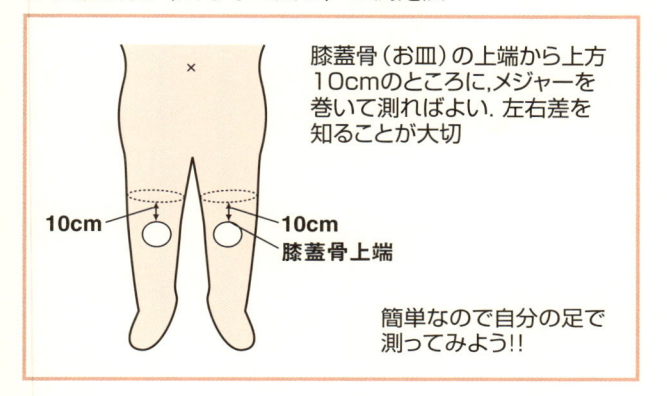

膝蓋骨（お皿）の上端から上方10cmのところに，メジャーを巻いて測ればよい．左右差を知ることが大切

10cm　10cm
膝蓋骨上端

簡単なので自分の足で測ってみよう!!

IV ● 現場の疑問に答える

Question 10 膝の関節拘縮を伸ばすには？

要介護5の変形性膝関節症のおばあちゃんです．訪問してみると，介護熱心な娘さんが，おばあちゃんの膝が曲がっているため踵がベッドにすれて痛がるからという理由で，両膝の下に枕を入れて膝をわざと曲げるようにしていました．このようにすると，ますます膝の拘縮が進んで，膝が伸びなくなってしまうと思うのですが，どうでしょうか？

Answer 10

　ご指摘のとおり，よくある介護上のまちがいです．このやり方ではますます膝や股関節の拘縮を進ませてしまい，患者さんにとっても，介護者にとっても負担が増大してしまいます．正しい方法は，膝下ではなく，ふくらはぎの下に枕を入れることです．これだと踵も浮きますし，自分の膝の重さを利用して，膝と股関節のストレッチング効果も得られ，少しずつ拘縮が改善していきます．

　さらに一歩進めて，拘縮を改善したい場合は，温かい蒸しタオルなどで膝を温めたあとに，痛みの様子をみながら，小さな米袋やミソの袋などをタオルにつつんで，5～10分程度膝の上にのせるとよいでしょう．これにより，「膝は伸ばしたほうがよい」ということが介護者にも伝わり，正しい介護法を身につけてもらえます．

踵を浮かすという理由で，膝下に枕を入れて介護している場合がある．しかしそれでは膝の屈曲拘縮が進んでしまい，膝が伸びなくなってしまう．さらに股関節の内転屈曲拘縮も進んでしまい，オムツがえが大変になる．

膝下ではなく，ふくらはぎの下に枕を入れるとよい．自分の膝の重さを利用するストレッチで膝と股の拘縮が少しずつ改善する．

　膝を温めたあとに，痛みの様子をみながら，小さな米袋などを5～10分程度，膝の上に乗せるのもよい⇒介護者の意識改革にもなる．

Question 11 膝関節拘縮で痛がるときの対処法

要介護5の脳出血で四肢麻痺の68歳男性の膝が，最近拘縮してきました．しかし伸ばそうとすると，ビクッという反応とともに顔をしかめ，うめき声を出します．リハビリをするのが忍びない状態なのですが，やはりリハビリをしたほうがいいのでしょうか？

Answer 11

　68歳の脳出血で要介護5の四肢麻痺ということから，脳出血時は生命の危機に瀕するほどの重症だったのではないかと予想されます．おそらく一命を取りとめた後に，リハビリ病院に転院し，本人と家族の強い希望で自宅に戻ってこられたのではないでしょうか．

　今までのリハビリの効果をふいにしないためにも，そしてこれからの在宅生活の質のためにも拘縮の進行は防がなければなりません．

　一般に拘縮のできはじめている関節を動かすと，鋭い痛み反応を伴うことが多く，関節拘縮のリハビリは痛いというふうに誤解されがちです．しかし実際は関節拘縮自体の痛みは少なく，その少ない痛みから誘発される防御反応であることが多いといわれています．具体的な関節拘縮に対するアプローチは，まずは関節をほぐすために少し温めてから，痛みの少ない範囲でコチョコチョと動かしてみるとよいでしょう．最初にあった痛み反応も，コチョコチョ動かし続けているうちに少なくなってくることが実感できると思います．介護者にもぜひこの方法を伝授してあげてください．毎日やることが大切です．

　もう1つのアドバイスとしては，関節拘縮は1つ存在すれば，他の関節にも存在する可能性があることを念頭に入れておくことです．たとえば膝関節の拘縮がある場合は，股関節の拘縮もある可能性が高くなります．1つ拘縮を見つけたら，全身の関節のチェックを習慣づけてください．

拘縮した関節を動かしたときの痛み反応は防御反応であることが多い

⬇

痛みの少ない範囲で，関節をコチョコチョ動かし，なじませていこう

Ⅳ ● 現場の疑問に答える

Question 12 肥満による膝痛に運動は？

要介護3の75歳の太りすぎの女性が，2，3日前から膝を痛がって，動こうとしません．こんなときは痛みをがまんしながら動くように促すべきでしょうか？

Answer 12

おそらく「変形性膝関節症の痛み」だと考えられます．

このようなとき，まずスタッフがするべきことは，もともと膝がわるかったのかどうかを，患者さん自身に質問することです．以前にどんな診断と治療を受けていたかもあわせて質問してください．この質問により，大体の背景と患者さんのキャラクターが把握できます．

次に膝の腫脹があるかどうかを確認後，直接膝に触れて，熱感があるかどうかを調べます．このとき，両膝を触れて左右差を比較するとわかりやすいでしょう．変形性膝関節症は，ふだんは強い腫脹や熱感を認めませんが，急性の炎症を起こしている場合は，腫脹と熱感を認めます．

炎症がある時期は，無理に運動させることは避け，原則として膝を冷やし，炎症を鎮めるようにします．日常生活動作は痛みに耐えられる範囲内で行うように指導してください．痛みは1〜2週間で軽減する場合が多く，炎症が沈静化してきたら，できるだけ早期に日常生活動作を増やし，元の生活にもどすように促します．

患者さんの性格にもよりますが，リハビリスタッフとしての適切なアドバイスとしては，①痛みの強い時期の1〜2週間は無理な運動はせずに，できる範囲内で日常生活動作を行い，炎症を鎮める，②痛みが沈静化してきたら，すぐに日常生活動作を増やし，関節運動を積極的にすすめる，というのがよいでしょう．

太りすぎの女性の膝痛に対しては
① ほとんどの場合，変形性膝関節症による痛みと考えてよい
② 急性期と，回復期に分けて考える
③ 急性期の活動量は，ややおさえぎみに
④ 回復期の活動量は，積極的に

Question 13 膝の水を抜くとクセになる？

膝の水を抜くとクセになるというのは本当でしょうか？

Answer 13

「膝に水がたまっています」というとガッカリされる方がいます．また「水はたまっていません」というとホッとされる方がいます．

膝に水がたまることは，そんなに不吉なわるいことなのでしょうか？　医学的には，膝に水がたまっているからわるい，たまっていないからよいということはありません．あくまでも膝に炎症があるために起こっている一症状にすぎないのです．

そもそも膝の水とは何なのでしょう？

普通，私たちの膝関節には，骨と骨がスムーズに動くための潤滑油のような役割をしている関節液が存在します．通常は1ccくらいしかないのですが，関節内に炎症が生じるとその関節液の分泌を促進してしまい，20〜50ccほどたまることがあります．その関節液(水)自体は痛みの原因にはなりませんが，量が多くなると，膝が張って，動かしにくくなります．このようなときに，膝の水（関節液）を抜くことがあります．

一度膝の水を抜くとクセになると信じている方がよくいらっしゃいますが，それは正しくありません．私は，カゼと鼻水にたとえて，その理由を説明しています．「カゼをひくと鼻水が出る，鼻水をかむとまた新しい鼻水が出てくるが，クセになったために出てくるわけではない．カゼが治れば鼻水は止まる」というものです．つまり，カゼ＝膝の炎症，鼻水＝膝の水というわけです．もうこれでおわかりだと思います．膝の水を抜いても「クセにはならない」のです．

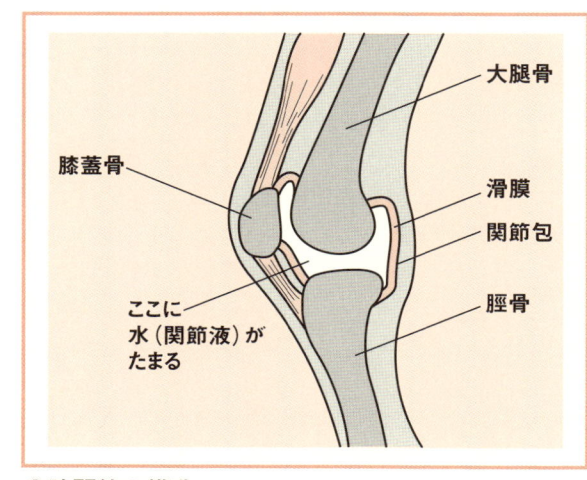

●膝関節の構造

Question 14 痛みのためリハビリが進められない

脳卒中で要介護5の患者さんのリハビリが「痛み」のため進みません．どうしたらいいでしょうか？

Answer 14

（その1）まず痛みの原因を考える

　いわゆる「脳卒中後の痛み」は，在宅の現場でリハビリが進まない大きな原因となっていて，しかも遭遇する機会が多いものです．

　脳卒中後の痛みの原因はさまざまですが，①解決しやすいタイプの痛み，②解決しにくいタイプの痛み，に分けて考えるとわかりやすいでしょう．解決しやすいタイプの痛みの原因は，「廃用や誤用による痛み」と「痙性麻痺（つっぱり麻痺）」による痛みの2つを考えます．

　廃用による痛みは，脳卒中後の過度の安静や運動不足によって，末梢循環がわるくなってしまったり，関節周囲の軟部組織が線維化し，拘縮してしまうことが原因となります．また誤用による痛みは，脳卒中の急性期の暴力的関節可動域訓練による関節周囲の微細な損傷によって，おもに肩から腕にかけて生じるもの（肩手症候群）のことです．在宅リハビリは慢性期の方が対象ですので，廃用による痛みだけ考えればよいでしょう．

　痙性麻痺（つっぱり麻痺）は，弛緩性麻痺（だらり麻痺）と並ぶ代表的な脳卒中後の麻痺で，筋肉が過緊張の状態となっており，このことが痛みの原因となることがあります．

　解決しにくいタイプの痛みは，「視床痛」といわれる難治性の痛みで，半身すべてに及ぶ感覚障害と耐えがたい痛みが特徴です．体幹よりも手足などの四肢，とくに前腕から手にかけての痛みが強く，ジリジリ，ビリビリする灼熱痛や，刺すような，締めつけられるような痛みです．怒りなどの感情の高ぶりでも痛みは増強し，風が当たっただけでも激痛が走る場合もあります．

　視床痛は，脳の痛み刺激の中継場である視床という部分に，脳卒中による障害が及んだときに出ます．また，脊髄から脳に至る，痛み刺激の通り道である，痛覚伝導路が障害され，痛み刺激が脳まで伝わらない状態になったときも同様の痛み（求心路遮断痛といいます）が出現することがあります．実際には典型的な視床病変による痛みだけでなく，求心路遮断痛全般を視床痛と呼んでいます．

　まずは痛みの原因を考え，それから作戦を考える，という姿勢でいきましょう．

> 脳卒中の痛みを分類する
>
> ①解決しやすいタイプの痛み：
> 　　廃用や誤用による痛み
> 　　痙性麻痺（つっぱり麻痺）による痛み
>
> ②解決しにくいタイプの痛み：
> 　　視床痛，求心路遮断痛

（その２）痛みのタイプを見分ける

　①解決しやすいタイプの痛みか，②解決しにくいタイプの痛みかは，正確な見分けがむずかしいのが実情です．しかし大雑把な見分け法としては，「とりあえず触ってみて，さすってみる」ことが現実的で簡単です．触れただけで痛みが増強するようなら，視床痛の可能性が高いので，積極的なリハビリは望めません．神経性疼痛緩和薬などを用いた薬物療法の適応になります（視床痛に一般の鎮痛薬は無効です!!）．

　もし，触って，さすって筋肉の過緊張がわかれば，筋肉のリラクゼーションを目的としたマッサージが有効です．

　触って，さすってみたら，次に関節を動かしてみましょう．これにより廃用による関節拘縮や末梢循環不全が判明すれば，積極的なリハビリの導入が可能です．

　以上のことを念頭に入れ，患者さんの体調や気力と相談しながら粘り強くリハビリを続けていくことが大切です．

●痛みを見分ける簡単な方法

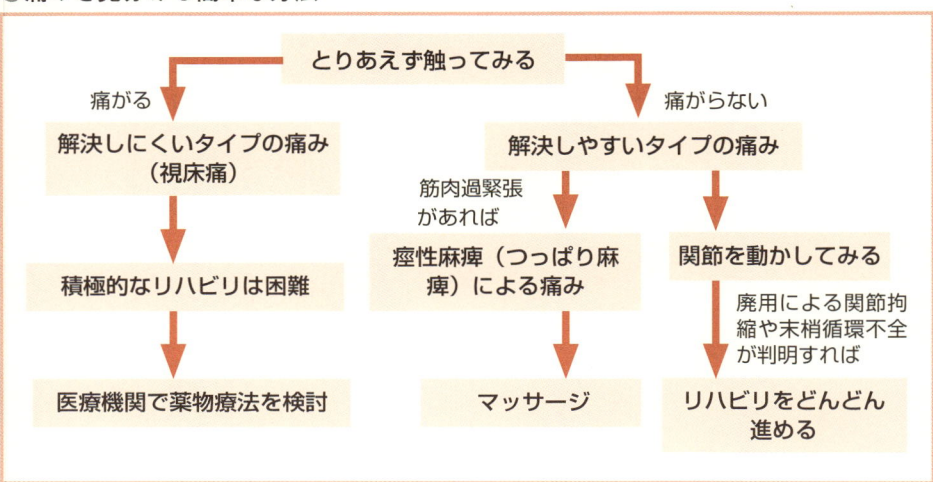

```
              とりあえず触ってみる
        痛がる  ↙            ↘  痛がらない
  解決しにくいタイプの痛み         解決しやすいタイプの痛み
      （視床痛）
                     筋肉過緊張    ↓         ↓
                     があれば
        ↓          痙性麻痺（つっぱり麻    関節を動かしてみる
  積極的なリハビリは困難      痺）による痛み
                                        ↓ 廃用による関節拘
                                          縮や末梢循環不全
        ↓                ↓              が判明すれば
  医療機関で薬物療法を検討    マッサージ      リハビリをどんどん
                                            進める
```

Question 15 腰椎が骨折したかどうかを見分ける方法は？

要介護3のおばあちゃんが自宅で尻もちをついて，腰を痛がっています．痛いながらもなんとか動けるので救急車で病院に行くほどではありません．でも，腰椎圧迫骨折の有無をレントゲンで確認するために，病院に連れていったほうがいいでしょうか？

Answer 15

　身動きがとれないような激しい痛みなら，救急車を呼ぶしか手段がありません．しかし，ご相談のケースのように痛いながらもなんとか動ける状態だと，どうすべきか判断に迷うことが多いものです．こうした場合は，ご本人や介護者とよく相談して決めるのがよいでしょう．なぜなら第三者からみて，病院に連れて行ったほうがよいと思うケースでも，ご本人が「大丈夫だ」といった場合は，2,3日で本当に痛みが改善し，動けるようになることが多いからです．ですからご本人の意思がしっかりしている場合は，その意思を尊重すべきなのです．仮に後日痛みが増したとしても，腰椎圧迫骨折自体で死に至ることはありませんし，手遅れになることはありません．痛みが増して，ご本人も病院行きに同意したら連れていけばよいだけの話です．

　しかしリハビリスタッフもプロとしての判断基準をもっていたほうがよいと思います．簡単でだれにでもできる腰椎圧迫骨折の有無を見分ける超簡便法をご紹介しましょう．

　やり方はいたって単純で，握りこぶしで背中から腰にかけてトントン軽く叩き，「ひびく」ところがあるかどうかを聞くだけです．コミュニケーションが取りにくい方の場合は，トントン軽く叩きながら，痛そうな表情をするかどうかを観察すればよいのです．もしトントン叩いて痛みが出れば，腰椎圧迫骨折が生じていると考えてよいでしょう．そのようなときは，プロとして腰椎圧迫骨折が生じている可能性が高いことを告げ，ご本人や介護者と相談して，病院に行くかどうするかを決めてもらえばよいでしょう．

> 病院に行くか迷うときは……
> ① 病院に行くかどうかは，ご本人や介護者の意見を尊重する
> ② リハビリ・スタッフは，腰椎圧迫骨折の有無を見分ける超簡便法を用いてアドバイスする

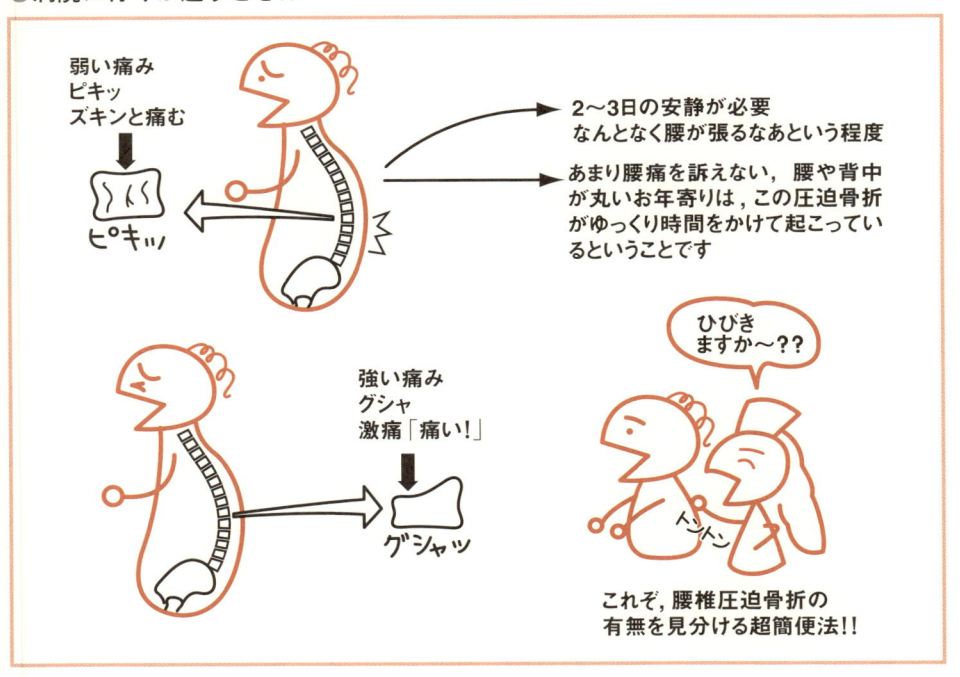

● 病院に行くか迷うときは……

弱い痛み
ピキッ
ズキンと痛む

→ ピキッ

→ 2〜3日の安静が必要
なんとなく腰が張るなあという程度

→ あまり腰痛を訴えない，腰や背中が丸いお年寄りは，この圧迫骨折がゆっくり時間をかけて起こっているということです

強い痛み
グシャ
激痛「痛い！」

→ グシャッ

ひびき
ますか〜??

トントン

これぞ，腰椎圧迫骨折の有無を見分ける超簡便法!!

IV ● 現場の疑問に答える

Question 16 肋骨を骨折しているかどうか見分けるには

要介護3のおばあちゃんが，あばら骨をベッドの隅にぶつけて痛がっています．なんとか動けるのですが骨折が心配です．動いていいでしょうか？

Answer 16

骨折しているかどうかを見分ける簡単な方法をお教えしましょう．

まずどこが痛いのかを確認し，わざとせきをしてもらいます（**下図①**）．もし骨折していれば痛みのため，思わず患部を手でおさえ，しかめ面になるはずです（**下図②**）．単なる打撲なら，手でおさえることもなく，しかめ面にもなりません（**下図③**）．とても簡単で，かなり精度の高い見分け法です．

骨折していても，していなくても過度の安静は禁物です．湿布をしてさらしやバストバンドを巻いて軽く患部を固定し，痛みの範囲内でなるべく動くようにアドバイスしてください．

● 肋骨骨折を見分ける方法

①痛いところを確認してから，わざとせきをしてもらう

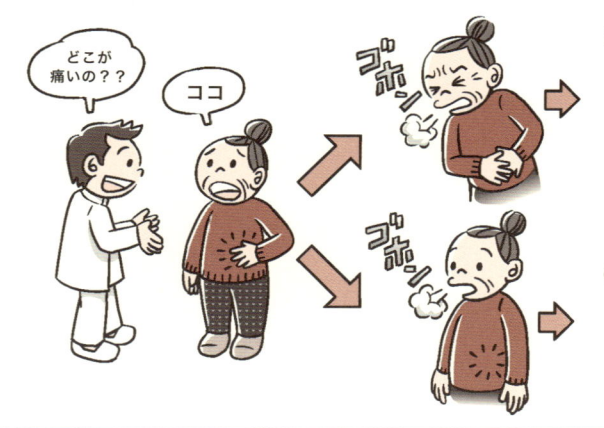

②せきをしてもらうと，痛みのため思わず患部を手でおさえてしかめ面になる
⇒肋（軟）骨骨折の可能性が高い

③せきをしても，痛いところを手でおさえないし，表情も変わらない
⇒単なる打撲の可能性が高い

Question 17 おなかを痛がる患者さんを動かしてよいか

要介護3の背中の丸いおばあちゃんが,「動くとおなかが痛い」といいます.動いていいのでしょうか？

Answer 17

　まずどこが痛いのかを考える必要があります．原因が胃や腸などの内臓の痛みの場合は，動く動かないにかかわらず痛いものです．「動く」とおなかが痛いという場合は，骨からくる痛みを考えるべきです．

　意外と思われるかもしれませんが，高齢のため円背になった方は，肋（軟）骨のいちばん下の部分が骨盤に当たって痛みを生じることがあります．この痛みは激痛というわけではなく，病院に行くほどでもないという痛みなので，リハビリスタッフに相談することが多いようです．そのようなときは，肋骨の一番下の部位を軽く押してみて痛みの有無を確認するとよいでしょう．もし痛みが一致すればこれが痛みの原因です．

　安静にする必要はまったくありません．むしろ背伸びをするなどして，肋骨と骨盤の当たりを解消することを心がけましょう．

　リハビリとしては，かべピタ立位リハビリ（54頁）や「吸って〜，吐いて〜」リハビリ（209頁）が有効ですので，やってみてください．

●肋（軟）骨の痛み

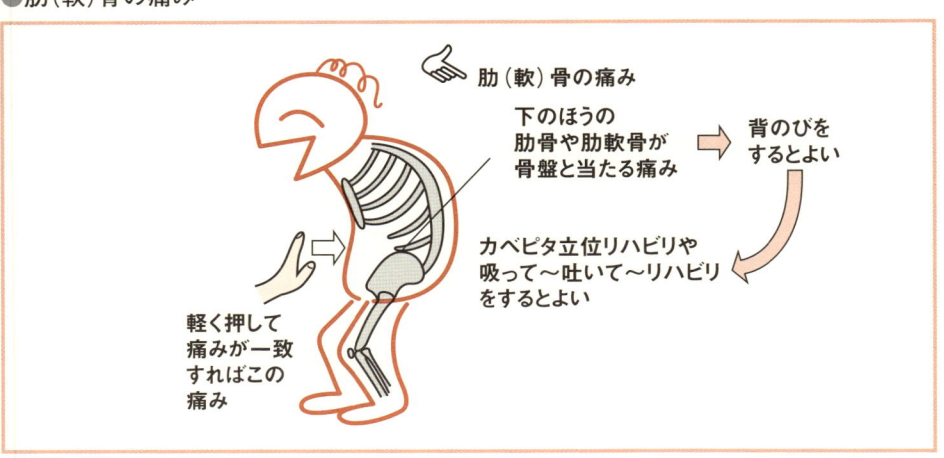

Question 18 痛がったと思うとすぐすいすい歩き出したりする場合，リハビリは……

要介護4の92歳の認知症のおばあちゃんが，最近腰を痛がり，寝てばかりいます．40年前に腰の手術をしたことがあるそうですが，完治していました．激しく痛がって泣きわめくときもありますが，その直後にすいすい歩くこともあります．足の痛みや腹痛などもあり，痛みの訴えは多彩で不思議です．リハビリするべきなのでしょうか．

Answer 18

（その1）まず記憶について理解する

記憶量は年齢によって異なります．記憶には，①入力，②保存，③再生の3つの過程があり，若いときほど入力が活発です．したがって記憶量は若いときほど多く，加齢にともない，入力が減ってきます．つまり年をとると最近のことが入力しにくくなるのです．つまり入力と年齢の関係はとっくり型ちょうちんのような形になります（**右図**）．そして入力が弱ければ，当然，保存も再生もできませんので，物忘れの機会が多くなります．

またお年寄りは，10年前はこうで5年前はこうで1年前はこうだったというような記憶の時系列があいまいになり，しだいに時系列が圧縮されてきます．

そうすると，記憶量の多い若い頃の話を，記憶量の少ない最近のことより優位に思い出すようになります．だからお年寄りは昔話が多くなるのです．

話が遠回りになってしまいましたが，今回の質問のケースでは，40年前の腰の痛みや，昔の足の痛みや腹痛などを思い出して，痛がっている可能性があります．

在宅の現場では，どのように判断し，対応すればよいかを次に考えていきましょう．

（その2）どのように判断し，対応するか

そもそも「痛み」は見えるものではありません．そのため，痛みの判断はむずかしいものです．しかし，もしあなたが，泣きわめくほどの腰痛があったとしたら，その直後にすいすい歩くことができるでしょうか．

そのように考えると，ご相談のケースは「現在は痛くない」可能性が高くなります．つまり昔の痛みを思い出して痛がっていると考えられます．リハビリスタッフは在宅の現場でその判断をしなければなりません．具体的には，まず寝ている状態から，自

分で起きてもらい，座るように促します．

　もし本当に痛いのなら，起き上がり動作中に，痛い表情をしたり，痛くて起き上がれません．このような場合は，リハビリは中止するか痛みの出ない範囲で軽めにすることになります．

　もしひょいっと起き上がれたらしめたものです．今度はベッド柵につかまって立位となり，一緒に足踏みをしましょう．足踏みは 20 〜 50 回くらいが現実的です．

　足踏みができたら，今度は手を引いて歩行介助をしましょう．歩行できるようなら，やはり「昔の痛みを思い出して痛がっている」ということを確信してよいでしょう．

　「昔の痛み」を確信したら，介護者に，その見解をていねいに説明しましょう．

　そのとき，この痛みは，昔の痛みなので，動かしても大丈夫であること，そして，「痛い」をただうのみにして，安静にばかりしていると，廃用症候群になってしまうことも合わせて説明してください．

● 「昔の痛み」の判断

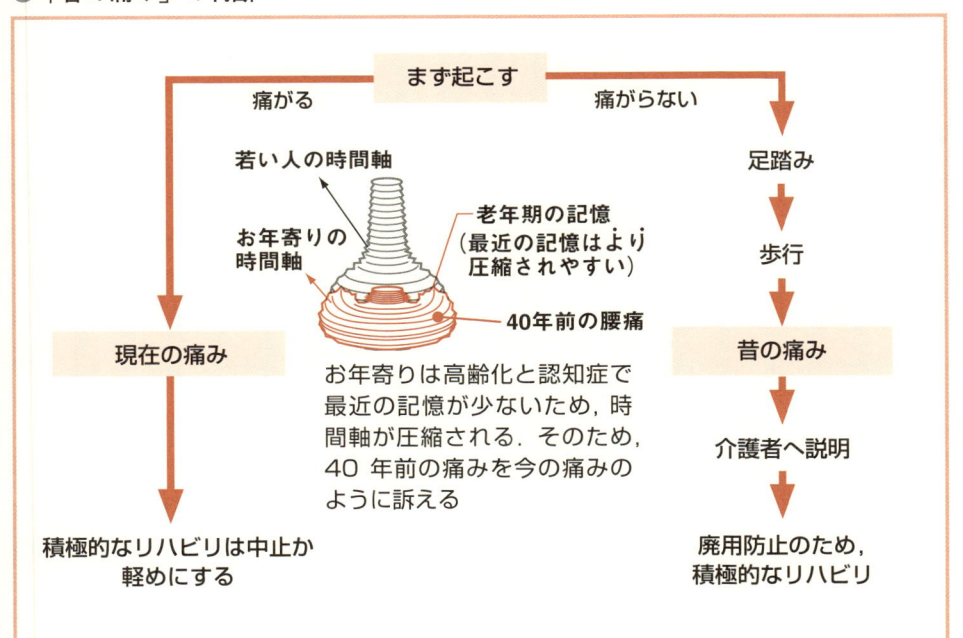

```
                        まず起こす
          痛がる                        痛がらない

      若い人の時間軸                        足踏み
      お年寄りの           老年期の記憶
       時間軸            （最近の記憶はより
                          圧縮されやすい）         歩行
                         40年前の腰痛
                                                 昔の痛み
   現在の痛み      お年寄りは高齢化と認知症で
                  最近の記憶が少ないため，時
                  間軸が圧縮される．そのため，    介護者へ説明
                  40 年前の痛みを今の痛みの
                  ように訴える

   積極的なリハビリは中止か                      廃用防止のため，
      軽めにする                                 積極的なリハビリ
```

Question 19 骨粗鬆症による痛みの緩和法

要介護4の89歳のおばあちゃんです．3年前に骨粗鬆症による腰椎圧迫骨折の後，2週間に一度の通院治療中です．最近，10分間座位をとると腰がつらくなっています．骨粗鬆症による慢性疼痛に対して，痛みを軽くする方法はありますか？

Answer 19

「骨粗鬆症による痛み」という言葉を最近よく耳にします．ところで，骨粗鬆症は本当に痛いものなのでしょうか？

「骨粗鬆症」は「骨のカルシウムの量が減るために，骨の内部の密度が減り，骨がもろくなり骨折しやすくなる」病気です．もっと短くいうと「骨折しやすくなる」病気です．逆にいえば「骨折さえしなければなんともない」病気です．つまり骨粗鬆症自体は痛くないのです．ご相談のケースは，骨粗鬆症による腰椎圧迫骨折の痛みが3年間続いているということですが，通常圧迫骨折は2〜3カ月で変形を残して治癒しますので，3年間も痛みの原因になり続けていることは考えにくく，別の理由を考えるべきでしょう．痛みの原因を安易に骨粗鬆症のせいにせずに，まず「なぜ痛むのか」をもう一度考えてみる必要があります．

骨粗鬆症が痛みの原因にされやすい背景は，容易に想像がつきます．つまりこうです．骨粗鬆症と一度診断されると，患者さんや介護者は痛くなる原因はすべて骨粗鬆症のせいだと思い続け，リハビリスタッフの初訪問の際に「骨粗鬆症による痛み」と伝えます．それをリハビリスタッフがうのみにすることにより，「痛いのはなんでもかんでも骨粗鬆症のせい」という固定観念が完成するのです．

今回のケースは，昔の腰椎圧迫骨折により背骨（胸椎と腰椎）の変形が高度になり，さらに加齢により背骨を支える腰背筋も筋萎縮したため，座位の姿勢を保持することがつらくなってきたのが原因ではないでしょうか．

もしそうだとしたら，腰椎コルセットをしたり，座位時間を少しずつ長くしていくリハビリをすることによって，腰椎の矯正と腰背筋の筋力アップができ，症状が改善するかもしれません．またいわゆる慢性疼痛は，認知症やうつ病などの精神疾患や介護者との人間関係が背景にある可能性もあります．「骨粗鬆症による痛み」と聞いたら，うのみせずに，「なぜ痛むのか」をもう一度考えてみることをお願いしたいと思います．

Question 20 リハビリ中にふるえ出したらどうすればよいか

要介護5の頸髄損傷の患者さんです．拘縮予防のための関節可動域訓練をしていると，下肢全体がガタガタと貧乏ゆすりのようにふるえ出し，止まらなくなります．とても不安なのですがどうすればいいでしょうか？

Answer 20

　この貧乏ゆすりのような現象は「クローヌス」といって，脊髄損傷患者さんなどによく現れる異常反射です．筋肉が患者さん自身の意志とは無関係に，律動的に痙縮と弛緩を繰り返します．

　このクローヌスの出現は，患者さんの体調などにはとくに悪影響を及ぼしませんので，まず患者さんを安心させてあげてください．

　このケースでは，拘縮予防のための関節可動域訓練は継続すべきです．クローヌスが出るからといって訓練をやめないでいただきたいと思います．

　クローヌスは，筋肉や腱を急に伸ばすことで誘発されますから，伸展操作をゆっくり行えば出現しにくくなります．

　またたとえ出現したとしても，大腿部と下腿部をしっかり押さえてしばらく圧迫していると消失します．

　いずれにしろ，クローヌスは有害なものではありませんので，安心してリハビリを継続してください．

Question 21 片麻痺でも車いすをうまく操作するコツは？

要介護4の62歳の脳卒中による左片麻痺の男性です．車いす操作がどうも上達しません．理由は2つあります．1つは左片麻痺のため左半身が下がり，姿勢がわるくなってしまうこと．もう1つは，車いすの左車輪のブレーキレバーに健側の右手がうまく届かず，介護者にブレーキレバーをいちいち操作してもらっているため，本人が車いす操作をおっくうに感じていることです．この2つの問題点を解決する方法を教えてください．

Answer 21

　脳卒中による片麻痺の方の車いす操作が上達しないケースをよく目にします．理由は大きく分けて2つあると考えています．1つは「体」の問題で，もう1つは「心」の問題です．「体」の問題は，ご質問にあったように姿勢がわるかったり，手が届かなかったりといった問題です（**図①-ⓐ，図②-ⓒ**）．これらはバスタオルや，ラップフィルムの筒を利用して簡単に解決できます（**図①-ⓑ，図②-ⓓ**）．

　もう1つの「心」の問題は，「介護者の手をわずらわせないように，おとなしくしていよう」と本人が考え，リハビリに対する積極性を失ってしまうことです．これは言葉に出てこない心の深いところの気持ちなので，介護者やリハビリスタッフには真意がわからず，とまどい，首をかしげることもしばしばです．

　私たちリハビリスタッフは，まず，図①，②のような技術的なアドバイスを行い，それからいかにしてやる気を引き出すかを考えることが大切だと思います．

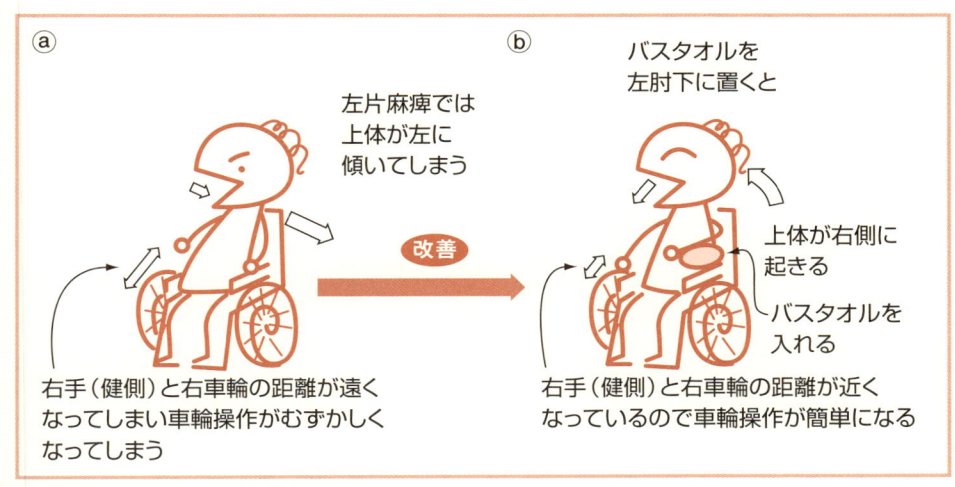

ⓐ 左片麻痺では上体が左に傾いてしまう

右手（健側）と右車輪の距離が遠くなってしまい車輪操作がむずかしくなってしまう

改善 →

ⓑ バスタオルを左肘下に置くと

上体が右側に起きる
バスタオルを入れる

右手（健側）と右車輪の距離が近くなっているので車輪操作が簡単になる

図①●バスタオルで姿勢を整える

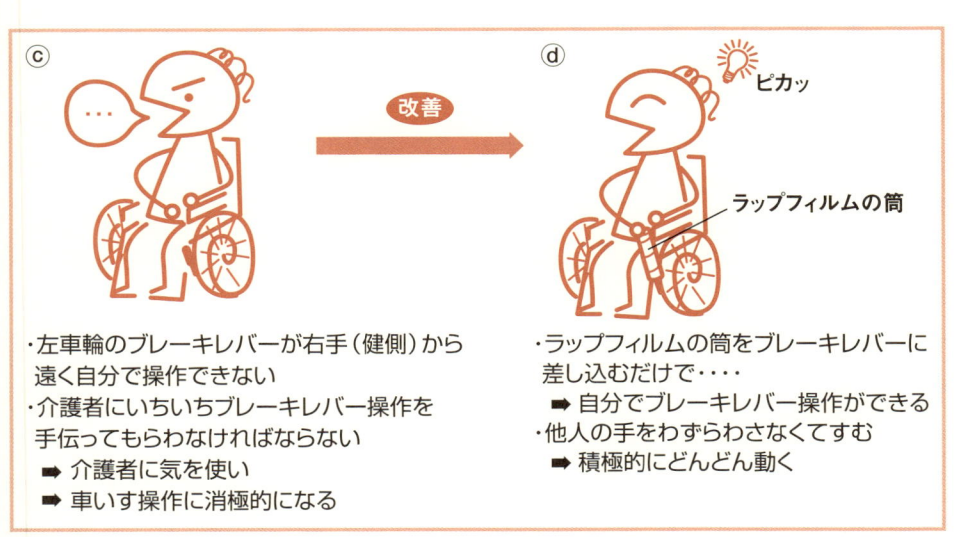

ⓒ
・左車輪のブレーキレバーが右手（健側）から遠く自分で操作できない
・介護者にいちいちブレーキレバー操作を手伝ってもらわなければならない
　➡ 介護者に気を使い
　➡ 車いす操作に消極的になる

改善 →

ⓓ ピカッ
ラップフィルムの筒

・ラップフィルムの筒をブレーキレバーに差し込むだけで‥‥
　➡ 自分でブレーキレバー操作ができる
・他人の手をわずらわさなくてすむ
　➡ 積極的にどんどん動く

図②●ラップフィルムの筒をブレーキレバーに差し込む

Ⅳ 現場の疑問に答える

Question 22 鍼（はり）や灸（きゅう）の質問にはどう答えたらよいのか？

よく患者さんから鍼（はり）や灸（きゅう）をやると効果があるのか質問されます．本当に効果があるのですか？

Answer 22

1971（昭和46）年，鍼治療は北京発のニュースにより世界中の注目を集めました．ニクソン大統領の訪中を取材するために現地入りしていたニューヨークタイムズ副社長が虫垂炎になり，手術を受け，自分の受けた術後治療を世界中に発信したのです．それがまさしく鍼による術後治療です．

その後，米国立衛生研究所（NIH）が，鍼治療は手術や歯科治療後の痛みの除去，抗癌薬治療や妊娠に伴う吐気の治療に有効との見解を示しました．

一方，日本では明治政府が，西洋医学のみを医学としたため，鍼灸治療は代替医療としてしか認められていないのが現状です．

そのため私たちリハビリスタッフにとっても，なじみの薄い存在になってしまっています．

しかし世界保健機関（WHO）で認めた適応疾患も数多くありますので，治療の一選択肢としての仲間入りをさせるべきだと思います．

鍼や灸についての質問をしてくる方は，少なからず興味をもっているわけですから，「ご興味があればどうぞやってみてください」とアドバイスすることにしています．

一度ためしてみてご本人自身に継続するか，中止するかを判断してもらえばよいわけです．

お年寄りには，鋭い切れ味の効果をもつ西洋医学よりも，むしろ効果の穏やかな東洋医学のほうが体に優しく合うのではないかと考えています．

Question 23 家で使える歩行器を紹介して

要介護4のおじいちゃんのリハビリをさらに発展させるために，歩行器の導入を検討中です．歩行器は病院用だと大きくて実用的ではありません．何かいいものはありますか？

Answer 23

あります．在宅用に開発された歩行器です．小型なので，一般家庭での使用に最適です．また中心部分から折りたためて収納スペースもコンパクトです．体格に合わせて幅も調節できます．さらに肘ずれ落ち防止パッドもあり安心です．介護保険対応でレンタルもできますので，ぜひためしてみてくださ．

■おすすめ商品

星光医療器製作所 折りたたみ歩行補助器
アルコー１G型・CG型
操作性にすぐれたコンパクトタイプの歩行器
在宅に使いやすいコンパクトサイズに設計
幅750mm以上の廊下で回転することができる
上部マットは安定感のある幅広サイズ
肘ずれ落ち防止のパッドが付いているので操作性も優れている
歩行器の先走りを防ぐ抵抗器付のタイプもあります（１G-T型・CG-T型）

〈材質〉マット部＝ウレタンレザー　本体＝スチール
〈キャスター〉110mm（四輪自在）
〈重量〉13.0kg　〈折りたたみ幅〉220mm
〈販売価格〉　各64,000円（非課税）〔抵抗器付　各76,000円（非課税）〕
〈１G型・１G-T型はフレームがめっき加工，CG型・CG-T型は塗装加工〉

〈問い合わせ先〉
　株式会社 星光医療器製作所
　〒578-0901　東大阪市加納5丁目11-6
　TEL（072）870-1912　FAX（072）870-1915
　e-mail　office@aruko.co.jp
　ホームページアドレス　http://www.aruko.co.jp/info_frame.htm
　（2019年6月現在）

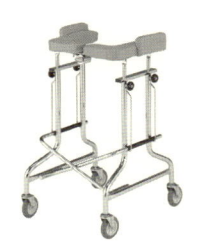

Question 24 膝に効くサプリメントって？

膝に効くサプリメントを服用してもいいでしょうか？

Answer 24

　膝に効く健康補助食品（サプリメント）として，「グルコサミン」や「コンドロイチン」などが一般消費者に浸透してきています．大きなドラッグストアには必ずといってよいほど，これらの商品が並べられているのが現状です．はたして本当に効くのでしょうか？

　変形性膝関節症の痛みは，関節内の軟骨がすり減り，炎症が起きていることが原因です．だったら，軟骨の構成成分である「グルコサミン」や「コンドロイチン」をサプリメントとして摂れば軟骨のすり減りが抑えられたり，ひょっとして軟骨が再生されるのではないかと考えるのはもっともなことかもしれません．しかし話はそんなに単純ではないのです．まず第一に軟骨自体には血管がないため，経口摂取でそれらの成分の血中濃度を上昇させても，軟骨には届かないのです．さらに仮に関節液中でそれらの成分濃度が上昇したとしても，軟骨に定着するかどうか疑問です．つまり，膝に効くのでぜひこのサプリメントを服用してください，と医師が積極的におすすめできるものはない，というのが正解です．

　しかし，実際これを飲んだら痛みが軽くなった，といわれる方もいますし，海外ではこんな報告もあると，その効果を示す資料をインターネットで調べ上げて見せてくれるご家族もいます．効果に関しては，ほとんどがプラセボ効果（心理的効果）で，「心の問題」だと考えられますが，せっかくの期待や希望を頭から否定するのも心情的に好ましくないと思います．

　「一度ためしてみるのもいいでしょう．体調をくずすようなら中止してください．効果があるようなら続けてもいいですよ．でも本当はやせることと運動が一番大切ですよ」などと，共感と忠告を織り混ぜながら指導していくことが，サプリメントとの在宅リハビリ的つき合い方と考えています．

Question 25 ペットセラピー導入についてアドバイスを

要介護4の認知症のおばあちゃんに，生きがいをもってもらうためにご家族がペットを飼おうと考えています．ペットセラピーという言葉もききますが，具体的に何を飼ったらいいかアドバイスを．

Answer 25

　ペットセラピーは，ペットを飼い，世話をすることで，生きがいを見いだし，心の平穏を保とうとするものです．老人ホームでラブラドールレトリバーなどの従順で賢い犬を飼い，みんなで世話をすることにより，老人ホーム全体が和やかになり，活気が出た，という報告もあります．しかし，日本の住宅事情を考えると，お年寄りのために犬を飼うというのは現実的ではありません．

　手軽に飼えて，スペースを要さず，寿命も2, 3年程度の小動物というふうに考えていくと，ハムスターなどはいかがでしょうか？　人や犬と同じ哺乳類であり，心を通わせやすいという利点もあります．まわし車などをくるくる回すハムスターの姿は愛くるしく心も和みます．ただし夜行性であり，昼間は寝ていることが多いというのが玉にきずです．

　また，九官鳥を飼っているご家庭もありました．認知症のおばあちゃんが「おはよう」と九官鳥に一所懸命教えている姿が思い出されます．

　ペットを飼う際には，それぞれのご家庭の事情を考えたうえで，飼いやすく心を通わせやすい小動物を選ぶことをおすすめするのがいいと考えています．

V 疾患に応じた リハビリのポイント

1. 脳卒中
1) 脳卒中とリハビリ　138
2) 脳の仕組み　139
3) 片麻痺とは　142
4) 左麻痺は転倒注意　143
5) 慢性期のリハビリの考え方　144
6) 運動麻痺を評価する　145
   - (a) ブルンストロームテスト　145
   - (b) 脳卒中の回復過程の特殊性を知る　147
   - (c) ブルンストロームテストで簡単評価　148
   - (d) ブルンストロームテストの利用─下肢麻痺とADLの考え方　150
7) 車いす訓練　151
8) 着替えはリハビリにもってこい　153
9) 拘縮のリハビリ　154
10) 肩の亜脱臼に注意？　そんなに神経質にならないで　156
11) 脳卒中の「痛み」と「しびれ」は難治性　157

2. 骨折
1) お年寄りの骨折とは　158
2) 寝たきりを防ぐには　160
3) 大腿骨頸部骨折のリハビリ　162
4) 腰椎圧迫骨折のリハビリ　164
コラム：腰の重だるさが残る→腰背筋の疲れによるもの　167
5) 橈骨遠位端骨折のリハビリ　168
6) 上腕骨頸部骨折　170
7) 2度と骨折しないためには　172

3. 変形性膝関節症
1) 変形性膝関節症とは　174
2) 治療の3本柱　175
3) 運動療法　177
   大腿四頭筋訓練（足上げ体操／座って足上げ体操／足踏み体操／タオル押しつけ体操）
4) 物理療法　182

4. 変形性腰椎症
1) いわゆる老化による腰痛　184
2) 在宅リハビリの考え方　185
3) リハビリの実際（温熱療法／腰背筋のストレッチ）　186

5. リウマチ
1) リウマチとは　188
2) 3つのタイプ　190
コラム：根拠のない健康食品をすすめないで　191
3) リウマチ患者さんは賢い　192
4) リウマチのリハビリの特徴　194
5) 在宅リハビリのキッカケを作る　196
6) 少しずつ体を動かすリハビリを紹介する　198
7) リウマチ体操　200

6. パーキンソン病
1) パーキンソン病とは　202
2) まず介護者にねぎらいの言葉を　204
3) パーキンソン病はこんな病気　205
4) リハビリ前の基礎知識　206
コラム：パーキンソン病は転倒注意　207
5) リハビリの実際
   - (A) 押しかえして～リハビリ　208
   - (B) 吸って～、吐いて～リハビリ　209
   - (C) ゴルフスイング寝返り起き上がりリハビリ　210
   - (D) バージンロード歩行リハビリ　211
   - (E) 横断歩道またげまたげリハビリ　212
   - (F) 前方足出し歩行介助法　213

Ⅴ ● 疾患に応じたリハビリのポイント

1. 脳卒中

1　脳卒中とリハビリ

　脳卒中とは，語源的には「脳の病気で突然何かに当たったように倒れる状態」を表したものです．具体的に脳梗塞，脳出血，クモ膜下出血が主な原因となります．

　脳卒中は現在，要介護の原因の2位です．よって在宅リハビリスタッフにとって最も出会う機会の多い疾患といえます（**図①**）．これらは，脳の血管が詰まったことにより生じる虚血性脳卒中（いわゆる脳梗塞）と，脳の血管が破れたことにより生じる出血性脳卒中（いわゆる脳出血）の2つに大きく分類されます（**図②**）．

　「血管が詰まった」，「破れた」，いずれの場合も，脳のある部分が障害を受けて脳細胞が死滅してしまいます．すると当然その脳細胞がコントロールしていた体の部位も正常に機能できなくなります．

　死滅した脳細胞は新しいものに生まれかわることはありませんので，脳の障害の部位により，話せなくなったり，記憶を失ったりとさまざまな後遺症を残すことになります．しかし，その永久に損傷されたはずの部位の機能を周囲の組織が補ってくれる場合があります．周囲の脳細胞が学習してくれて，新しい回路を作ってくれるのです．しかしそれらの回路ができ上がるのには時間がかかります．

　リハビリは，それらの学習をサポートし，新しい回路の形成を早める効果があるといわれています．

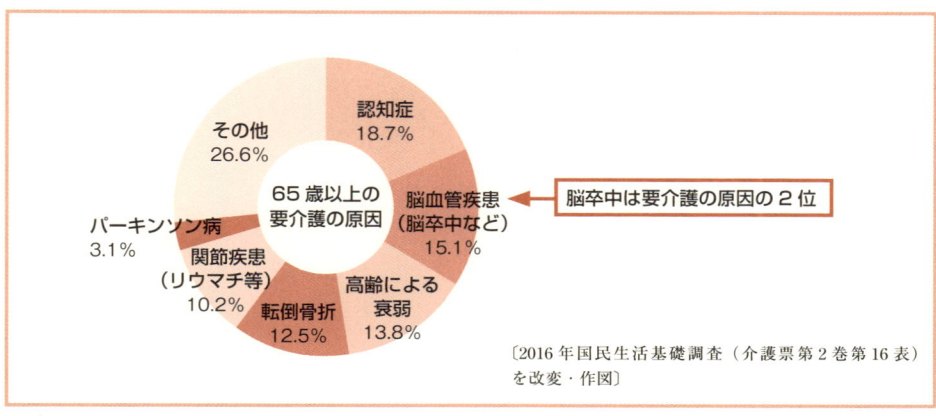

図①● 65歳以上の要介護の原因

- 認知症 18.7%
- 脳血管疾患（脳卒中など）15.1% ← 脳卒中は要介護の原因の2位
- 高齢による衰弱 13.8%
- 転倒骨折 12.5%
- 関節疾患（リウマチ等）10.2%
- パーキンソン病 3.1%
- その他 26.6%

（65歳以上の要介護の原因）

〔2016年国民生活基礎調査（介護票第2巻第16表）を改変・作図〕

1. 脳卒中

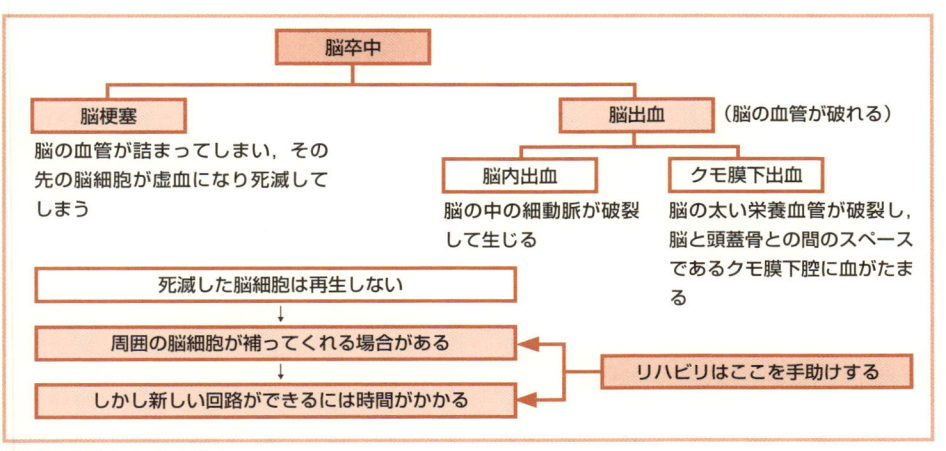

```
                    脳卒中
          ┌───────────┴───────────┐
        脳梗塞                    脳出血    （脳の血管が破れる）
脳の血管が詰まってしまい，その      ┌────┴────┐
先の脳細胞が虚血になり死滅して    脳内出血   クモ膜下出血
しまう
                        脳の中の細動脈が破裂    脳の太い栄養血管が破裂し，
                        して生じる              脳と頭蓋骨との間のスペース
                                                であるクモ膜下腔に血がたま
                                                る

          死滅した脳細胞は再生しない
                    ↓
          周囲の脳細胞が補ってくれる場合がある  ←──┐
                    ↓                               リハビリはここを手助けする
          しかし新しい回路ができるには時間がかかる ←─┘
```

図②●脳卒中の分類

2　脳の仕組み

　脳卒中を理解するうえで脳を知ることは重要なことです．ここでは各部位の役割と障害されたときの症状についてまとめてみます．

①**大脳**……脳卒中の好発部位です

　大脳は2つの握りこぶしを手のひら側で合わせたような形と大きさをしています（**図③**）．いわゆる右脳と左脳があるわけですが，それぞれ少し異なる仕事をしています．そのため，右脳が障害された場合と左脳が障害された場合では後遺症にちがいがみられます（後述します）．また深いヒダにより大脳は前頭葉，頭頂葉，側頭葉，後頭葉の4つに分かれ，それぞれ異なった働きをしています（**図④⑤⑥**）．

（a）前頭葉……主に2つの働きをしています．1つは運動に関係する運動皮質という部分で右左反対側の体の運動をつかさどっています．したがって，右脳のこの部分に脳卒中が起これば左の片麻痺に，左脳に脳卒中が起これば右の片麻痺になるわけです．
　2つめは抽象的な思考や発動性をつかさどるという働きです．もしこの領域に脳卒中が生じれば，非常に不活発で話もしない無表情な状態になります．
（b）頭頂葉……触覚などの感覚をつかさどっています．感覚皮質という特殊な領域が，体中の「どこでどんな感じがするのか」などの情報を認識するのです．
　もし右頭頂葉が脳卒中で障害された場合は失認（触覚，視覚，聴覚自体は正常でもそれが理解できない）と呼ばれる奇妙な現象が起こります．
（c）側頭葉……聴力と記憶をつかさどっています．
　記憶の貯蔵庫でもあります．通常は両側の側頭葉が障害されないかぎり，永続的な

V ● 疾患に応じたリハビリのポイント

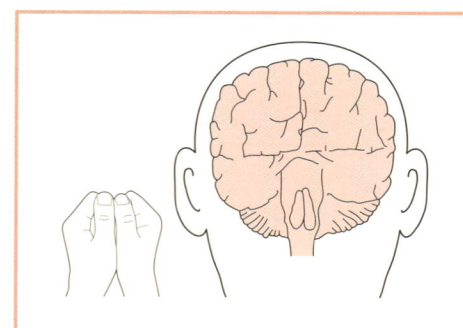

大脳は前後から見ると握りこぶしを合わせたような形と大きさをしている

杉浦和朗：イラストによる中枢神経系の理解，第3版，医歯薬出版，1998より一部改変

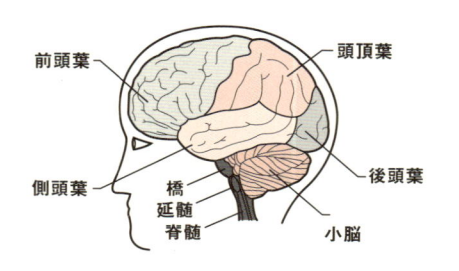

大脳は，前頭葉，頭頂葉，側頭葉，後頭葉の4つに分かれている

図③● 脳の外側面と大脳葉

大脳のどこにどんな働きがあるのかをペンフィールドが解明した

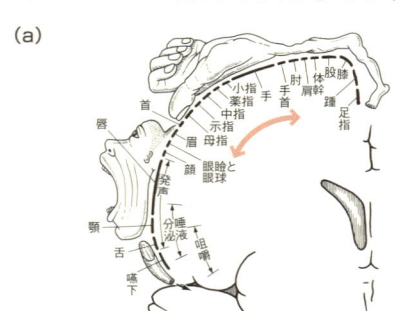

(a) 前頭葉の運動野
たとえば右大脳の ■ 部分に脳卒中が起きれば，左手指が動かなくなってしまう

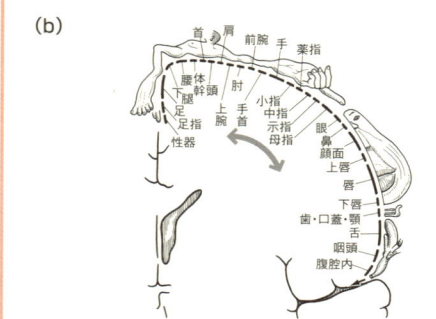

(b) は頭頂葉の感覚野
たとえば，■ 部分に脳卒中が起これば，手指の感覚がなくなってしまう

指先や顔は微妙な運動や感覚が必要なので，それをつかさどる脳の面積も，それに応じて広くなっていることに注目

Penfield, et al. を改変

図④● ペンフィールドの図〈51頁の拡大図をご参照ください〉

記憶障害は起こりません．

　また言語と会話は主に左半球の側頭葉が担当しています．
(d) 後頭葉……視覚に関する情報処理を担当しています．
　この領域の脳卒中では，視力が正常でも障害側と反対側の視野が欠損するという同名半盲という状態が生じます．

　②**脳幹**……延髄，橋，中脳の3つの部分で構成されています．呼吸，嚥下，血圧，心拍数などの生命維持のための原始的な調整をつかさどっている場所です．そのため脳幹の脳卒中はときに致命的となります．

　③**視床**……視床は大脳へ向かうすべての情報の中継点で，大脳へ送る情報の交通整理をしている場所です（図⑦）．
　ここは，被殻と並んで脳内出血を生じやすい部位で，はなはだしい感覚脱失と，たとえようのないガンコな痛み（視床痛）を生じることがあります．

　④**小脳**……小脳はふだん私たちが何げなく行っているバランス運動や協調運動などの調整を行っています．そのため小脳の脳卒中では体のバランスがわるくなり，運動失調が起こります．

図⑤● 脳の主な役割（大脳皮質の機能局在）

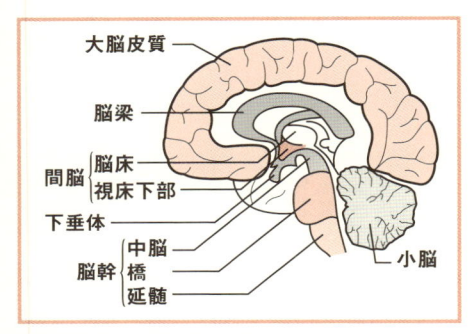

図⑥● 脳の断面（正中断）

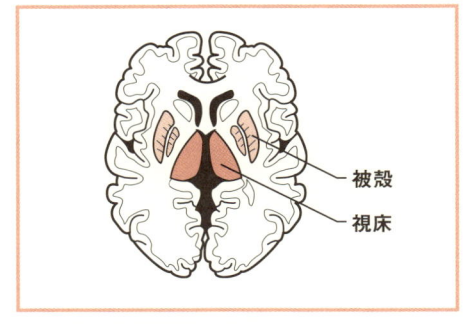

図⑦● 脳の断面（水平断）
杉浦和朗：イラストによる中枢神経系の理解，第3版，医歯薬出版，1998より一部改変

V ● 疾患に応じたリハビリのポイント

3　片麻痺とは

　片麻痺とは右,左どちらか一方の手足が動きにくくなること,つまり片側の運動機能が低下することをいいます.

　脳卒中は左右いずれかの大脳半球に生じることが多く,脳卒中の麻痺はほとんどが片麻痺と考えてよいのですが,単に手足が動きにくくなるだけというわけにはいかない場合もあります.手足の感覚の麻痺や,しゃべりにくくなる構音障害,視野の狭窄などがよくある症状です（**表**）.

　また右大脳,左大脳の役割の違いから,右麻痺と左麻痺では障害の種類に違いがあります.代表的な違いは右麻痺の人の失語症,左麻痺の人の失行,失認（頭でわかっていても,動作ができない,たとえばパジャマの着方はわかっているけれど,ズボンを頭からかぶろうとする）などがあります.ということは麻痺の程度は同じだとしても,右麻痺と左麻痺ではリハビリのメニューや接し方が違ってくるというわけです.

　まずは基礎知識として,右麻痺,左麻痺それぞれの特有の障害と共通の障害を確認してみましょう.リハビリスタッフのみなさんなら,身近な受け持ち患者さんを思い浮かべれば「なるほど」と思われることも多いと思います.

表●片麻痺に伴う障害の種類

右麻痺に特有の障害	右麻痺・左麻痺共通の障害	左麻痺に特有の障害
一部の失行・失認	同名半盲	多くの失行・失認
観念運動失行：簡単な動作は自然にできるが,命令されたり意図して行おうとするとうまくできない.	麻痺側の視野欠損（半盲）が両眼にみられる.	失行：運動障害がなく,頭では理解できるのに,正しい運動や動作ができない. 失認：知覚障害はないのに認知できない.
失語症：聴く,読む,話す,書く,計算,復唱などの障害	構音障害：舌,口唇など構音器官の障害による言語障害	性格変容：わがまま,怒りっぽいなど,性格が変わる.
	片方の手足の運動麻痺,感覚麻痺	

4　左麻痺は転倒注意

ワンポイント　左麻痺は転倒注意

Point
- 転倒は,空間認知障害のある左麻痺で起こりやすい.慣れた生活の場でも起こるので注意が必要.左片麻痺に寝たきりになる人が多いのもこのためと考えられる

よく患者さんやご家族と話をしていると,「左側の麻痺（つまり右脳の脳卒中）で運がよかったです」という話が出てきます．その理由は，①利き腕である右手が動くので，箸（はし）が持てたり，字が書けたりする，②右側の麻痺の人にありがちな失語症にはならないですんだ，などのことをさして言っているのでしょう．きっと入院中にリハビリ室で右麻痺の人と自分を比較しながら導き出した結論なのでしょう．しかしそれは本当なのでしょうか？

実は左麻痺のほうが寝たきりになる人が多いといわれているのを知っていますか．なぜなら左麻痺は右麻痺より転倒しやすいからです．これは右脳には，ものの位置を把握したり，空間的な認識をつかさどる機能があり，右脳卒中により，それらが破たんし，左半側空間失認（**図①②**）を生じていることがあるためです．

また同名半盲という,麻痺のある側（この場合左側）の視野が狭くなる現象により，転びやすさに拍車がかかります．「左麻痺は転倒注意」は格言として覚えておくべきでしょう．転倒を予防するための具体的な日常生活での留意点は，

① 右側から声をかける
② 生活用品は右寄りに置く　　などです．

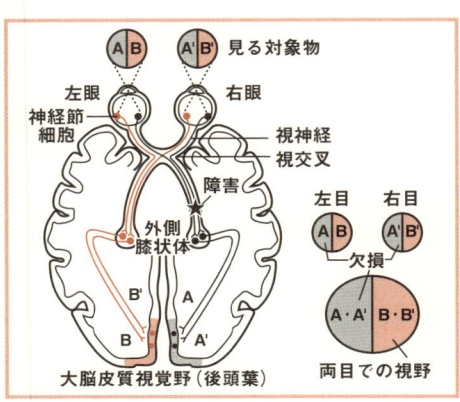

図①●物を見るしくみ

図②●左半側空間失認（左麻痺）ではこのように認識している（左半分が見えない）

5　慢性期のリハビリの考え方

　脳卒中の手足の麻痺が回復可能な期間は一般的に発症後約6カ月といわれています．最終的な回復レベルを100％とすると，発症後3カ月で80〜90％回復し，発症後6カ月で90％以上の回復が終了し，それ以降の麻痺の程度はほぼ固定した状態となります（**図①**：数値はだいたいの目安です）．

　つまり発症後6カ月を経過すると麻痺自体の改善はあまり期待できず，発症前の運動力とのギャップが後遺症という形で残ります．在宅リハビリを行う患者さんは，ほとんどの方が発症から6カ月以上ですので，リハビリによる麻痺自体の改善はあまり望めないといえます．だったらリハビリは無意味ではないかと思われる方も多いと思います．しかし麻痺（機能障害）の回復が止まった後でも適切なリハビリによりADLは改善するといわれていますので，リハビリを行う価値は十分あります（**図②**）．

　またリハビリにより，不動による廃用症候群も予防でき，ADL低下を下支えする効果も期待できます（なお失語症などは慢性期にも回復は続きます）．

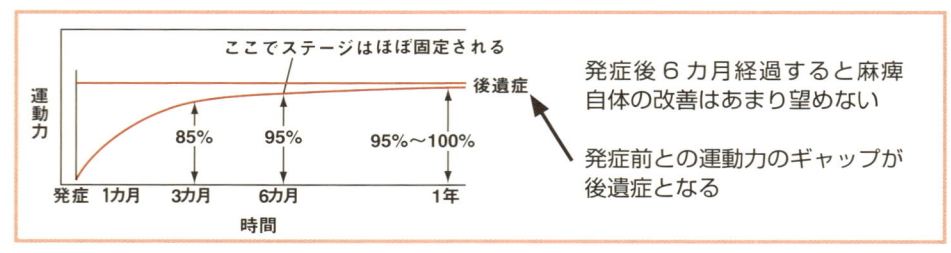

図①●麻痺の回復具合と時間の関係

慢性期は運動麻痺自体は改善しない➡だったらリハビリは無意味なのか？

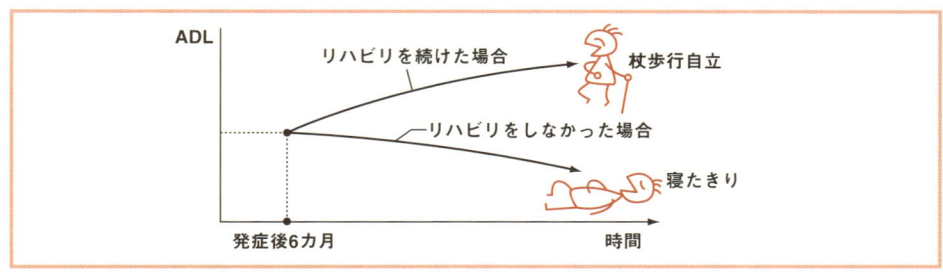

図②●慢性期のリハビリの有無によるADLの違い

➡慢性期の在宅リハビリはADL改善の効果が望めるので維持すべし

6 運動麻痺を評価する

(a) ブルンストロームテスト

　脳卒中における運動麻痺の評価は，在宅の現場ですと右麻痺か左麻痺か，あるいは全然動かないか，少しは動くか程度のものになりがちです．しかし麻痺の程度と回復過程をきちんと理解できていないと適切なリハビリができません．

　脳卒中の麻痺の評価法として代表的なものにブルンストロームテストがあります．これはブルンストロームという人が開発したテストで，片麻痺の回復の過程をⅠ～Ⅵの6つのステージに分けて評価する方法です．同じ人でも体の部位によって麻痺の程度が異なるため，上肢，下肢，手指をそれぞれ分けて評価します（**下図①**）．ただし介護保険が普及した現在では，患者さんの全体像が要介護度である程度イメージできるようになりましたので，今後ブルンストロームテストの在宅での重要性はうすれていくことが予想されます．しかし寝たきり原因の第1位である脳卒中による運動麻痺の代表的評価法を知っておくことは決して損ではないはずです．

　ポイントだけ説明しますので，少しの時間お付き合いください．

運動麻痺を評価するブルンストロームテスト〈右麻痺の場合〉

ステージⅠ
筋が弛緩して，ブラブラで自分の意志で動かせない（随意運動がみられない）状態で，最も程度が重い

ステージⅡ
何かの拍子で手足が勝手に動く（複数の筋の活動が調和のとれた状態で行われる共同運動がわずかに現れる）．痙縮が出始める（錐体路症状の1つとして抑制がきかなくなって筋伸展反射が著しく亢進し，筋緊張も亢進して筋がつっぱる）

図①（続く）

ステージⅢ
随意的な共同運動として関節の運動ができるが、痙性は高度（自分で動かせるが1つの動作にほかの筋も一緒に動いてしまい、一定のパターンでしか動かせず、伸ばす動きもできるが、ほかの筋も動く共同運動となる）

ステージⅣ
共同運動パターンが崩れ、1つ1つの関節が分離して動く分離運動ができるようになり、筋のつっぱり（痙性）が弱まる（上腕を前に上げたり、膝の屈伸ができるようになる）

ステージⅤ
分離運動が上手になり、逆共同運動の組み合わせもできるようになる（肘を曲げないで手を頭上まで上げられたり、立位踵接地での足背屈が可能）

ステージⅥ
分離運動が自由にできるようになり、正常に近い運動が円滑にできるようになる．いちばん軽い麻痺で、書字や食事のリハビリをスタートさせる段階

図①●ブルンストロームテスト

1. 脳卒中

(b) 脳卒中の回復過程の特殊性を知る

　脳卒中における麻痺の回復過程は，骨折などの場合とくらべてかなり特殊です．骨折後の寝たきり状態からの回復過程は，たとえば，リハビリで脚力がついて動く量が増せば安定歩行ができるようになるというように，動く量の増加に比例して動きの精度が高まります．（図②）

　しかし脳卒中の場合は，最初に，筋肉がブラブラでまったく動かない弛緩性の麻痺（ブルンストロームステージⅠ）となり，次に腱反射や筋緊張が亢進してきて，何かの拍子に勝手に動いてしまうような痙性の麻痺（ブルンストロームステージⅡ）になります．次に共同運動という，1つの関節を動かそうとしても，それにつられて周りの関節まで一緒に動いてしまう，たとえば腕だけを上げようとすると，指は握る，肘は曲がる，わきは開くというように全部動いてしまうような運動ができるようになります（ブルンストロームステージⅢ）．

　その後，少しずつ，1つ1つの関節が分離して動ける分離動作ができるようになり（ブルンストロームステージⅣ，Ⅴ），最終的には正常にほぼ近い動きができる（ブルンストロームステージⅥ）ようになります．

　つまり脳卒中の場合は，まったく動かない時期（弛緩期）から勝手に動いてしまう時期（痙性期）を経て，周囲の関節がつられて動いてしまう共同運動期となり，分離運動期を経て正常回復するのです．骨折の直線的回復にくらべて，ずいぶんと回り道をする曲線的な回復といえます（図③）．

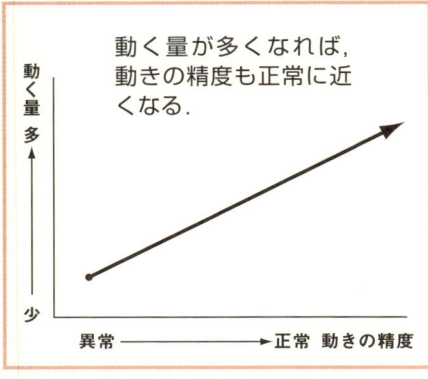

図②●骨折の回復過程における動く量と動きの質の関係

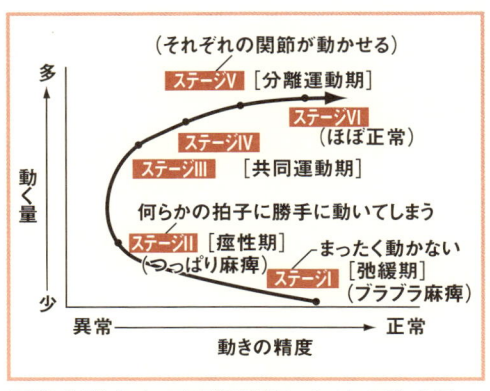

図③●脳卒中の回復過程における動く量と動きの質の関係

➡ **脳卒中の運動麻痺の回復過程は，回り道をする，曲線的な回復となる**

V ● 疾患に応じたリハビリのポイント

(c) ブルンストロームテストで簡単評価

> **ワンポイント**
>
> **Point**
> ①バンザイをしてもらう（上肢の評価）
> ②グー, パー, チョキ（手指の評価）
> ③寝たまま足を上げてもらう（下肢の評価）
> (①②③を評価することで麻痺の程度を大雑把に把握しよう)

　在宅リハビリでは，その導入時にすでに脳卒中の慢性期である場合がほとんどのため，ブルンストロームのステージは回復期ではなく，もう固定してしまっていると考えてよいでしょう．その固定したステージを上手に利用しながら，いかに自活生活に結びつけていくかが，脳卒中における在宅リハビリの最大のポイントになります．

　まずそのためには在宅リハビリ導入時に，大まかに，上肢，下肢，手指の運動麻痺の評価をする必要があります（**図**）．そのためには，

①バンザイをしてもらう
②グー，パー，チョキをしてもらう
③足上げをしてもらう

これで十分です．
すべてやっても1分以内でできますので，ぜひやってみてください．

上肢と手指のステージは合わせて考えるように習慣づけよう

　もし上肢と手指の両方が，ステージⅤ以上ならば，食事（介護用の箸やフォークを使って），書字，ボタンかけが可能なはずなので，それらを日常生活動作のリハビリに取り込めます．

　もしステージⅤに及ばない場合でも，その評価により利き手交換リハビリを導入することへの強い動機づけになります．

生活動作にまさる訓練なし！

寝たまま麻痺側の足を上げてもらう．

図●下肢麻痺の簡単検査法

1. 脳卒中

ブルンストロームステージ	<上肢>	<手指>	<下肢>
Ⅰ	ブラブラしてやわらかい（腕は上がらない）		
Ⅱ	つっぱってこわばる（腕は上がらない）	グーができる	
Ⅲ	肘が曲がり，わきが開き，途中まで上がる		脚は上がるが，膝が曲がって股が開く
Ⅳ	水平になるくらいまで上がる	パーができる（指が少し開く）	脚は上がるが，足の背屈はできない
Ⅴ	バンザイができる	母指でつまんだり，ものを握ることができるが，手指を伸ばすのはぎこちない	
Ⅵ	ステージⅤかⅥの場合はバレ徴候（目を閉じて手の平を上にしていると麻痺側が次第に下がってくる現象）をみることで麻痺側がわかる	チョキができる	足の背屈ができる

図●ブルンストロームステージによる簡易検査法〈右麻痺の場合〉

(d) ブルンストロームテストの利用——下肢麻痺と ADL の考え方

　基本的に人間は片手で起き上がれ，片足で立つことができる動物です．

　ということは，たとえステージが低くても寝たきりにならずにすむはずです．寝たきりの多くはその残存する機能が十分に生かされていないために生じています．

　たとえステージⅠ，Ⅱ，Ⅲの重度の麻痺であっても，頭の位置を健側前方へもっていき，健側の下肢と上肢で体重を支えれば，かなりの人が座位（足をきちんと床につけること）ができます．

座位保持
①足が床にしっかりつくようベッドの高さを調節
②右麻痺なら頭を健側の左前方へもっていく
③訓練すればできるようになる

➡ 足上げができれば歩けるはずだ

　またステージⅣ以上であれば，著しい空間失認や深部知覚の麻痺を認めないかぎり，装具を装着すれば歩けるようになるはずです（装具をつけると足が重くなって歩けないという人は別）．

ブルンストロームステージⅣでは麻痺側の足首が自由に曲げられないが，簡単にとりはずしができる短下肢装具の使用で歩行ができるようになるはず

➡ このようにブルンストロームテストをすることにより，歩けるはずの寝たきりを発見することができる

1. 脳卒中

| 7 | 車いす訓練 |

　脳卒中の患者さんは，健側の上肢と下肢を使えば標準型の車いすを自分で操作することができるはずです．しかし在宅の現場ではこれがなかなかむずかしいのです．日本の在宅事情もあるのでしょうが，最大の問題点は，車いすの操作法を適切に教えられる人が身近にいないからです．

　つまりこうです．無事退院してきて，介護用ベッドもポータブルトイレも車いすも用意ができていた．ベッドとトイレの使い方はなんとなくわかるが，はて車いすはどうやって操作すればいいんだろう，といったところでしょうか．

　それではここで，車いすの訓練法を伝授しましょう．

① まず大切なのは姿勢です．ふんぞりかえってはダメで，むしろやや前傾ぎみのほうがよいでしょう（**図①，②**）．

図①●ふんぞりかえったわるい例　　図②●前傾ぎみのほうがよい

② いよいよ操作ですが，はじめから上手にやる必要はありません．
　手と足をいっぺんに操作しようと思うと混乱するので，まずは動作が単純な足からの操作を先に覚えてもらいます．
　健側の膝を伸ばし，かかとをしっかりと接地してから床を踏むように膝を曲げていきます．そうすると車いすが前進しはじめます．はじめのころは赤ちゃんの「はいはい」のように前に進まず，後ろに進んでしまう人もいますが，根気よく続けていると，前進するようになります．

③ ②ができるようになったら，健側の手をハンドリムにかけて操作してみましょう．右手の場合だと，ハンドリムの11時のところから2時のところまでこぎ，手を離すとよいでしょう（**図③**）．

④ 慣れてくると，足の力の入れ方を工夫すれば方向転換ができるようになります．

Ⅴ ● 疾患に応じたリハビリのポイント

図③ ● ハンドリムの 11 時をつかみ，2 時のあたりで手を離す

⑤足と手を同時操作すると動きがスムーズになります．

注意点
①感覚障害のある患者さんは，麻痺側の足がフットレスト（図④）に乗っていない状態でこぎ出し，足先がひきずられていたり，麻痺側の手がハンドリムにはさまれることがあるのでこぎ出しのときに注意しましょう．
②視野に障害がある場合は，衝突の危険があるので，ゆっくり走行し頭を左右に振って視野を広げましょう．

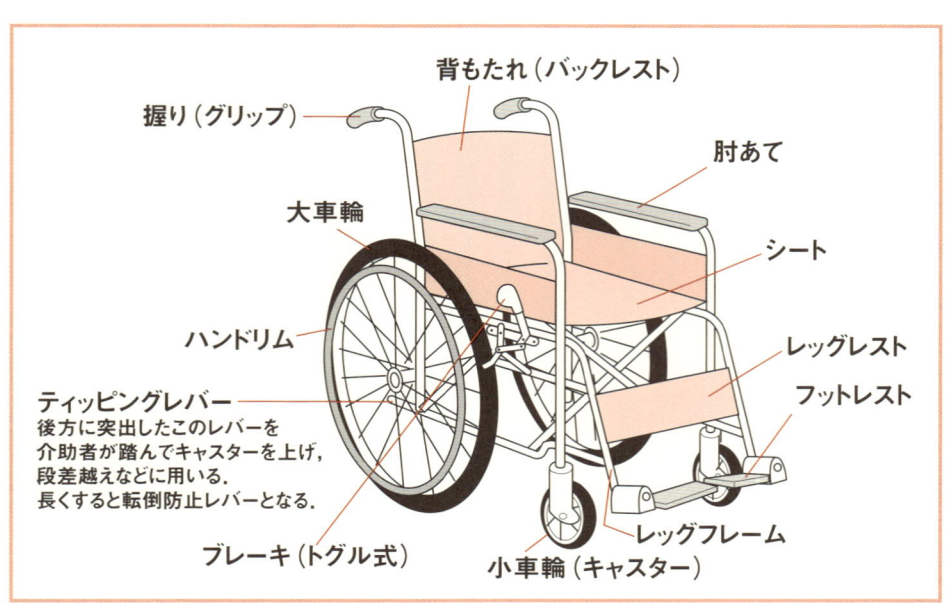

握り（グリップ）
背もたれ（バックレスト）
肘あて
大車輪
シート
ハンドリム
レッグレスト
ティッピングレバー
後方に突出したこのレバーを介助者が踏んでキャスターを上げ，段差越えなどに用いる．
長くすると転倒防止レバーとなる．
フットレスト
ブレーキ（トグル式）
小車輪（キャスター）
レッグフレーム

図④ ● 車いす各部の名称

8 着替えはリハビリにもってこい

　訪問診療をしていてつくづく思うことに，服の問題があります．確かに一日中家にいる生活になると，ずっとパジャマでいるほうが楽なのはわかります．しかし一日中パジャマでいることは入院中の生活を連想させ，いつまでたっても病人気分から抜け出せず，活動性が向上していきません．

　そこで，朝起きて洗面をすませたら，普段着に着替えるようにすすめます．排泄や，移動のことで精一杯だという方もいらっしゃるでしょう．でも発想の転換で，着替え動作をリハビリとして追加することで，意欲が向上し，活動性が改善すれば，有益なことです（図①）．

　着替えは，①手や腕や指先を使いこなす最適なリハビリになる，②病人意識が払拭され，意欲を向上させる，という2つの大きな効果があります．つまり「着替えはリハビリにもってこい」なのです．

| 一日中パジャマ | ⇒ | 病人意識 | ⇒ | 意欲の低下 | ⇒ | 廃用症候群 |
| 着替え | ⇒ | 家庭生活者 | ⇒ | 意欲の向上 | ⇒ | ADL改善 |

図①● 着替えは意欲を引き出す

図②● 片麻痺の場合，着るときは麻痺側から，脱ぐときは健側から

表● 片麻痺のある場合の着脱の原則

	麻痺側	健側
着るとき	先に着る	後に着る
脱ぐとき	後に脱ぐ	先に脱ぐ

　脳卒中の片麻痺の方の着替えのコツは「着るときは麻痺側から，脱ぐときは健側から」が原則です（図②，表）．

V ● 疾患に応じたリハビリのポイント

9 拘縮のリハビリ

　脳卒中後の特徴的な姿勢を，ウェルニッケ・マンの肢位といいます（**図①**）．なぜこんな姿勢になってしまうのでしょう．まず脳卒中発症直後は，筋肉に力が入らない弛緩性麻痺（ブラブラ麻痺）なのですが，数日後から痙縮（つっぱり）が始まり，だいたい6カ月後にはほとんどが痙性麻痺（つっぱり麻痺）となります．その痙性麻痺（つっぱり麻痺）による筋力のアンバランスのため，このようなかっこうになってしまうのです．

　上肢は曲げる方向に，下肢では伸ばす方向に拘縮が起こりやすくなります．つまり，上肢はラグビーボールをかかえたようなかっこうに，下肢はバレリーナ立ちのようなかっこうになりやすいと覚えておくとよいでしょう．さてこれを防ぐためにはどうしたらよいでしょう．

　意外と思われる方も多いと思いますが，「まずは座ること」が重要です．つまり，①上肢は重力を利用して，ラグビーボールをかかえるかっこうをほぐし，②下肢は座るかっこうを利用して，つっぱった関節を曲げるのです（**図②**）．

　座ることがある程度の時間できるようになったら，今度は麻痺のない健側を利用し，麻痺側をゆり動かすことにより拘縮を予防します．

　上肢では，①両手を組んで，なるべく大きな輪をつくり，②その輪を上下にゆり動かします（**図③**）．

　下肢では，①健側の足の甲で麻痺側のかかとをすくい上げ，足首をからませて，②上下にゆり動かします（**図④**）．これらは日常生活にも簡単に取り込めますので，ぜひすすめてください．

1. 脳卒中

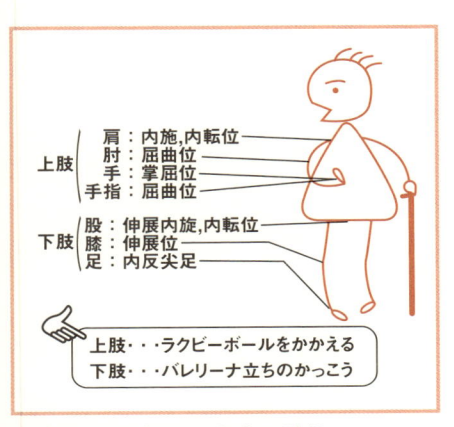

```
上肢  肩 ：内施,内転位
      肘 ：屈曲位
      手 ：掌屈位
      手指：屈曲位
下肢  股 ：伸展内旋,内転位
      膝 ：伸展位
      足 ：内反尖足
```

上肢・・・ラクビーボールをかかえる
下肢・・・バレリーナ立ちのかっこう

図①●脳卒中の片麻痺の肢位
（ウェルニッケ・マンの肢位）

●まず座ること
①上肢：重力の方向は拘縮の方向と逆になる．座ることにより，自然と拘縮をほぐしてくれる
②下肢：座ることにより，つっぱった関節が自然と曲がり，拘縮をほぐしてくれる

図②●片麻痺の拘縮をほぐすには

①手を組んで輪をつくる
②その輪を上下にゆり動かす

図③●上肢のリハビリ

①健側の足の甲で麻痺側のかかとをすくい上げて足首をからませる
②上下にゆり動かす

図④●下肢のリハビリ

V ● 疾患に応じたリハビリのポイント

10 肩の亜脱臼に注意？ そんなに神経質にならないで

　脳卒中のリハビリの本を読むと，必ずといってよいほど「脳卒中は肩の脱臼（亜脱臼）に要注意」と書かれています．在宅リハビリにおいて，本当に肩の脱臼は要注意なのでしょうか？

　答えは「No」です．私自身の経験では，在宅リハビリにおいて肩がはずれた人は一人もいません．仲間のナースや理学療法士，マッサージ師さん数名にも聞いてみましたが，やはり皆無でした．これはいったいどういうことなのでしょう？

　おそらくリハビリの時期の問題だと考えられます．つまり脳卒中の急性期の麻痺は弛緩性（ブラブラ麻痺）なので関節がゆるゆるのため，脱臼の危険性は大です．しかし，慢性期は痙性麻痺（つっぱり麻痺）のため，筋肉の緊張が強く，脱臼の危険性はむしろ小です．在宅リハビリは慢性期の痙性麻痺（つっぱり麻痺）が対象となるので，脱臼はあまり起こらないと予想されます．

　たとえ万が一脱臼したとしても，関節がゆるいのであれば整復は容易です．だいいち肩の脱臼が原因で亡くなったり寝たきりになった人はいないはずです．過剰な心配のため，適切なリハビリができずに寝たきりをつくっては残念です．

　「在宅リハビリにおいては，肩の脱臼に神経質にならないで」と強調したいと思います．

脳卒中　急性期：弛緩性麻痺（ブラブラ麻痺）
　　　　　　　　　関節がゆるゆる→脱臼の危険は大→要注意
　　　　　慢性期：痙性麻痺（つっぱり麻痺）
　　　　　　　　　筋肉が緊張している→脱臼の危険は小→あまり心配する必要なし

**在宅リハビリは，慢性期が対象➡あまり脱臼を心配する必要なし
過剰に心配をして，寝たきりをつくっては残念**

11　脳卒中の「痛み」と「しびれ」は難治性

　脳卒中後の後遺症のなかで頻度の高いものに，「痛み」「しびれ」があります．
　とくに脳の視床という部分の障害によって生じる「視床痛」は表現のしようのない不快な痛みといわれ，灼熱感やしびれを伴うことが多く，一般的な痛み止めである非ステロイド系消炎鎮痛薬の効果が望めません．
　また痛みは，運動時，寒冷時，夜間などに増強する傾向があり，「リハビリをすると痛みが強くなるので，リハビリをやめたい」という相談をされるときは，正直にいって返答に窮してしまいます．
　リハビリを中止すべきか否かは，痛みの程度と範囲によっても異なるわけですが，リハビリスタッフに「痛み」は見えないので，それすらも判断できないのが現実です．
　痛みのためリハビリを休みたい，という申し出に対しては，理解を示しそれを受け入れ，そのかわりに痛みを軽減する方法をいっしょに考える，という態度をとることが望ましいと私は考えています．
　実際，マッサージや温熱療法，サポーターなど，できることは限られています．そして効果もあまりありません．
　しかし一緒に考え，やってみるというプロセスは，痛みに苦しむ患者さんを孤独にさせず，心の扉を閉じさせないために，大切なアプローチだと思います．
　患者さんの立場で考えてみると，自分でも表現しようのない痛みを他人であるリハビリスタッフに理解してもらおうとは，はじめから考えていないのではないでしょうか．
　せめて痛いときは共感してもらえて，善後策をともに考えてもらえるパートナーがほしいのだと思います．以前，常に痛みを訴えている患者さんに，「痛いですか？」と質問して，「いつも痛いっていってるだろ！」と怒鳴られたことがあります．
　かといって痛みをまったく無視するわけにもいきません．
　それ以後は「調子はどうですか？」と質問するようにしているのですが，「変わらない」とか「まあまあだ」という返事が返ってくると「ホッ」とします．
　脳卒中後の難治性の痛みをもつ患者さんに対する接し方というのは，現在でも私自身まだ手探り状態です．
　「ときどき共感しつつ，常に寄り添う」というのがよいのかなあと考えています．

わだい：2010年6月に神経性疼痛緩和薬プレガバリン（リリカ®）が登場してこのタイプの疼痛治療が劇的に改善しました．日本ペインクリニック学会の神経障害性疼痛治療ガイドラインにも第一選択薬に位置付けられています．副作用である眠気やふらつきに注意すればとても有効率の高い薬です．長年患者さんを苦しめてきた難治性疼痛にやっと光が射し込んできました．

V ● 疾患に応じたリハビリのポイント

2. 骨折

1 お年寄りの骨折とは

ワンポイント Point

- お年寄りは骨折しやすい
- 必ずしも寝たきりになるわけではない
- お年寄りの4大骨折は,足の付け根,腰,手首,肩
- 骨粗鬆症が原因
- 年を取っても骨はくっつく
- 「あきらめないで！」というメッセージを送りたい

　お年寄りの骨は骨粗鬆症のため,もろくなっており,骨折しやすくなっています(**図①～④**).若い人の骨折と異なり,後遺症が残りやすく,その後の日常生活に支障をきたすことが少なくありません.しかし年を取っても骨はくっつきます.

　きちんとした治療とリハビリ,そして本人と家族の前向きな気持ちさえあれば,「お年寄りの骨折＝寝たきり」はかなりの確率で防げます.「あきらめない」という姿勢こそが,お年寄りの骨折に対するリハビリの最大の武器なのです.

お年寄りは骨塩量が少なくなって骨がもろくなるので,骨折しやすい

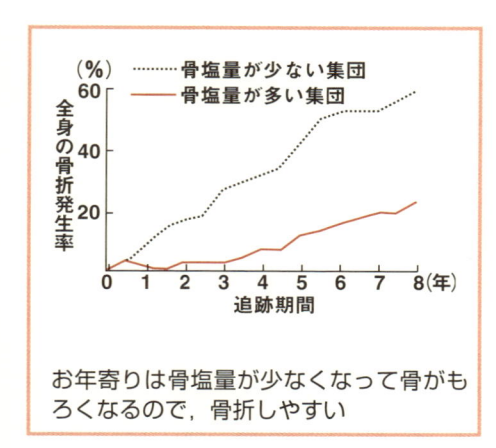

図①● 骨の強さと骨折の関係
　　　Melton,L.J.Ⅲ,Atkinson,E.J.et al.,1993より引用

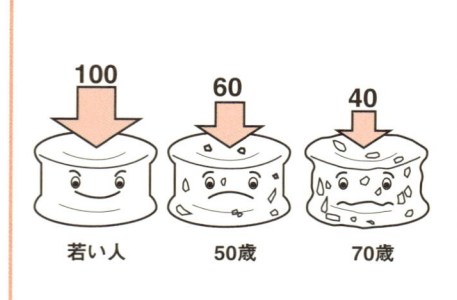

圧迫に対する強度は,たとえば腰椎の場合,若い人の半分以下になってしまう

図②● 圧迫に対する強さ(腰椎の場合)

2. 骨折

| | 正常な骨 | 骨粗鬆症の骨 |

骨折は「骨粗鬆症」が原因．骨のカルシウムの量が減るために骨の内部の密度が減り，スカスカで下支えする強度が失われ，骨がもろくなり骨折しやすくなる．

内部がスカスカで，下支えする強度が失われている

図③● 正常な骨と骨粗鬆症の骨

手首
橈骨遠位端骨折
手首に近い橈骨が折れる

肩
上腕骨頸部骨折
上腕の，肩に近いところが折れる

足の付け根
大腿骨頸部骨折
股関節に近い大腿骨が折れる

腰
腰椎圧迫骨折
背骨の下の方の腰椎がつぶれる

骨折しやすいところは決まっている

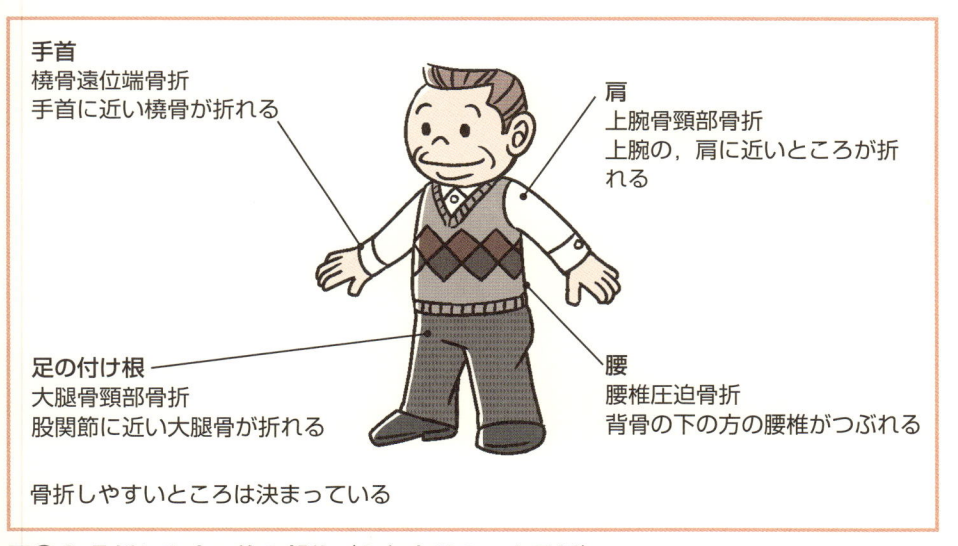

図④● 骨折しやすい体の部位（お年寄りの4大骨折）

V ● 疾患に応じたリハビリのポイント

2　寝たきりを防ぐには

ワンポイント

- お年寄りの骨折のリハビリの目的
  → 寝たきりを防ぐこと
- 寝たきりにならないためには
  → 早期のリハビリ
  → リハビリの継続
  → 日常生活（日常動作）への早期復帰
- 1週間寝込むと
  → 筋肉（筋力）：約10～20％ダウン
  → 骨（の量）：約1％ダウン
  → むやみに安静にしすぎないことが大切
  → 動かせる動作をみつけて早期のリハビリ

　国の発表によると，「単なるケガ」のはずの「転倒，骨折」が残念ながら要介護の原因の第4位となっています．

　どうしてこんなことになってしまったのでしょうか？　いろいろな要因が考えられますが，一番の原因は「ケガは安静第一」という考え方がいまだに根強く，安静期間が長びきがちになるためです．

　医学の発達した現代では，治療法も薬も進歩していますので，むやみな安静は体力を消耗させるだけで「百害あって一利なし」です．

　痛みがある程度落ちついたら，動かせる動作をみつけて早期のリハビリを開始するということが，寝たきりを防ぐコツなのです．

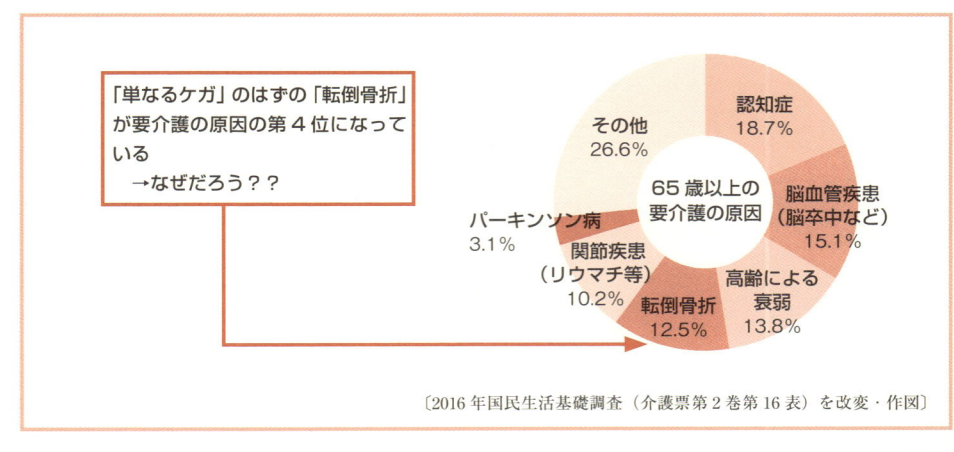

「単なるケガ」のはずの「転倒骨折」が要介護の原因の第4位になっている
→なぜだろう？？

65歳以上の要介護の原因

- 認知症　18.7%
- 脳血管疾患（脳卒中など）　15.1%
- 高齢による衰弱　13.8%
- 転倒骨折　12.5%
- 関節疾患（リウマチ等）　10.2%
- パーキンソン病　3.1%
- その他　26.6%

〔2016年国民生活基礎調査（介護票第2巻第16表）を改変・作図〕

2. 骨折

転倒・骨折がなぜ寝たきりの原因になるのか？

→答えは

転倒，骨折後に安静にしすぎることだった！
「安静第一」はまちがい．「百害あって一利なし」

いつまでも安静にしていると……
筋力は1日寝込むだけで1.5〜3%ダウンし，1週間では10〜20%もダウンしてしまう．

元々お年寄りは筋力が低下している．関節もかたく，バランスもわるくなっているので，1週間寝込んで20%も筋力がダウンしたら，立てなくなったり，歩けなくなったりしてしまう．

どうすればよいか？

→動かせる動作をみつけて
→早期のリハビリ開始
→動作の拡大
→日常動作への復帰
→寝たきりにならない

アイタタ、でもこれなら大丈夫そうだワ

だらけ体操がおすすめ

3　大腿骨頸部骨折のリハビリ

ワンポイント

Point
- いわゆる「足の付け根の骨折」
- 寝たきりになる危険性がもっとも高い骨折
- 手術が原則
- 退院時は骨折は治っていると考えてよい
- 退院したら,座って,立って,歩いてよい

　大腿骨頸部骨折とは,「足の付け根の骨折」です.

　高齢の女性が転んで足の付け根を痛がっていたら,まずこの骨折だと思ってよいでしょう(**図①**).大腿骨頸部骨折は,お年寄りの4大骨折のなかで,最も生活にダメージを及ぼす骨折です.一昔前までは,「大腿骨頸部骨折⇒寝たきり⇒死亡」という経過をたどるのが一般的でした.

　しかし近年は,医学の進歩により,「大腿骨頸部骨折⇒手術⇒リハビリ⇒元どおり」という経過が多くなってきました.

　現在,9割以上の方が手術を受けています(1994年の全国調査で94％).手術治療の導入により,「寝たきり⇒死亡」の確率を1/3以下に減らしたという報告もあります(とはいうものの,現在でも大腿骨頸部骨折後1年以内に10〜15％の人が亡くなっているのも事実です).

　さて,手術が無事終わると,病院でのリハビリを行ったあと,いよいよ退院となります.ここでリハビリスタッフのみなさんにぜひ意識していただきたいことがあります.それは「退院時には骨折は治っていると考えてよい」ということです.つまり,退院したらすぐに座る,立つ,歩く,という日常動作リハビリを開始してよいのです.はじめのころは筋力が落ちていたり,精神的に弱気になっていたりして,思うようにリハビリが進められないかもしれません.しかし継続していくうちにきっと骨折以前の体のキレが少しずつ取り戻せるようになるはずです.

　あきらめずに根気よく続けていただ

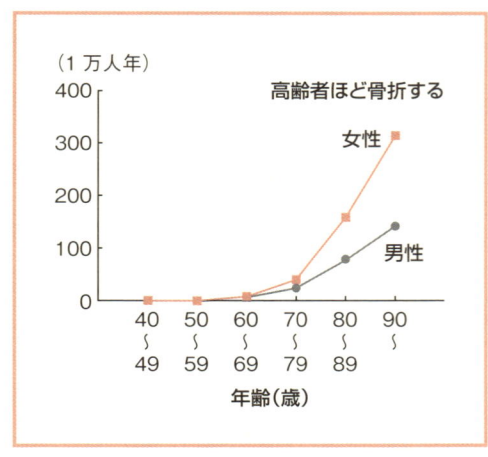

図①●大腿骨近位部骨折の性・年齢別発生率
(日本整形外科学会骨粗鬆症委員会,2007年)

2. 骨折

きたいと思います．
　また，骨折側の足がむくむことがよくあります．これは血液やリンパ液がうっ滞したために起こります．むくみを取るために足やふくらはぎの筋肉（腓腹筋）をよく動かすようにアドバイスしてあげてください．これにより，筋肉がポンプのように動いて，うっ滞した血液やリンパ液を心臓に送り戻してくれます（**図②**）．さらに足やふくらはぎのマッサージが有効です．
　大腿骨頸部骨折は，以前のように死に直結するけがではなくなりました（**図③**）．
　リハビリスタッフは，お年寄りが退院してきたら恐れることなく，「骨折は治っている」と自分自身に言い聞かせ，早期に日常生活リハビリを積極的に開始してください．

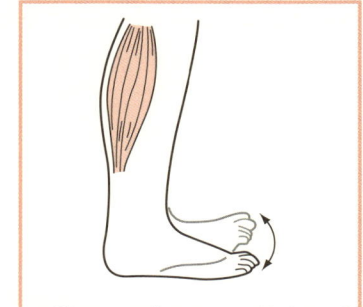

足首をよく動かすと，筋肉のポンプ作用でうっ滞が解消される

図②●足首の運動

●60年前
ギプス固定　　寝たきり　　死亡

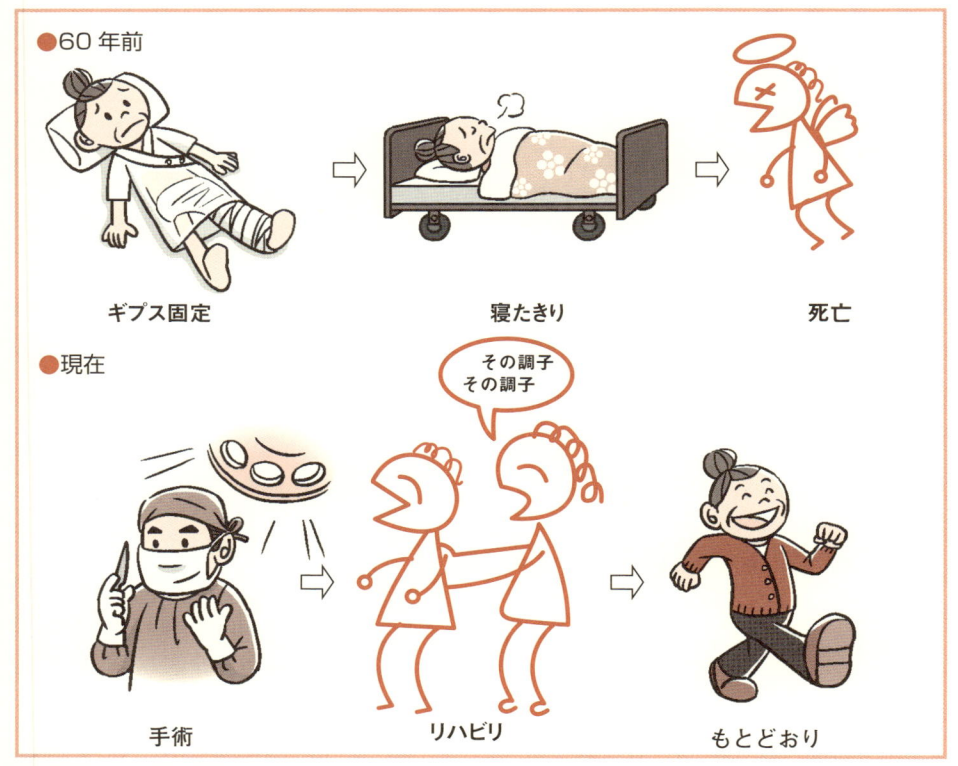

●現在
その調子その調子
手術　　リハビリ　　もとどおり

図③● 60年前と現在の違い

4　腰椎圧迫骨折のリハビリ

ワンポイント Point

- 「腰椎の一部がつぶれる」こと
- 尻もちをついて痛がっていたら,まず腰椎圧迫骨折と考えてよい（骨折の原因はさまざまで,はっきりしないことも多い）
- 痛みの程度はさまざま
- 必ずしも入院が原則ではない（痛みの強さと,本人,家族の希望による）
- 治療は安静とリハビリ
- むやみに安静を長引かせない
- 寝たきりにさせないことが,リハビリのポイント
- あまり再発を心配するべきではない

　腰椎圧迫骨折とは,「腰椎の一部がつぶれること」です.
　お年寄りの4大骨折のなかで,最も頻度が高い骨折なので,リハビリスタッフも何回かすでに遭遇しているのではないでしょうか.
　腰椎は最中（もなか）が重なったような構造になっていて,外力によりその一部がつぶれてしまうことがあります.これが腰椎圧迫骨折です（図①）.
　痛みの程度はさまざまで,たとえば尻もちなどの強い外力の場合は,腰椎がグシャリとつぶれ,激しい腰痛のため,身動きがとれなくなります.
　一方,弱い外力で腰椎にピキッとひびが入った場合は,なんとなく腰が痛むという程度ですんでしまいます（図②）.

図①●腰椎を最中（もなか）にたとえるとわかりやすい

2. 骨折

弱い痛み：ピキッという感じ．ズキンと痛む→2, 3日の安静が必要．何となく腰が張るという程度．
強い痛み：グシャッという感じ．激痛．

あまり腰痛を訴えない腰や背中が丸いお年寄りは，圧迫骨折がゆっくり時間をかけて起こっている．

図②●痛みの程度もさまざま

つまり，同じ腰椎圧迫骨折であっても，状態像が人それぞれ異なるのです．私たちリハビリスタッフは，その状態像に合わせたオーダーメイドの対応をしなければなりません．

といっても実はそれほどむずかしくありません．身動きがとれないような激しい痛みなら，救急車で搬送するしかありませんし，痛みを自覚しないような軽微な骨折の場合は，痛みが出ないように普段どおりリハビリを行えばよいのです．

現実的には，痛みの程度と本人，家族の希望により，治療とリハビリが決まります．治療は，痛み止めで痛みを抑え，楽な姿勢になることです．つまり，「家で寝ていればいいだけ」です．そのため，入院は必ずしも必要ではありません．

骨折後のリハビリの最大のポイントは「むやみに安静を長引かせない」ことです（図③）．安静が長期化すると体力だけでなく，気力もどんどん落ちていってしまい，寝たきりになってしまう可能性があります．

リハビリのポイントは，むやみに安静を長引かせないこと
痛みに応じて，勇気をもって起き上がる

⇒介助で寝返りが可能となったら
　↓
　座らせてみる
　↓
　座位時間を増やす
　↓
　立位訓練スタート
　（→日常生活復活へ）

図③●介助で寝返りが可能となったら

Ⅴ ● 疾患に応じたリハビリのポイント

　リハビリスタッフは, がまんできる痛みの範囲内で勇気をもって腰に注意しながら, できるだけ早期に日常生活へ復帰できるようにサポートしてあげてください.

　お年寄りは誰でも少しずつ背が縮みます. これは圧迫骨折が継続的に起こっているためです. そう考えると, 圧迫骨折は,「けが」というより,「生理現象」と考えたほうがよいかもしれません. ということは, 再発を過度に心配するべきではありません. 再発したら, また治療してリハビリすればよいのです.

　今までと同じように歩行をすすめ, 日常生活動作（ADL）を制限せずに, 生活の質（QOL）を向上させていってください.

治療法は安静とリハビリ

痛み止めで痛みを抑え, 楽な姿勢で寝ている
コルセット（**図④**）をつける　　　　　　→　**自宅治療が第一選択**

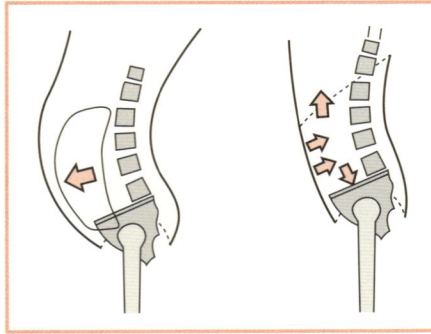

腰の姿勢を矯正（前彎を減少させる）し, 腹筋を増強し, 動きを制限し, 腹部を押し上げ, 大きくなったおなかの圧力を利用して腰の負担を軽くする→痛みが軽くなる

図④● コルセットの効用

2. 骨折

> **コラム** 腰の重だるさが残る ➡ 腰背筋の疲れによるもの
>
> 　強い痛みがとれたあとに，腰に重だるい感じが残ることがあります．腰をトントン叩いても痛みが出ない場合は骨折自体は治っていると考えるのが妥当です．
> 　それでは，この重だるさの原因は何でしょう？
> 　腰背筋は読んで字のごとく，腰と背中の筋肉のことで，体のバランスを保つ仕事をしています．しかし腰椎圧迫骨折によって背中が丸くなってくると，体の後ろにある腰背筋はつねに引っぱられ続けます．
> 　さらに立位では，前かがみの上半身を引き起こそうと，つねに働き続けます．そしてついに慢性筋肉痛の状態になり，腰の重だるさという症状が現れるのです．
> 　この重だるさを解消するには，腰背筋をほぐす「背伸び体操」が有効です．
> 　一日数回，気分転換にもなりますので，ぜひやってみてください．
>
> 　　背伸び体操のしかた　あれこれ
>
> - いすに背中をつけて寄りかかる
> - ゆっくりと背伸びをする
> - 一日数回行う
>
> 「ウーン」
>
> - 前かがみの姿勢から後ろへ反り返る
> - 反動をつけず，ゆっくりと背伸びをする
> - 一日数回行う
>
> 「ウーン」
>
> ●背伸びをして，腰背筋をほぐそう

5 橈骨遠位端骨折のリハビリ

ワンポイント

Point
- いわゆる手首の骨折
- 手と手首の動きがわるくならないようにすることがリハビリのポイント
- 腫れがひいたら,どんどん指や肘や肩を動かす
- ギプスがとれたら,手首も動かす
- 関節の動かしはじめはゆらゆら,ぶらぶらというイメージで
- リハビリスタッフは,手首のみに注目するのではなく,バンザイや,肘の屈伸,グーパーなども行い,「腕全体のリハビリ」を意識する必要がある

　橈骨遠位端骨折とは,「手首の骨が折れること」です.

　手首(手関節)はバイバイの動作(橈屈・尺屈),オイデオイデの動作(掌屈・背屈)だけでなく,前腕の回内・回外(内側ひねり,外側ひねり)の動作が加わるため,「器用」な運動ができます.

　この器用さを失わせないことがリハビリの目標となります.

　まず,「骨折しているのは手首の骨だけ」であることを認識してください.つまり骨折していない指,肘,肩は,早期からどんどん動かしてよいのです.とくに指は箸を使うなどの微妙な動きを要求される関節なので,ギプスや三角巾をしていても意識してよく動かしましょう(**図①②**).

　ギプスがとれたら,いよいよ手首のリハビリです.関節の動かしはじめは,ユラユラ,ブラブラというイメージで少しずつほぐしていきます(**図③**).

　入浴中に関節を温めながらすると効果的です.

　関節がほぐれたら,今度はいよいよ「器用さを取り戻すリハビリ」を始めます.痛くない範囲で手のひらを合わせて,こね回したり,回内・回外運動や,粘土をにぎって手や手首の関節を動かします(**図④**).

　リハビリスタッフは,手首だけでなく,肩,肘,手指の「腕全体のリハビリ」を意識するようにアドバイスしてあげましょう.

2. 骨折

手と手首の動きがわるくならないようにすることが目標

骨折しているのは手首の骨だけ
　⇒何でもない指・肘・肩はどんどん動かそう（とくに指）
　　関節が固まらないようにすることが大切
　⇒ギプスがとれたら，手首も動かす
　　指・肘・肩も動かし，「腕全体のリハビリ」を意識する

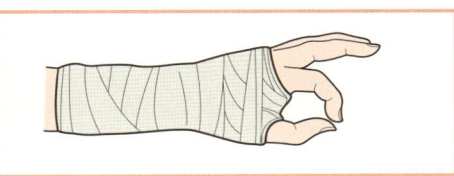

よいギプスは母指と示指を対立させて輪を作ることができる．指先が自由に動かせるので，指の関節拘縮を予防できる

図①●よいギプス

三角巾はしないほうが肩を自由に動かせるが，ギプスが重く，不自由な場合は三角巾をする．三角巾の中でも指は動かそう

図②●三角巾

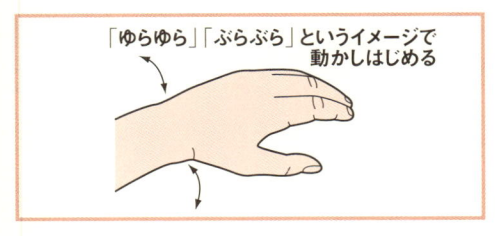

「ゆらゆら」「ぶらぶら」というイメージで動かしはじめる

図③●ギプスがとれたら

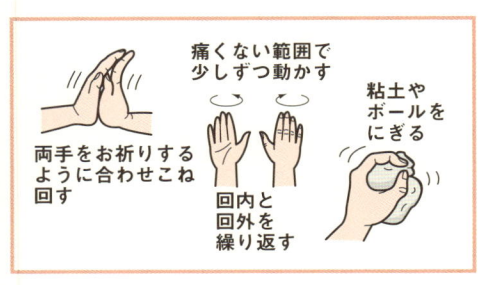

手のひらを合わせてこね回す
痛くない範囲で少しずつ動かす
回内・回外を繰り返す
粘土をにぎるのもよい

図④●手首のリハビリ

6　上腕骨頸部骨折

ワンポイント

Point
- いわゆる肩の骨折
- この骨折は「治りやすく」「後遺症も残りにくい」
- もともと血行がよい部位のため,骨がくっつきやすく,きちんとしたリハビリを行えばしっかり治る
- 「ゆらゆら」「ぶらぶら」というイメージで少しずつ動かし,動く範囲を拡大させていく
- 手が後頸部（うなじ）に届くようになれば,日常生活にほとんど支障がでないので,このリハビリは卒業してよい

　上腕骨頸部骨折とは,「肩（腕の付け根）の骨折」です（図①）.

　この骨折の最大の特徴は,「よく治る」ということです.ここはもともと血行がよいため,骨がくっつきやすく,きちんとしたリハビリを行えばほとんど後遺症も残りません.お年寄りの4大骨折のなかで,最も日常生活に与えるダメージが少ない骨折といえます.とはいえ,骨折直後は,血行のよさから予想以上に腫れてびっくりすることもあります.しかしまず大丈夫です.

　肩を冷やせば徐々に腫れと痛みがひいてきます.しばらく三角巾などで固定を行いますが,この時期も肘,手首,指はよく動かすように心がけてください（図②）.

　三角巾がとれたら,図③のようにゆらゆら,ぶらぶらというイメージで「肩ほぐし体操」をします.少しずつバンザイ練習もはじめてください.

　手が後頸部（うなじ）に届くようになればリハビリは卒業です（図④）.完治までの期間は,骨折から3～6カ月を目安にするとよいでしょう.

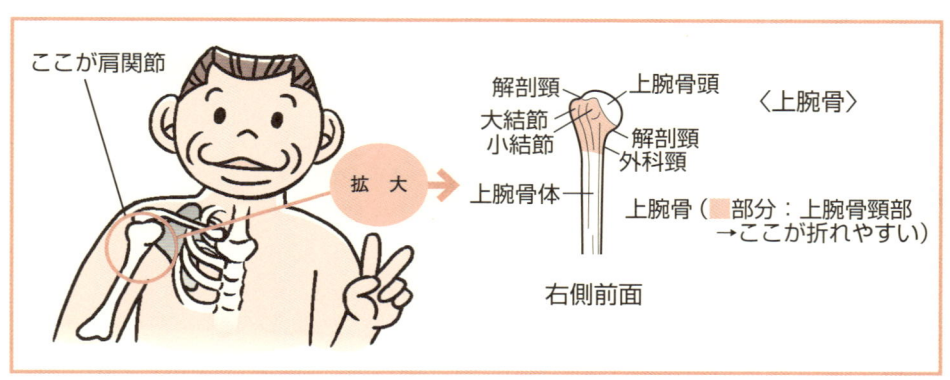

図①●どこが折れるのか

2. 骨折

「腕全体のリハビリ」を意識して，三角巾をしていても肘，指，手首はよく動かすように心がける．

図②●三角巾固定は3〜6週間くらい

「ゆらゆら」「ぶらぶら」というイメージで動かし始める．前かがみになり，健側の手を椅子や机につき，骨折した腕を図のように前後・左右に動かしたり，あるいは円を描くように回す．座ってやっても，寝てやってもよい．

図③●肩ほぐし体操

図④●手が後頸部（うなじ）に届くようになればこのリハビリは卒業

7　2度と骨折しないためには

ワンポイント

Point
- 第1に，転ばないこと（骨折の約8割は転倒が原因）
- 第2に，骨を強くすること（骨粗鬆症に勝つ）

　お年寄りが自宅で転ぶきっかけを調査したところ，第1位が「つまずいた」，第2位が「すべった」ということでした（図①，②）．足腰が弱り始めるお年寄りが，そのようにならないためには，まず家の段差をなくすことが大切です．それと同時に転ばないために「歩く」「またぐ」「登っておりる」ための足腰の強さをつける必要があります．

　太ももの筋肉（大腿四頭筋）を鍛えると，膝が安定し，階段の移動が楽になります．また，ふくらはぎの筋肉（下腿三頭筋）を鍛えることによって，足を蹴り出す力が強くなり，一歩の幅が増え，つまずきにくくなります．

　在宅の患者さんは，ほぼ全員が骨粗鬆症であると考えてよいので，骨をより強くする必要もあります．

　では，どうすれば骨は鍛えられるのでしょうか？

　一般的には①運動，②食事（カルシウムを摂る），③日光浴が骨を鍛える3原則といわれています．

　高齢になっても，とくに女性の場合は運動により，骨粗鬆症に伴う骨折の発生

図①●骨折のきっかけ例
- しきいの段差につまずいた
- 床にあった新聞・折り込み広告などですべった
- 布団・座布団・こたつ布団などにつまずいた
- 風呂場ですべった

図②●高齢者の転倒場所
- 室内廊下 23%
- 寝室 14%
- 屋内その他 13%
- 歩道 13%
- 居間 12%
- トイレ 9%
- 玄関 5%
- 野外その他 5%
- 乗物 3%
- 庭 3%

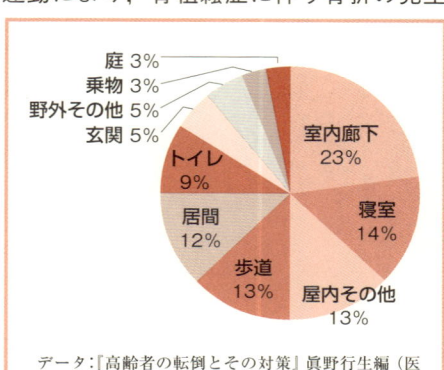

データ：『高齢者の転倒とその対策』眞野行生編（医歯薬出版・1999年）

2. 骨折

を確実に減らす効果があるとアメリカスポーツ医学会は公式見解（1995年）を出しています．

● 骨粗鬆症と運動についてのアメリカスポーツ医学会の公式見解（1995年）

　高齢の女性にとって，身近な運動プログラムは，筋力・柔軟性・協調性を向上させること，それにより，転倒しにくくなり，骨粗鬆症に伴う骨折の発生を間接的ではあるが確実に減らす効果があると考えられる．

太ももの筋肉
（大腿四頭筋）

ふくらはぎの筋肉
（下腿三頭筋）

↓

これを鍛えれば転倒，骨折は減らせる

薬物治療
基礎治療　①運動，②食事，③日光浴

（基礎治療の上に薬物治療がある）

図③● 骨を強くするには

Ⅴ ● 疾患に応じたリハビリのポイント

3. 変形性膝関節症

1　変形性膝関節症とは？

　みなさんは，人間が一生のうちで地球5周分もの距離を歩くということをご存じでしょうか？　しかも脚には，一歩踏み出すのに体重の3～4倍，階段の昇降では6～7倍もの負担がかかるのです．そうなると，いろいろなひずみが体に生じてしまうのは仕方ないことかもしれません．そのひずみによって起こる痛みのなかで，膝の軟骨がすり減ったことによって起こるものが「変形性膝関節症」です．

原因　膝の骨は軟骨という厚さ3～4mmの軟らかい骨で覆われていて，それがクッションのような役割をしています．ところが，年齢とともに膝を支える筋力が低下し，関節にガタがでると軟骨が次第にすり減ってきます．それにより，痛みが出てくる病態が「変形性膝関節症」です．

病状　はじめのうちは，朝起きたときの「膝のこわばり」や階段を降りるときの痛み程度ですが，進行すると，平地を歩いても痛くなります．膝に水がたまることもあり，動き自体も拘縮のため制限されてきます．

　痛みのため活動の世界が小さくなり，痛みと相まって，精神的にも抑うつ的な「孤独な老人」になってしまい，ついには寝たきりになってしまう場合もあります．

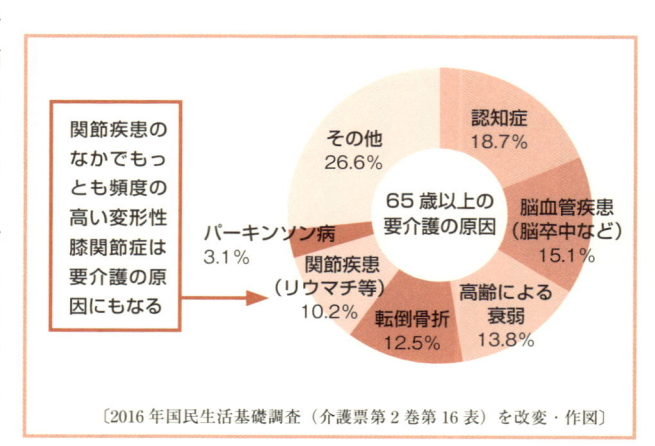

関節疾患のなかでもっとも頻度の高い変形性膝関節症は要介護の原因にもなる

65歳以上の要介護の原因
- その他 26.6%
- 認知症 18.7%
- 脳血管疾患（脳卒中など） 15.1%
- 高齢による衰弱 13.8%
- 転倒骨折 12.5%
- 関節疾患（リウマチ等） 10.2%
- パーキンソン病 3.1%

〔2016年国民生活基礎調査（介護票第2巻第16表）を改変・作図〕

● 変形性膝関節症とは

膝の軟骨がすり減ることにより痛みが出る病気．痛みが少しずつ増して，動けなくなり，徐々に寝たきりになってしまうこともある．

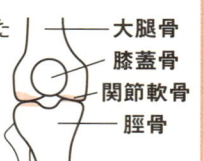

初期：起床時に，膝のこわばりがある．正座時やしゃがむときに痛む
中期：平地を歩くときにも痛みを感じる
末期：寝たきり

軟骨がすり減った膝関節
- 大腿骨
- 膝蓋骨
- 関節軟骨
- 脛骨

3. 変形性膝関節症

2　治療の3本柱

ワンポイント

Point
- 治療の3本柱とは
  ① 薬物療法（まず薬で痛みを抑える）
  ② 運動療法（筋力トレーニングで膝を安定させ，炎症をとる）
  ③ 物理療法（膝を温めることが中心になる）
  「自分の膝は自分で治す」という意識が大切

　痛みがつらく，激しいときは，まず痛み止めの薬で痛みをとり，炎症を抑えることが大切です（薬物療法）．膝に熱感や腫れがあるときなどは，とくに有効です．現在では安全でよく効く痛み止めがたくさんあります．しかし，いくつかの副作用もあります．いちばん多い副作用は，胃腸障害です．胃腸の弱い人は，胃腸薬も合わせて処方してもらうと安全です．

　また長く飲み続けた場合には腎臓や肝臓に影響が出る場合もあります．そもそも痛み止めの薬というものは，いつまでも，だらだらと飲み続けるものではありません．必要なときに，必要な量だけ飲むというのが上手な薬の使い方です．痛みの強い急性期には飲み薬を使い，慢性期にはなるべくぬり薬や湿布などの外用薬を使用するのが理想的です．

　変形性膝関節症の治療において，私がもっとも訴えたいことは，2本目の柱，運動療法，とくに大腿四頭筋訓練の効能です．「膝が痛いのに筋肉トレーニングなどとんでもない」と思われる方もいらっしゃるかもしれませんが，日本整形外科学会がまとめた多施設調査において，大腿四頭筋訓練の除痛効果は，痛み止めの飲み薬に匹敵するという結果が出ています．

　大腿四頭筋訓練の効能はおもに2つあります．

　1つめは筋力アップにより，膝を安定させ，症状の進行をくい止めること．2つめは膝に力を入れることにより，関節液の循環をよくし，新陳代謝を活発にし，腫れや炎症を改善させることです．また，3本目の柱，物理療法も有効です．自宅では膝を温めることが中心となります．

　これらの治療の3本柱を組み合わせることにより「痛いから→動かない→動けなくなる→寝たきり」の悪循環を「痛みを抑えて→動く→動けるようになる→楽しい人生」の好循環に変えていきましょう（図）．

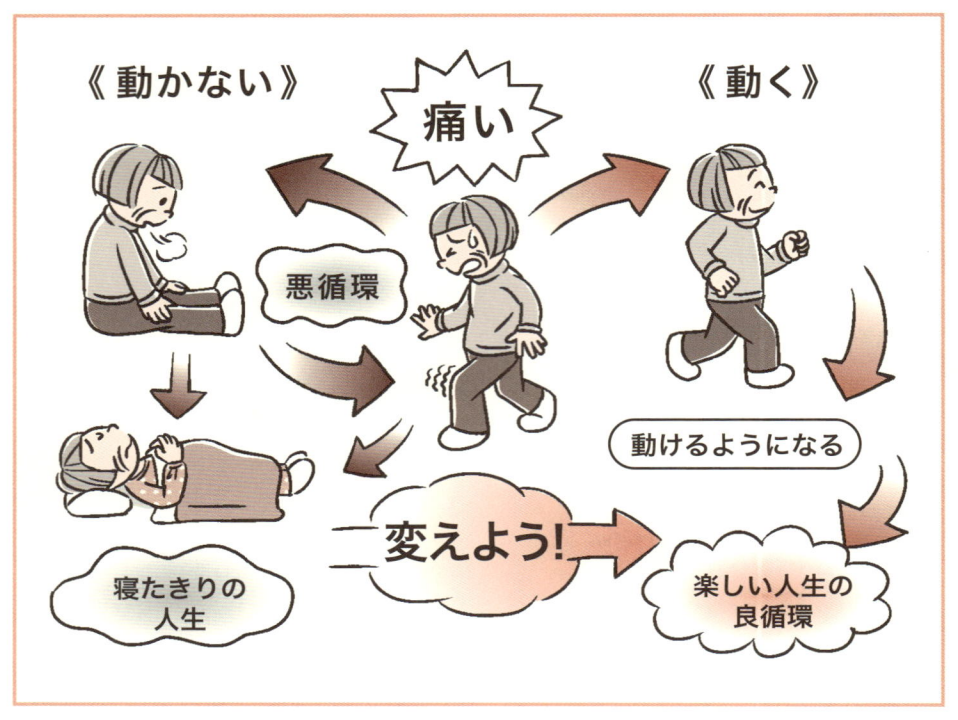

V ● 疾患に応じたリハビリのポイント

図●寝たきりの悪循環

3　運動療法

運動療法で痛みをとる

　膝が痛いと，歩く，動く，という動作をしなくなります．そのため，膝の周囲の筋肉，軟骨，靱帯，骨が少しずつ萎縮して弱くなり，そのため痛みが増強してしまいます．このような悪循環から脱出するために運動療法をおすすめします．ここでは，とくに簡単で最も効果のある，大腿四頭筋訓練をご紹介します．

大腿四頭筋とは……

　①大腿直筋，②外側広筋，③中間広筋，④内側広筋の4つの筋肉の集合体で，太ももの前面を形成する強大な筋肉です（**図①**）．大腿四頭筋は，膝を伸ばすことによって鍛えられます（**図②**）．

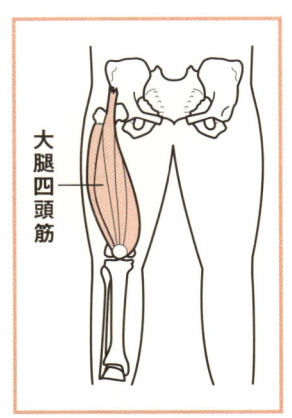

図①●大腿四頭筋

図②●膝を伸ばすための筋肉

V ● 疾患に応じたリハビリのポイント

■大腿四頭筋訓練

(1) 足上げ体操：大腿四頭筋と腹筋が鍛えられる

図③のⓐ～ⓒを5回くりかえします．膝に痛みのある足だけでなく，ⓓのように両足ともやりましょう．慣れてきて，5回が簡単にこなせるようになったら，10回，20回と回数を増やしてやってもらうようにしてください．

ⓐ仰向けに寝て片方の膝を直角以上に曲げる．もう片方の足を，膝を伸ばしたまま，床から10cmのところまでゆっくり上げる

直角以上に曲げる　ゆっくり上げる
膝は伸ばしたまま

ⓑ床から10cmのところで，5秒間足をとめ，なるべくつま先を頭のほうへ反らすと効果的（赤矢印）．このとき，大腿四頭筋に力が入る．

つま先を頭のほうへ反らすと効果的
10cm

ⓒ息を「ふー」と吐きながらゆっくり足をおろす．
床に足がついたら，5秒間休む．ⓐ～ⓒを5回くりかえす．

ⓓ足を交替してⓐ～ⓒを5回くりかえす．

10cm

図③●足上げ体操

3. 変形性膝関節症

(2) 座って足上げ体操：腰が痛い人に有効

　座位保持が可能な人や，寝て行うと腰が痛むという人には，いすでの足上げ体操をすすめてください．

　まずいすに浅く腰掛けてもらいます（深く腰掛けると，膝がブラブラ動いてしまうため，膝に痛みが出てしまう）．

　つぎに前かがみになり（ふんぞりかえると腰を痛める），椅子のふちに両手をつき，体を支えます．この姿勢をとることでより腰への負担を軽減することができます．

　図④のⓐ〜ⓒを5回くりかえします．

　足を上げるときに，なるべくつま先を反らす（背屈させる）ように意識してもらうと膝が伸び，効果的です．膝をブラブラさせるのではなく，太ももの付け根を上手に動かすイメージで足を上げてもらい，慣れてきたら回数を少しずつ増やしていきましょう．

ⓐ姿勢は前かがみで，浅く腰掛ける．
　つま先を反らせ，膝を伸ばす．
　高めのいすを使ってふちに手を掛けると，腰への負担が軽減できる．

ⓑかかとを床から10cmの位置まで上げ，5秒間そのままでいる．前かがみで，なるべくつま先を反らす．このとき，大腿四頭筋に力が入る．

ⓒ足を下ろし，5秒休む．ⓐ〜ⓒを5回くりかえしてから，足を替えてⓐ〜ⓒを5回くりかえす．

図④●座って足上げ体操

Ⅴ ● 疾患に応じたリハビリのポイント

(3) 足踏み体操

　「少し自信がついてきた」「痛いけど歩きたい」という方には，テーブルなどに手をついて，体重を分散させて膝への負担を軽減させながら行う足踏み体操をすすめます．

　最初はゆっくりとかかとを浮かす程度でかまいません．膝の調子と相談しながら，少しずつ膝を持ち上げ，足踏みをしてもらいましょう．

　運動を継続し，習慣化するためには，「安全」「効果的」「楽しい」運動が好ましいのです．そこで提案したいのが「好きな歌を歌いながら足踏み体操」です．これだと１曲だいたい１〜２分として，運動量としてもぴったりです．ぜひ試してみてください（**図⑤**）．

図⑤●足踏み体操

3. 変形性膝関節症

（4）タオル押しつけ体操（いわゆる大腿四頭筋セッティング）

　在宅患者さんのなかには足踏みはおろか，座位保持も困難な方がいらっしゃいます．そのような方には，このタオル押しつけ体操が実用的です．

　膝の下にタオルを丸めて入れ，タオルを膝裏で5秒間押しつけます．力を抜いて5秒間休憩したら，また膝裏でタオルを押しつけます．

　この体操を5回くりかえしてみましょう．リハビリスタッフは，きちんと力が入れられているかどうか，膝の上に手を置いて，応援してあげましょう（**図⑥**）．

大腿四頭筋（膝伸筋）のセッティング

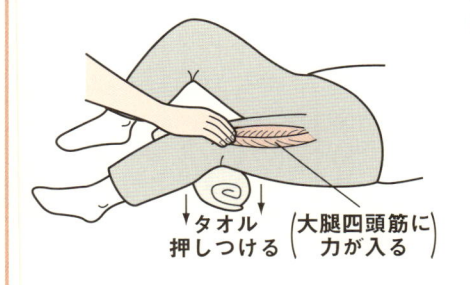

タオル押しつける

大腿四頭筋に力が入る

タオルの代わりにリハビリスタッフの握りこぶしを押してもらうのも，スキンシップにつながり，よい方法です．

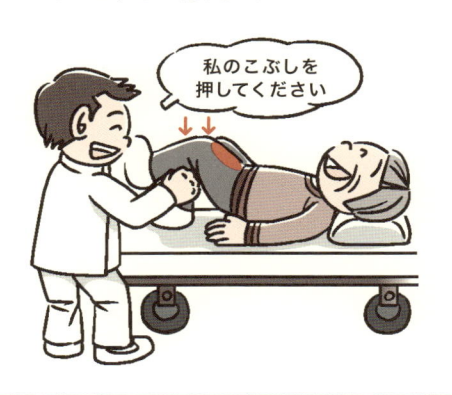

私のこぶしを押してください

図⑥●タオル押しつけ体操

V ● 疾患に応じたリハビリのポイント

4　物理療法

　物理療法とは，温熱，寒冷，水，電流などを利用して行う治療法のことです．お年寄りから，膝や腰が痛くて病院で電気をかけたり，温めたりしている，という話をよく聞きます．まさにその「電気をかけたり，温めたり」が物理療法です．

　実は，物理療法はなにも病院に行かなくても，工夫次第で自宅でも簡単にできます．そして変形性膝関節症によく効くのです．

　在宅での物理療法は「膝を温める」ことが中心になります．もっとも効率がよいのが入浴です．湯の温度は熱くてもぬるくても効果は同じなので，好みの温度でよいでしょう．入浴は，病院で行っている電気や赤外線やレーザー治療とほぼ同じ原理で，それらと同等の効果があります．もし可能なら，朝晩の1日2回入浴することをすすめます．

　入浴が頻回にできない場合，温かいタオルで温める方法もあります．これはとても簡単な方法なので，ぜひためしてください．

● お風呂のなかでストレッチ

・変形性膝関節症では，膝を温めることを心がける．もっとも効率がよいのは入浴
・お風呂の中で膝を曲げ伸ばししてストレッチをすると，膝の拘縮も予防できて一石二鳥

・タオルをお湯でぬらし，よく絞ってから膝にあてる
・水でぬらしたタオルをビニール袋に入れ，電子レンジで温めてもよい
・約5〜10分間あてる
・タオルが冷えきってしまうと膝も冷えるので，効果が少なくなってしまう
・やけどに注意する．まず在宅スタッフは自分で熱さを最初にためしてみよう

● 温めたタオルを膝に当てる

温かさを長持ちさせるには，温めたタオルの上から患部をラップやポリ袋，アルミ箔でおおうとよい

冷えてきたらタオルを取り替える．やけどに気をつけて

3. 変形性膝関節症

◎サポーターで膝を温める，支える

　サポーターには2つの働きがあります．1つは，膝を温める働きです．最近では，カイロを内蔵できるサポーターも市販されています．2つめは，膝を支える働きです．しかし，本当の意味で膝を支えるためには，サポーターの両わきに金属を入れたり，強力なマジックテープを何重にも巻かなければなりません．そのようなサポーターは，全体的にごつごつしていて，つけ心地がよくありません．そのため，せっかく高いお金を出して入手したにもかかわらず，実際は使っていないという人がとても多いのです．変形性膝関節症においては，ガッチリした立派なサポーターは必要ありません．ふつうのやわらかいサポーターでも「膝がしっかりしたような気がする」と感じていただける場合がほとんどです．

　以上より，サポーターはつけ心地のよい，やわらかい素材のものをすすめます．

　ぬり薬をぬったり，湿布をはったりしたところをカバーするようにサポーターをしてみるのもよいでしょう．さらにその上から，低温やけどに注意しながらカイロを当ててみるのも相乗効果が期待できます．

◎温めたほうがよいか？　冷やしたほうがよいか？

　とてもポピュラーな，よくある質問です．一般的な使い分けの基本は，膝に熱感があったり腫れている場合は冷やし，熱感や腫れがない場合には温めるということになります．ここで強調したいことは，「熱感や腫れがない痛みは冷やさない」ということです．このような場合はむやみに冷やすと痛みが悪化することがあります．在宅の現場で，判断に迷った場合は「まず膝を触ってみる」ことが大切で，それにより熱感の有無がわかります．

　両膝を触って左右差を比べるとたいていわかります．膝の腫れを見分けるには，膝をしっかり伸ばし，左右差を比べます．腫れている方の膝は大きく見えるはずです．膝に水がたまっているかどうかを見分けるには，少しテクニックを要しますが，慣れれば簡単です．まず，ⓐ膝の上部をおさえ，膝全体の水を膝蓋骨（お皿）の下に集めます．次に，ⓑ膝蓋骨を上から少し強めにリズミカルに3，4回押します．そのとき，骨と骨（大腿骨と膝蓋骨）がトントンとぶつかり合う感触があれば水がたまっています（膝の水とは本当の水ではなく，関節液です）．

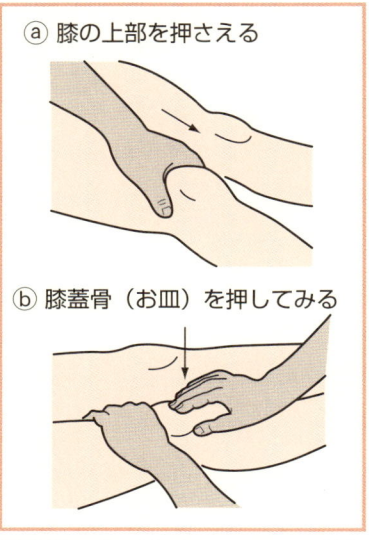

ⓐ 膝の上部を押さえる

ⓑ 膝蓋骨（お皿）を押してみる

図●膝に水がたまっているかどうかの見分け方

V ● 疾患に応じたリハビリのポイント

4. 変形性腰椎症

1　いわゆる老化による腰痛

　腰痛は，自覚症状として，頻度の高い症状です（図①）．そして，高齢になるほど増加する傾向があります（図②）．つまり多くのお年寄りが腰痛持ちなのです．

　腰痛の原因はさまざまで，時々，癌の腰椎転移や，腫瘍，血液の病気（骨髄腫），感染（脊椎炎）などが認められることがありますので，レントゲン（X線検査）等で正確な診断をする必要があります．とはいっても老化によって起こる腰痛の原因は，ほとんどが良性疾患で，その代表的なものが「変形性腰椎症」，つまり，老化現象によって背骨，腰骨が変形したために起こる痛みです．

　変形性腰椎症は，朝起きたときの動きはじめの痛みが特徴です．また長時間同じ姿勢を続けたときなども痛みが出やすくなります．このような症状が，よくなったりぶり返したりしながら，数年間かけて少しずつ変形が進んでいきます．

　また高齢になるにつれ，骨がもろくなる骨粗鬆症も合併し，腰椎圧迫骨折を生じたり，変形により神経（脊髄）を圧迫し，坐骨神経痛を生じたりする場合もあります．

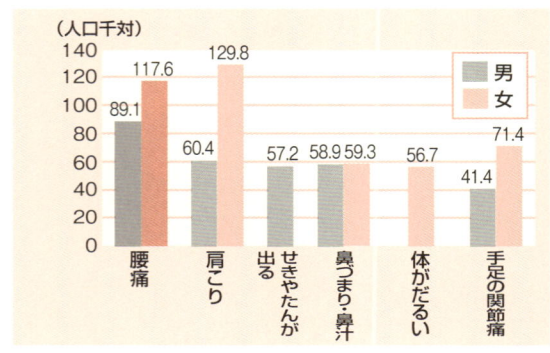

図①●腰痛の有訴者率は1位（男），2位（女）
　　　性別有訴者率の上位5症状
国民生活基礎調査2010年

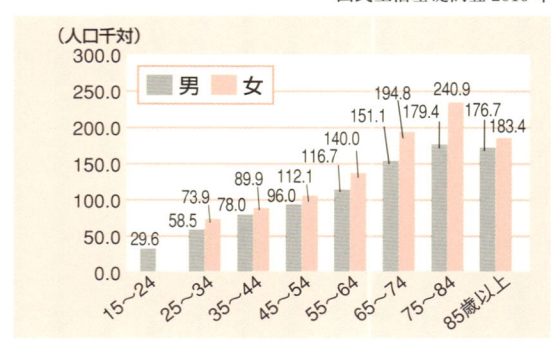

図②●高齢になるほど腰痛持ち
　　　性・年齢階級別にみた腰痛の有訴者率
国民生活基礎調査2004年

> 老化による腰痛の原因の代表格が「変形性腰椎症」．高齢になるにつれ骨粗鬆症を合併し，腰椎圧迫骨折を生じたり，神経を圧迫し，坐骨神経痛を生じるときがある

4. 変形性腰椎症

2　在宅リハビリの考え方

　腰痛に対する一般的なリハビリの考え方は，体を腹側から支えている腹筋と，背側から支えている背筋を鍛えて，筋力で体を支えようというものです．つまり「腰痛のリハビリ」イコール「腹筋と背筋を鍛える」ということになります．いわゆる腰痛体操です（**図①**）．

　しかし，要介護度の重い在宅リハビリの現場で，実際に腹筋や背筋を鍛えてくれるお年寄りがいるでしょうか？（**図②**）　私はそのような患者さんを見たことがありません．たとえば変形性膝関節症における大腿四頭筋訓練の場合は，お年寄りの負担感も少なく，効果も出やすいので，かなりやっていただけます．

　しかし，腰痛体操は負担感が大きいばかりでなく，体を支えられるほどの筋力が在宅でのトレーニングで獲得できるとは思えず，あまりにも理論と現実のギャップがありすぎます．在宅の現場では，腹筋，背筋のトレーニングは現実的ではないのです．

　ではどうするか．やはり少しでも廃用症候群となるのを防ぐために，必要に応じて痛み止めの薬やブロック注射，湿布やコルセットなどを利用して痛みを軽減させ，座位や立位を可能とし，昼間の臥床を避けるよう「生活指導」をするべきと考えています．

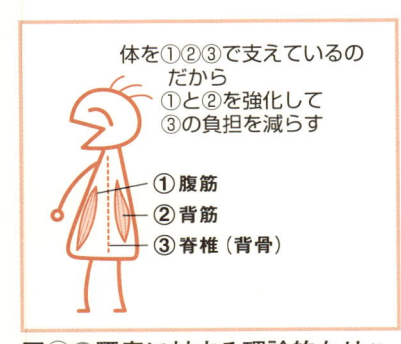

図①●腰痛に対する理論的なリハビリの考え方

図②●在宅の現場では……

> **在宅リハビリの現場では腰痛体操は不能**

では実際どうするのか？

> **痛みを軽減させ，安心させ，昼間は離床を促す生活指導が大切**

V ● 疾患に応じたリハビリのポイント

3　リハビリの実際①　温熱療法

　腰痛に対する在宅リハビリは，離床を促す生活指導だと前頁で述べましたが．在宅スタッフとしては，やっぱり何かしてあげたくなる気持ちが湧いてくることでしょう．
　そこでおすすめなのが，温熱療法です．慢性期の痛みは，温めることによって筋肉の緊張がほぐれ，血液の循環が改善され，発痛物質を散らしてくれるのです．
　この温熱療法は，病院に行かずとも工夫すれば自宅でほぼ同様の効果が得られます．一般に腰痛では，赤外線のような乾性の熱よりも，湿熱（湿気を伴った熱）で温めるほうが，体の深部まで温まり，効果的です．
　まず，蒸しタオルを作ります（図①）．濡れたタオルを軽くしぼってビニール袋などに入れ，電子レンジで約1分ぐらい温めます．それを直接，皮膚に当てるのでは熱すぎるのでビニール袋ごと乾いたタオルで包むと，在宅ホットパックのでき上がりです．
　できたてホヤホヤのホットパックを，患者さんに楽な姿勢になってもらい，腰に5～10分当ててあげましょう（図②）．このような手作りの治療には，病院での事務的な温熱療法にはない，心も温める力があります．そのあとに座位や離床を促し，心と体の廃用を防止し，ADL向上につながる日常動作訓練などのリハビリにつなげるとよいでしょう．

慢性の腰痛には温熱療法が有効
湿熱（湿気を伴った熱）が効果的

図①●蒸しタオルのつくり方
- 濡らしたタオルを軽くしぼる
- ビニール袋などに入れ，電子レンジへ
- 1分ほど温める
- 袋に入れたまま乾いたタオルで包む

図②●蒸しタオル（側臥位でいるときは大きめのタオルがよい）
図①の蒸しタオルを5～10分間腰に当ててあげよう

4. 変形性腰椎症

3　リハビリの実際②　腰背筋のストレッチ

　温熱療法のほかにも，実際的なリハビリとして，腰背筋のストレッチがあります．

　在宅リハビリでは介護度の重い患者さんが多く，そのような方は活動性が低く，長時間同一姿勢をとりがちです．そのため腰や背中の筋肉に血液がうっ滞し，こりを訴えられる方が多くいらっしゃいます．そのような場合は，ストレッチが効果的です（図①）．腰の曲がり具合により多少枕の高さを調整してやってみてください．「腰から背中が伸びて気持ちいい」と思っていただけるようにやることがポイントです．

　「体は心をあらわす」という言葉どおり，腰の曲がりや痛みは，骨粗鬆症や変形性腰椎症などのいわゆる老化に伴う病気という要因だけでなく，心や意欲も大きな要因となります（図②）．とくに医療系のリハビリスタッフは病気にばかり目がいきがちですが，在宅の現場ではむしろ心の要因のほうが大きいのではないかと思えることがしばしばあります．なかなかむずかしいことなのですが，在宅リハビリでは全人的視点で人をみる習慣を身につけていきたいものです．

①仰向けに寝た状態から，10秒かけて両膝を胸のほうに引き寄せる．

②両膝をかかえ，胸に近づけ，腰や背中が伸びて気持ちいいところで10秒間そのままでいる．

③両膝を5秒くらいかけて下ろし，膝を立てて10秒保持し，両足を伸ばして①の状態に戻る．

④①〜③を3回ほどくりかえす．腰や背中が伸びて気持ちいいと感じてもらえばよい．

図①●腰背筋のストレッチ

悲しければ
首はうなだれ，背や腰が前かがみになって心身双方に悪影響

元気がよければ
顔はまっすぐ，背筋や腰はピンとし，下腹にも力が入る

腰の曲がりや痛みは，心や意欲も大きな要因．病気だけでなく全人的視点でみよう

図②●体は心をあらわし，心は体をあらわす

V ● 疾患に応じたリハビリのポイント

5. リウマチ

1 リウマチとは

リウマチとはどんな病気でしょう？　ヘルパーさんたちに聞いてみました．
「体じゅうが痛くなる病気」「冬にお年寄りに起こる神経痛」「なかなか治らない恐ろしい難病」「寝たきりになりやすい病気」などなどさまざまな回答が集まりました．
そもそも「リウマチ」という言葉はギリシア語で「流れる」という意味です．全身にわるい液が流れて，痛い所が流れるようにあちこちに移動すると昔の人が考えたため，リウマチといわれるようになったとされています．
現代医学でリウマチをひとことで説明すると「原因不明の，多発性の，慢性の関節炎」ということになります．痛みやこわばりが手や足などの，体の中心から遠い関節から始まり，徐々に膝や肘，肩や股などの大きな関節に広がっていき，関節の破壊が進行すると，変形や痛みのため要介護になってしまうこともあるという病気です（図①）．
この病気は全国に約70万人いるといわれ，圧倒的に女性に多く，患者さんの8割が女性です．発症年齢のピークは，40代の働きざかりなのですが（図②），平均寿命の延びとともに，患者さんの高齢化が進み，患者数の年齢分布は60歳以上が最も多くなっており，お年寄りのリウマチ患者さんが急増しています（図③）．
一般的に考えて，高齢になるほどリウマチの罹患期間が長くなるわけですから，障害の程度が進行しています．さらにこれから年月を重ねるにしたがって障害が重くなっていくので，将来に不安をもっている患者さんが多いことがお年寄りのリウマチ患者さんの特徴です（図④）．

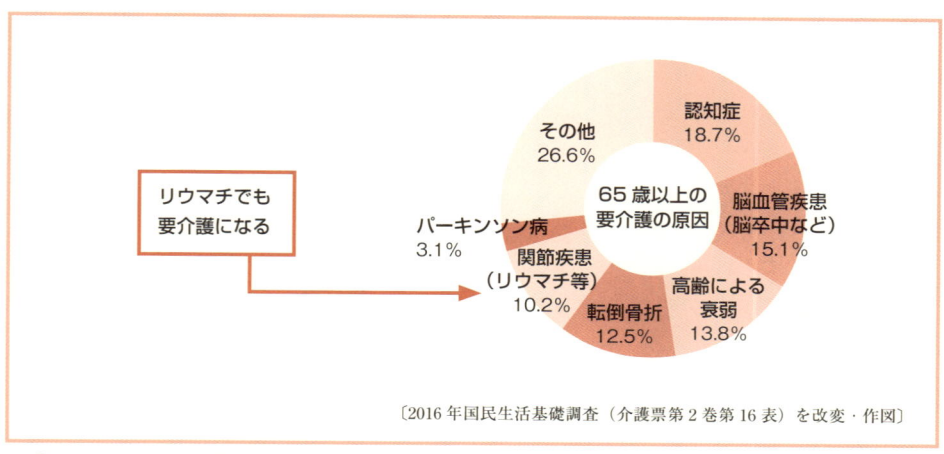

〔2016年国民生活基礎調査（介護票第2巻第16表）を改変・作図〕

図①●リウマチも要介護の原因

5. リウマチ

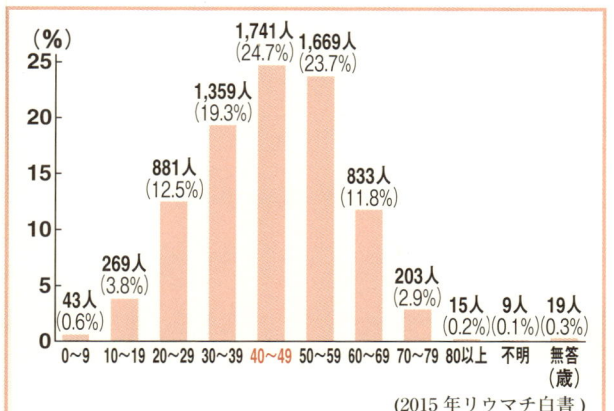

図②●　リウマチと診断された年齢
発症年齢は40代が多いが……

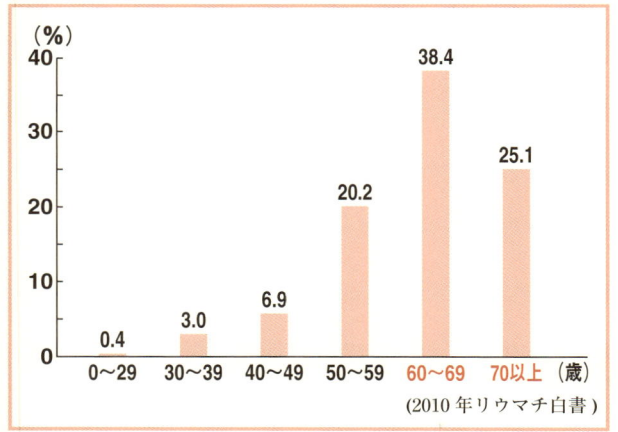

(2015年リウマチ白書)

- 0〜9: 43人 (0.6%)
- 10〜19: 269人 (3.8%)
- 20〜29: 881人 (12.5%)
- 30〜39: 1,359人 (19.3%)
- 40〜49: 1,741人 (24.7%)
- 50〜59: 1,669人 (23.7%)
- 60〜69: 833人 (11.8%)
- 70〜79: 203人 (2.9%)
- 80以上: 15人 (0.2%)
- 不明: 9人 (0.1%)
- 無答: 19人 (0.3%)

図③●　患者さんの年齢
患者数の年齢分布はお年寄りが多い

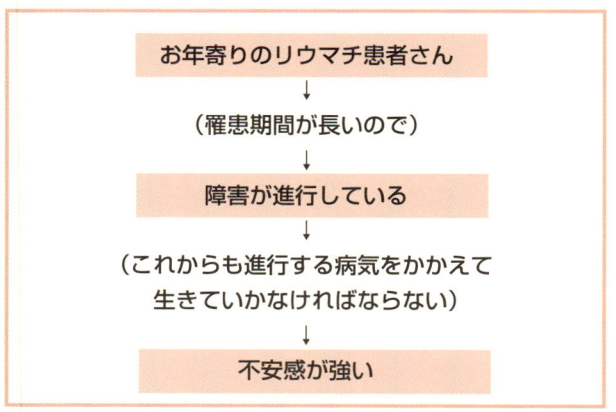

(2010年リウマチ白書)

- 0〜29: 0.4
- 30〜39: 3.0
- 40〜49: 6.9
- 50〜59: 20.2
- 60〜69: 38.4
- 70以上: 25.1

お年寄りのリウマチ患者さん
↓
（罹患期間が長いので）
↓
障害が進行している
↓
（これからも進行する病気をかかえて生きていかなければならない）
↓
不安感が強い

図④●　お年寄りのリウマチ患者さんは不安感が強い

V ● 疾患に応じたリハビリのポイント

2　3つのタイプ

　いざリウマチ患者さんのリハビリに関わってみると，前回は調子よく楽しくできたのに，今日は調子がわるく機嫌がわるい等々，その症状と気分の変化に戸惑うことがあると思います．
　では，リウマチの経過のパターンを大きく3つに分けてみましょう（**図**）．
①単周期型……わるい症状が一定期間（1～2年のことが多い）続くが，その後は症状がなくなってしまう．いわゆる「治るリウマチ」．全体の約1割がこのタイプ．
②多周期型……症状がよくなったり，わるくなったりしながら，結局は少しずつ進行していく．全体の約7～8割がこのタイプ．

①単周期型
何もしなくても勝手に症状が消えてしまう「治るリウマチ」．全体の約1割

②多周期型
よい，わるいの症状をくりかえしながら，少しずつ症状が進行していく．全体の約7～8割

③急性悪化型
症状の進行が速くどんどん進行する．全体の約1～2割

実際に在宅リハビリを行うのは②のタイプのみ．つまり「症状にゆらぎ」があるタイプなので日によって調子がよかったりわるかったりする．

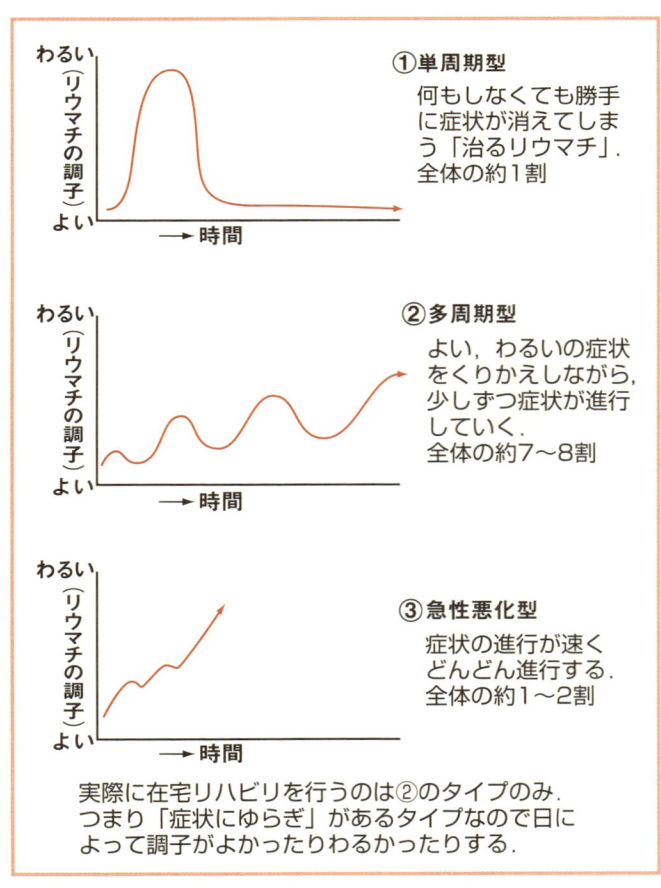

図●リウマチの経過からみた3つのタイプ

③急性悪化型…症状の進行が速く，よい時期もない．いろいろな治療も効果がなく，どんどん進行する．内臓の病気も合併しやすく，寿命も短い場合が多い．全体の約1〜2割がこのタイプ．

以上3つのパターンのうち，①は症状がなくなってしまうので，在宅でのリハビリは必要ありません，③は入院している場合が多く，在宅リハビリの機会はあまりありません．結局，リウマチの在宅リハビリの対象は②のタイプのみということになります．

つまり在宅リハビリの適応者は，もともと症状がよい，わるいを繰り返すタイプなので，時期によって調子がよかったり，わるかったりの変調があるのは当然なのです．在宅スタッフは，「リウマチはもともと症状にゆらぎがあるもの」ということを念頭において，患者さんに接する必要があります．

コラム　根拠のない健康食品をすすめないで

週刊誌などで，よく「リウマチが治った」という見出しで，特定の食べ物や健康食品を紹介している記事を見受けます．

はたして本当でしょうか？　医学的には，リウマチという病気はリウマチの薬によって症状が寛解する（落ちつく）ことがあっても，治ることはありません（①のタイプは除く）．

おそらく「治った」というリウマチは，もともと何もしなくても治る①のタイプのリウマチか，そもそも診断自体間違っている場合が多いのではないでしょうか．

熱心な在宅スタッフがその良心のもと，「知り合いがこれで治った」といって健康食品をすすめていたことがありました．患者さん自身が嗜好品として愛用しているものにあれこれ口をはさむつもりはありませんが，在宅スタッフが根拠のない健康食品をすすめることはやめましょう．

V ● 疾患に応じたリハビリのポイント

3　リウマチ患者さんは賢い

「○○大学の△△教授に手術をしてもらった」「□□という薬で皮疹が出たので☆☆という薬にかえたが、副作用がこわいので検査してほしい」等々……リウマチ患者さんの診療をしていると、そんな話がぽんぽん出てきます。はたまた「インターネットで◇◇という薬を調べたんだけどどう思うか」などとご家族から相談されたら、「まだ日本で認可されていない薬なのでわかりません……」と完全に降参です．

このように、リウマチ患者さんの知識は、ときに医療者を上回っていることがあります．訪問看護師や在宅リハビリスタッフもリウマチ患者さんとの応対を苦手としていたり、閉口したりしたことがあるのではないでしょうか．そんな悩みを解消するために、患者会の入会をすすめてみるという方法があります．

「公益社団法人日本リウマチ友の会」は日本最大級の患者の会で、患者、専門医をおもな会員とし、会員数は2万人超で、40年以上の歴史をもつ非常に質の高い会です．会員になると、

①機関誌『流』が定期的に自宅へ送られてきて、リウマチ患者さんの体験談や専門医による治療の説明、最新治療の紹介、リハビリの方法などを知ることができます．
②自助具の購入（右図）もできるなどの数々の特典があります．

●リウマチ患者さんは賢い

●患者の会の入会をすすめてみる

5. リウマチ

● 日本リウマチ友の会への入会の問い合わせはこちらへ

〒 101-0035
東京都千代田区神田紺屋町6　大矢ビル2階
公益社団法人日本リウマチ友の会
月〜金曜 9：30〜16：30
電話 03-3258-6565
ファックス 03-3258-6668
ホームページ　http://www.nrat.or.jp/

● 日本リウマチ友の会では自助具の販売もしている

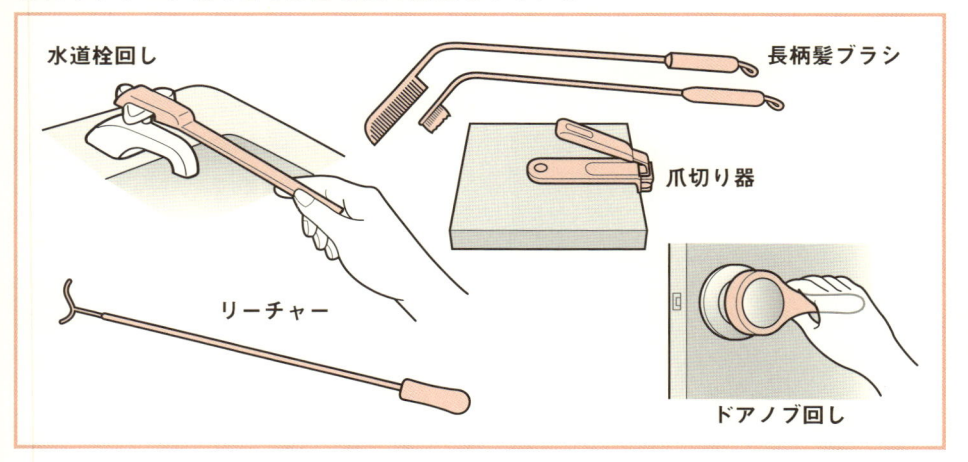

水道栓回し　　長柄髪ブラシ　　爪切り器　　リーチャー　　ドアノブ回し

　これらを紹介してあげることにより，患者さんに喜ばれ，感謝されるのであれば，これを使わない手はありません．確実に患者さんのためにもなりますので，ぜひ紹介してみてはいかがでしょうか．

4 「リウマチのリハビリ」の特徴

　「リハビリ」と一口にいっても，「リウマチのリハビリ」と「脳卒中のリハビリ」とではまったく組み立てかたが異なります．

　「脳卒中のリハビリ」は，失った機能を回復するために，一定のプログラムを組んで目標に向かって行えばよいので，患者さんのリハビリに対する理解や意欲が得られやすく，障害の程度によってリハビリメニューもおのずから決まってきます．つまり「脳卒中のリハビリ」は組み立てが簡単なのです（**図①**）．

　それに対し「リウマチのリハビリ」は，考え方も方法も簡単ではありません．リウマチは発症してすぐに障害が出てくることはあまりありません．そのため「リハビリは障害が出てから始めるもの」という先入観があると，寝たきりになるまで，リハビリが始められないのです．

　一方，リウマチは障害が強くなると，リハビリではなかなか改善しません．なるべく早期からリハビリを開始し，障害の進行を予防することが大切なのですが，これを理解してもらえないので苦労します．またリウマチの炎症の状態もよいときとわるいときがあり，どういうときにどのようなリハビリをすればよいかを明確に示すことは容易ではありません．

　つまり「リウマチのリハビリ」は組み立てがむずかしいのです（**図②**）．しかし「2000年リウマチ白書」によると多くのリウマチ患者さんが家庭でできるリハビリの指導を望んでいることがわかります（**図③**）．われわれ在宅リハビリスタッフは，たとえむずかしくても，患者さんのニーズに応えなければなりません．

　それではこれから「リウマチの在宅リハビリの実際」について学んでいきましょう．

「リウマチのリハビリの特徴」 ➡ 組み立てがむずかしい

5. リウマチ

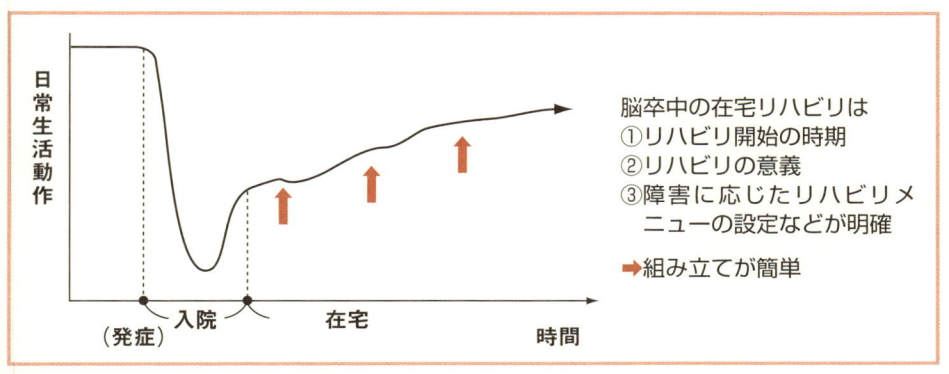

図①● 脳卒中のリハビリの場合

脳卒中の在宅リハビリは
① リハビリ開始の時期
② リハビリの意義
③ 障害に応じたリハビリメニューの設定などが明確

➡ 組み立てが簡単

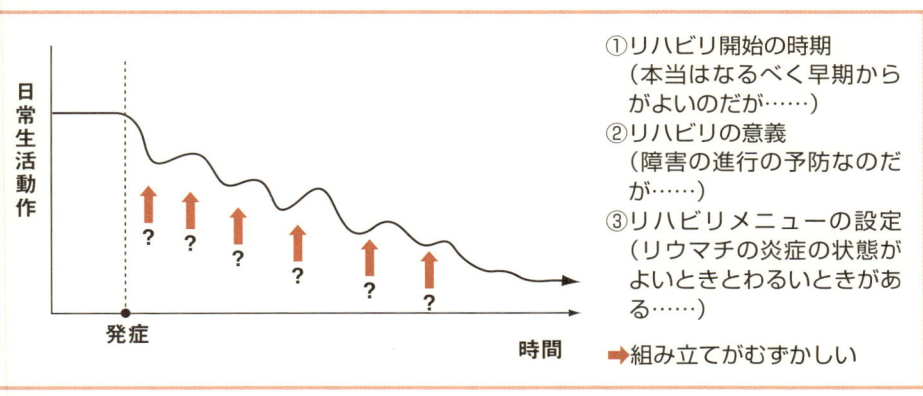

図②● リウマチの在宅リハビリ

① リハビリ開始の時期
　（本当はなるべく早期からがよいのだが……）
② リハビリの意義
　（障害の進行の予防なのだが……）
③ リハビリメニューの設定
　（リウマチの炎症の状態がよいときとわるいときがある……）

➡ 組み立てがむずかしい

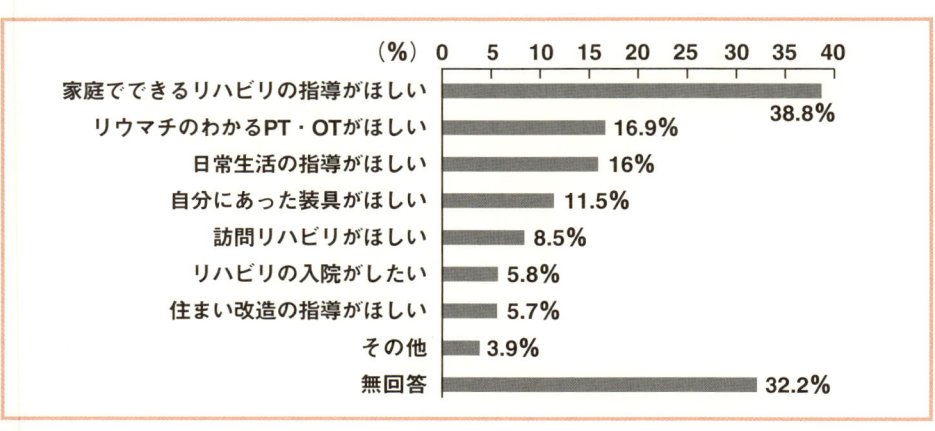

図③● リハビリの指導は切望されている

項目	%
家庭でできるリハビリの指導がほしい	38.8%
リウマチのわかるPT・OTがほしい	16.9%
日常生活の指導がほしい	16%
自分にあった装具がほしい	11.5%
訪問リハビリがほしい	8.5%
リハビリの入院がしたい	5.8%
住まい改造の指導がほしい	5.7%
その他	3.9%
無回答	32.2%

（2000年リウマチ白書「リウマチの実態」より）

V ● 疾患に応じたリハビリのポイント

5　在宅リハビリのキッカケを作る

「ペットボトルのふたを右手で開けて，左手で閉める」
みなさんはこれがなんのことかわかりますか？

これがわかる人は，リウマチの在宅リハビリのエキスパートです．このページは読む必要はありませんので飛ばしてください．おそらくほとんどの人が「？」と思っていることでしょう．このペットボトルの動作は，リウマチ特有の手の変形である尺側偏位（指と手関節が小指側に偏る．**図①**）を，日常生活でちょっと工夫することにより予防できる具体的な方法なのです（**図②**）．

日常生活で関節痛のあるリウマチ患者さんに対して，いきなり筋トレを強要しても，「人の痛みも知らないクセに」といって無視されるだけです．リウマチの在宅リハビリの導入のコツは，このように「すぐできて」「楽な」日常生活動作を教えてあげることです．このようなコツをいくつか提示することにより，「こいつはなかなかできるな」とリウマチ患者さんから思われれば，しめたものです．

図①● リウマチ特有の手の変形

図②● 在宅リハビリの成功のカギはまずキッカケ作りから
　　　「すぐできて」「楽な」日常生活動作を教えてあげよう

5. リウマチ

　賢いリウマチ患者さんは，しだいに私たち在宅リハビリスタッフの術中にはまり，心を開いてくれるようになるはずです．まずこのような人間関係を築くことが，リウマチの在宅リハビリの最大のポイントです．

　「まずキッカケを作ること」．これが成功を導き出すカギであることを心に留めておいてください．

V ● 疾患に応じたリハビリのポイント

6　少しずつ体を動かすリハビリを紹介する

　「キッカケ作り」に成功したあなたは，次に何をするべきでしょう？
　「キッカケ作り」で利用したのは，「すぐできて」「楽な」日常生活動作でした．今度は一歩進めて「すぐできて」「楽な」日常リハビリ動作を教えてあげましょう．
　私のおすすめは，入浴時にスポンジを握る，「スポンジニギニギリハビリ」です（図）．入浴中にスポンジを握って～脱力，握って～脱力，を10回程度くりかえすだけでとても簡単です．これなら毎回のリハビリの習慣づけもスムーズです．
　そしてこの「スポンジニギニギリハビリ」を紹介する過程で，次のことを説明してください．
（ⅰ）早期からのリハビリにより障害の進行が予防できること（早期リハビリの効能）
（ⅱ）リウマチの機能障害は，①筋力低下，②関節可動域の制限，③関節の変形の順に生じること（①′筋力トレーニング，②′関節可動域訓練の重要性）
（ⅲ）以前はリウマチの炎症が完全に治まってからリハビリを開始するべきといわれていたが，待っていると障害が進むので，現在はある程度炎症が治まっていれば，むしろ積極的にリハビリをする（炎症とリハビリの考え方）
　このようにリウマチのリハビリの本質的なポイントをあわせて説明してください．
　これによりリウマチのリハビリ全体のコツを伝授できます（図，表）．

「すぐできて」「楽な」日常生活動作の紹介
↓（成功したら）
「すぐできて」「楽な」日常リハビリ動作を紹介

入浴中にスポンジを握って～脱力，握って～脱力を10回程度くりかえすだけ．そのときに次の3つの本質的なポイントを説明しよう

① 早期リハビリの効能
② 筋力トレーニング，関節可動域訓練の重要性
③ 炎症とリハビリの考え方

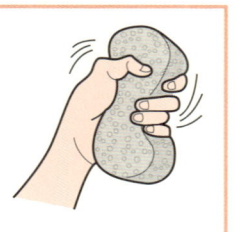

図● 「スポンジニギニギリハビリ」がおすすめ

5. リウマチ

表●スポンジニギニギリハビリはリウマチのリハビリのコツをすべて含んでいる

スポンジニギニギリハビリのコツ6箇条	⇒	リウマチリハビリのコツ6箇条
① 5〜10秒間, スポンジを思いっきり握る	⇒	①' 5〜10秒間, 筋肉を最大限に収縮させる
② 目いっぱい握り, 目いっぱい開く（ゆっくりと）	⇒	②' 関節を目いっぱい曲げ, 目いっぱい伸ばす
③ 入浴中に行う	⇒	③' 身体を温めてから行う
④ 少ない量から少しずつ回数を増やす	⇒	④' ④に同じ
⑤ 翌日に疲れが残るなら回数を減らす	⇒	⑤' ⑤に同じ
⑥ 毎日行う	⇒	⑥' ⑥に同じ

☞ **スポンジニギニギリハビリのコツを伝授することにより, リウマチのリハビリのコツがすべて伝えられる**

V ● 疾患に応じたリハビリのポイント

7 リウマチ体操

「スポンジニギニギリハビリ」により，リハビリの習慣化とコツをつかんでいただいたあとは，いよいよ，在宅リハビリの大黒柱である「リウマチ体操」を患者さんに紹介しましょう．

リウマチ体操には，①全身の関節を各方向にくまなく動かし，関節可動域を維持拡大する関節可動域訓練（**図①**）と，②手足に負荷をかけることにより，筋力の維持・増強を目的とする筋力強化訓練（**図②**）とがあります．

運動の範囲は，痛みのない範囲から徐々に広げていくようにします．ゆっくり行い，反動をつけることは厳禁です．運動量は，翌日に痛みや疲れが残らない程度が目安になります．もちろんリウマチの症状にはそれぞれ個人差があり，さまざまに状態が変化していきます．まず患者さんにあった体操を見つけてもらい，それを毎日やってもらうようにしましょう．

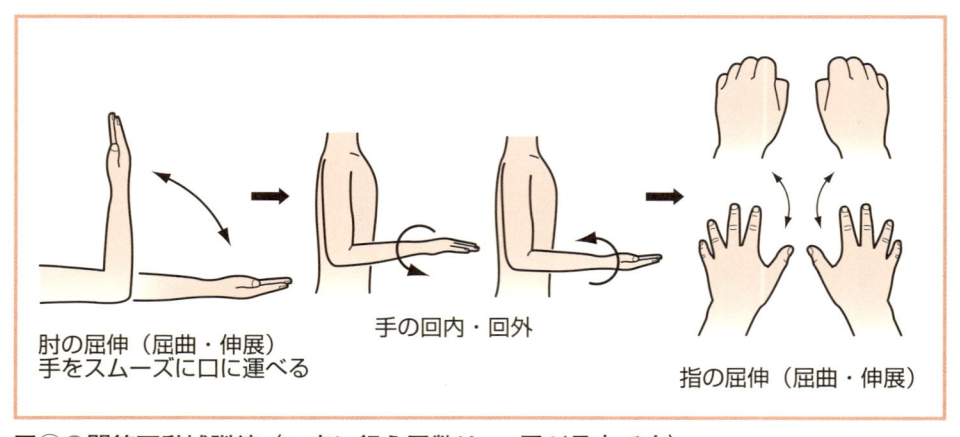

肘の屈伸（屈曲・伸展）
手をスムーズに口に運べる

手の回内・回外

指の屈伸（屈曲・伸展）

図①●関節可動域訓練（一度に行う回数は10回が目安です）

5. リウマチ

手の筋力の強化（等尺性運動）

等尺性運動：筋の長さが一定で関節運動を伴わない筋収縮運動

肘を張って合掌し，両手を押し合う

肘を張って，指を握り，手を引き合う

手首を上下に交差させ，押し合う

膝周囲の筋の等尺性運動

膝の下に丸めて置いたタオルを下方に押さえつける

太いゴムのチューブなどで輪を作り，椅子の脚と足首をそれに通し，5〜10秒脚を伸ばすように力をかけ続ける

股関節の等尺性運動

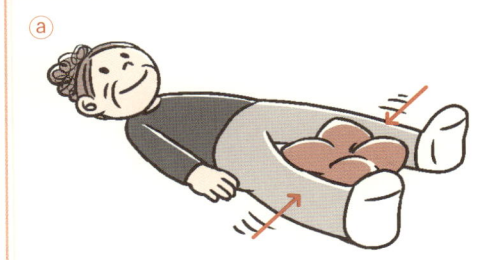

ⓐ 膝の間に入れた枕やボールをはさみつける
ⓑ 両脚に太いゴムチューブなどで作った輪をかけ，上下・左右に伸ばす

図②● 筋力強化訓練　　（前田眞治：リウマチの生活ガイド，医歯薬出版，1994より改変）

V ● 疾患に応じたリハビリのポイント

6. パーキンソン病

1 パーキンソン病とは

　パーキンソン病とは，ドーパミンという体を活発にする物質が脳内で不足することによって生じる病気です．特徴的な症状は，①固縮（筋肉がこわばる），②動作緩慢（動きが小さくおそい），③振戦（手足がふるえる）で，これらは3大主徴といわれます．
　数ある神経難病のなかで最も患者数の多い病気なので，在宅スタッフもこれまでに数例の経験をお持ちではないでしょうか．
　パーキンソン病には根本的な治療法はなく，そのため徐々に症状が進行し，手足の運動障害を中心に体動が困難となり，最終的には寝たきりになるのが一般の経過です（**図①**）．しかし最近は薬物の治療が進歩したため，短期間のうちに寝たきりになる患者さんは少なくなってきました．私たち在宅リハビリスタッフには，①何とかして寝たきりにさせないようにする，②寝たきりの人にはまず起立できるようにする，③上手に歩行できるようにサポートする，ということが求められています．
　パーキンソン病の重症度分類を示します（**表**）．ここでわかることは，Yahr（ヤール）の分類のステージⅢ以上で日常生活困難が出現し，国に難病認定されるということです．ちょうどこの頃になると，在宅リハビリスタッフの出番がやってきます．そのとき，各ステージごとに求められるリハビリ内容が異なりますので，ステージごとの訓練内容を示します（**図②**）．
　ただしパーキンソン病はその時々によって機能のレベルが大きく変動する病気ですので，必ずしもこの表のとおりにする必要はありません．そのときの状態に応じて柔軟に対応してあげてください．

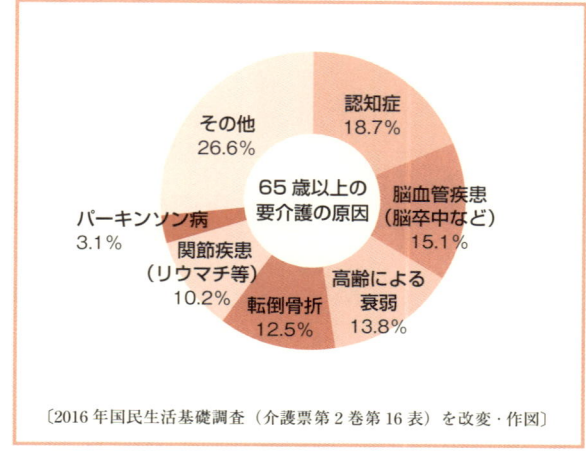

〔2016年国民生活基礎調査（介護票第2巻第16表）を改変・作図〕

図①● パーキンソン病も要介護の原因になる

65歳以上の要介護の原因
- 認知症 18.7%
- 脳血管疾患（脳卒中など） 15.1%
- 高齢による衰弱 13.8%
- 転倒骨折 12.5%
- 関節疾患（リウマチ等） 10.2%
- パーキンソン病 3.1%
- その他 26.6%

6. パーキンソン病

表●パーキンソン病の重症度分類

Yahrの重症度分類	生活機能障害度 (異常運動疾患調査研究班)
Stage Ⅰ：一側性障害で，体の片側だけの振戦，固縮を示す．軽症例である	Ⅰ度：日常生活，通院にほとんど介助を要さない
Stage Ⅱ：両側性の障害で，姿勢の変化がかなり明確となり，振戦，固縮，寡動～無動とも両側にあるため，日常生活がやや不便である	
Stage Ⅲ：明らかな歩行障害がみられ，方向変換の不安定など，立直り反射障害がある．日常生活動作障害もかなり進み，突進現象もはっきりとみられる	Ⅱ度：日常生活，通院に介助を要する
Stage Ⅳ：起立や歩行など日常生活動作の低下が著しく，労働能力は失われる	
Stage Ⅴ：完全な廃疾状態で，介助による車椅子移動または寝たきりとなる	Ⅲ度：日常生活に全面的な介助を要し，歩行，起立不能

注）厚生省特定疾患対策の治療対象疾患として認定されるのは，YahrのⅢ度，生活機能障害度Ⅱ度異以上である．（島田康夫，他：パーキンソン病の診断・治療-生活の手引．厚生労働省特定疾患・変性性神経疾患調査研究班，1982 より）

⇒ステージⅢのころから在宅リハビリスタッフの出番となる

パーキンソン病は，その時々によって，機能レベルが大きく変動するこの表に固執することなく，柔軟に対応しよう

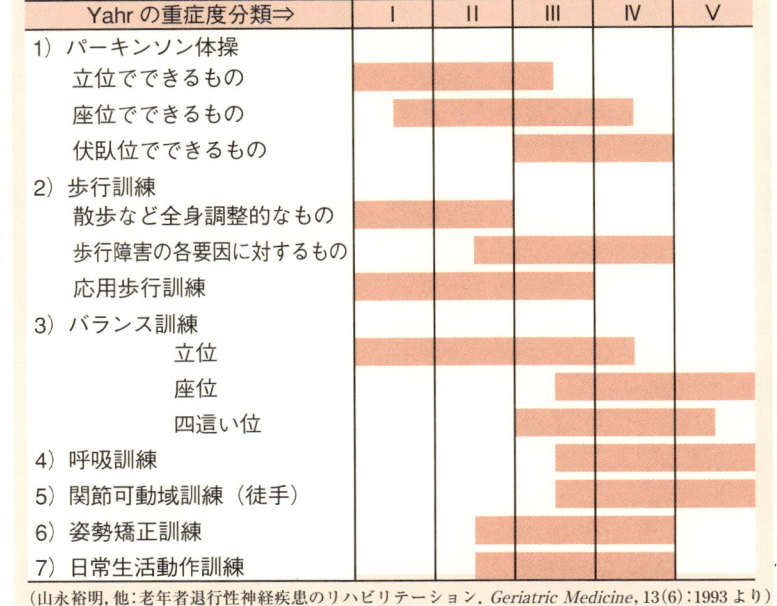

Yahrの重症度分類⇒	Ⅰ	Ⅱ	Ⅲ	Ⅳ	Ⅴ
1) パーキンソン体操					
立位でできるもの					
座位でできるもの					
伏臥位でできるもの					
2) 歩行訓練					
散歩など全身調整的なもの					
歩行障害の各要因に対するもの					
応用歩行訓練					
3) バランス訓練					
立位					
座位					
四這い位					
4) 呼吸訓練					
5) 関節可動域訓練（徒手）					
6) 姿勢矯正訓練					
7) 日常生活動作訓練					

（山永裕明，他：老年者退行性神経疾患のリハビリテーション．*Geriatric Medicine*, 13(6)：1993 より）

図②● Yahr の重症度分類別のおもな訓練内容

V ● 疾患に応じたリハビリのポイント

2　まず介護者にねぎらいの言葉を

　見た目には，歩けるし，座れるし，階段まで登れる．第三者としてパーキンソン病の患者さんを見ると，「いったい何が大変なの？」と介護者に聞きたくなってしまいます．しかし実際は，階段が昇れる患者さんでも，ヨーグルトのふたが開けられない，くつ下がはけない，排泄の後始末ができない等々，介護者にとっても非常に手のかかるつらい病気なのです．

　パーキンソン病は，たとえ歩けたとしても見た目以上に在宅介護が大変な病気である，という事実をリハビリスタッフはまず理解する必要があります．介護者がグチをこぼしているときは，「ただ依存心が強いだけでは？」「自分でできることは自分でやらせて」などの無理解な発言は慎みましょう．どんなことが大変なのかを具体的に聞き出し，その援助法をともに考え，ねぎらいの言葉をかけるのが，正しい態度です．

　「介護者がなぜ大変なのかが第三者にわかりづらい」ということが，パーキンソン病の在宅生活上の最大の特徴といえます．実際，パーキンソン病はその機能障害が特異的です．たとえば，午前中にできていたことが午後にはできなかったり，誰も見ていないときは動いた形跡があるのに，人がいると動けずに介助を求める，歩いていると思ったら，急に足に根がはえたように動きがとまってしまう，等々，私たちの一般常識では理解しがたいこと（きちんと理由があります）が次々に起こります．介護者は，それらの現象をとまどいながらも，受け入れて日々生活をともにしているのです．

　もう一度声を大にしていいたいと思います．「まず，介護者にねぎらいの言葉を!!」

---

① 介護者がなぜ大変なのかが第三者にわかりづらい（階段まで昇れるのに，介護者は大変だという……）

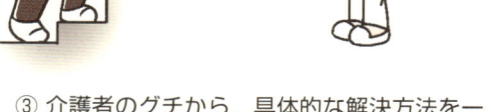

「どこが大変なの？？」

② 無理解な発言は慎もう

「できないからやってるのに…」「自分でできることは自分でやらせて」

③ 介護者のグチから，具体的な解決方法を一緒に考えよう

「ああこうああこう」「なるほどなるほど」

3 パーキンソン病はこんな病気

　パーキンソン病の3大主徴は，①固縮（筋肉がこわばる），②動作緩慢（動きが小さくおそい），③振戦（手足がふるえる）です．そのなかで日常生活への影響が最も大きいのが，固縮です．固縮は関節や体を曲げようとする筋肉（屈筋）と伸ばそうとする筋肉（伸筋）がともに収縮した状態になるため生じるといわれています．
　収縮力は屈筋のほうが強いので，関節が曲がった状態で固まりやすく，特有の前かがみ姿勢をとります．
　動作緩慢は，自分で体を動かそうとしても，なかなか体が動き出さない状態です．鉄のよろいを着ている状態を考えるとイメージしやすいでしょう．
　振戦は，薬物でコントロールが比較的しやすく，意識的に動こうとするふるえが止まることが多いため，日常生活への影響は思ったほどではありません．

> **パーキンソン病の3大主徴**　① 固縮（筋肉がこわばる）
> 　　　　　　　　　　　　　　② 動作緩慢（動きが小さく，遅い）
> 　　　　　　　　　　　　　　③ 振戦（手足がふるえる）

●パーキンソン病の症状まとめ

仮面様顔貌
顔の筋肉も固縮し，能面のように無表情．よだれ，嚥下障害も出る

腕の振りの消失
歩行時に腕を振らない

膝の屈曲と内また
膝が曲がって内またになりやすい

前かがみ姿勢
首，背中，腰が曲がり，前傾姿勢になる

腰痛
ずっと同じ姿勢でいるため，腰背筋が疲労し，腰痛が出やすい

つま先立ち
アキレス腱が短縮し，尖足になる．尖足は左右差があり，固縮が強いほうに出やすい

歩く様子は
・鉄のよろいを着ているように重そう（動作緩慢）
・最初の一歩が出づらい（すくみ足）
・歩幅が小さく，ちょこちょこ歩く（小刻み歩行）
・歩き始めると加速がついて止まらなくなってしまう（突進現象）

4　リハビリ前の基礎知識

リハビリを開始する前に，ぜひ知っておいてほしいパーキンソン病特有のポイントをまとめておきましょう．

1）突然電池が切れたように動かなくなる（on-off現象）

長期間にわたりパーキンソン病の薬を服用している人は，薬が効いているときと，切れたときとで症状の差が大きく異なってくる傾向があります．つまり薬の効きにムラが出てくるのです．動きが止まった人が薬を飲むと，ふたたびスイッチが「on」になったように，また動き始めたりします．

在宅スタッフが介護者から相談を受けるのは，突然「off」になったときです．そのようなときは，あわてず騒がず，血圧などのバイタルチェックをし，問題なければ，介護者にon-off現象の説明をし，医師に連絡をとりましょう．

また長期のパーキンソン病薬の連用により薬効時間が短くなり，次の服薬前に症状が強くなる，Wearing off現象が目立つようなら，服薬の調整について医師に相談する必要があります．

> **格言①**
> 在宅スタッフはパーキンソン病患者さんが突然動かなくなってもあわてるべからず

2）杖や歩行器は使えない（自力歩行か車いすか）

ふつうのお年寄りは老化とともに杖や歩行器を使用し，最終的に車いすを利用するのが一般的です．しかしパーキンソン病の場合は，動けなくなったら，自力歩行から一気に車いす利用になってしまいます．そして寝たきりになったと思っても，薬の調整などがうまくいくと，また自力歩行が可能になったりします．つまり杖や歩行器などの出番があまりないのです．

もともと，杖や歩行器は腕が十分に伸ばせなければ使えません．パーキンソン病では，固縮のため腕が伸びず，杖や歩行器は使いこなせないのです．

> **格言②**
> 杖や歩行器を安易にすすめるべからず

3) リハビリを本人まかせにしない

「リハビリが大切です,屈伸運動をしましょう」とだけ指示して,たとえば肘を動かしていただいたとします.さてどうなるでしょうか?

その人は,関節可動域のすべてを使って屈伸運動をしません.たとえ拘縮などの可動域制限がなくてもです.

これは本人が決してサボっているわけではなく,パーキンソン病の主徴である,固縮や動作緩慢のためです.

しかし,このような中途半端なリハビリを長年続けていると,使わなかった範囲は拘縮してしまいます.ご本人のせっかくの努力も水の泡になってしまいます.

「動く範囲をすべて使って屈伸運動をしましょう」とアドバイスするようにしましょう.

また,体の固いご本人は,どこまで動くかが自分自身で確認できません.リハビリの開始時はつきっきりでいっしょにやることが大切です.

> **格言③**
> パーキンソン病のリハビリはマンツーマンで

コラム　　パーキンソン病は転倒注意

パーキンソン病の人は,最初の一歩が出づらく,よく前方に倒れます.それなら,後方へのけぞるような姿勢で歩けばよいではないかと考える人もいると思いますが,話はそんなに単純ではありません.実はパーキンソン病の人は後方へのバランスのほうが圧倒的にわるいのです.つまり前かがみになることは後方へ転倒することに対する自己防衛的な姿勢かもしれないのです.後方へ倒れないようにするから前傾になり,前に倒れる……パーキンソン病の転倒予防は一筋縄ではいかないようです.

V ● 疾患に応じたリハビリのポイント

5　リハビリの実際

(A) 押しかえして～リハビリ

　パーキンソン病の患者さんは, 自分から動き出すことは苦手ですが, 加えられた力に対して抵抗することはできます. その人の内に秘めたパワーを引き出すことがコツです.

　そこで私が考案したのが, この「押しかえして～リハビリ」です.

①まずいすに座ってもらい（ベッドでも可）, 肩をもんでリラックスしてもらいます.

②「押しかえして～」といって, 手のひら全体で少しずつ両肩を下に押します.

③背中と腰に力を入れ, 押しかえしてもらいます. そのときに背筋が伸びているかどうかチェックしてください.「1, 2, 3, 4, 5」と2人で数え, 2人で脱力します.

　①～③を5回くりかえしてください.

　この「押しかえして～リハビリ」により, 腰背筋を強化し, 慢性の腰痛を予防・改善することができます.

① まず肩をもんでリラックス

② 手のひら全体で下に押す

押しかえして～

③ 背中と腰で押しかえしてもらう

1,2,3,4,5

1,2,3,4,5

①～③を5回くりかえす

6. パーキンソン病

（B） 吸って〜，吐いて〜リハビリ

　パーキンソン病の患者さんは，特有の前かがみ姿勢のため，肺が縮こまり肺活量が少なくなり，換気も不活発な状態になっています．また長時間，猫背になっていますので，肩もコリやすくなっています．そこで私が考案したのが，この「吸って〜，吐いて〜リハビリ」です．
　①まずいすに座ってもらい（ベッドでも可），肩をもんでリラックスしてもらいます．
　②リハビリスタッフは片足を持ち上げ，患者さんの背中につけます．
　③両手を頭の後ろに組んでもらいます．
　④両肘を少しずつ後上方に引き上げ，上体を起こし，胸を広げ，「吸って〜」と声かけをします．このあと，「吐いて〜」と声をかけながら患者さんの両肘を下げます．
　①〜④を5回繰り返してください．
　この「吸って〜，吐いて〜リハビリ」は，深呼吸ができ，背伸びもできるので，肩こりにも効果があります．

① まず肩をもんでリラックス	② 片足を背中につける
③ 両手を頭の後ろに組んでもらう	④ 両肘を後上方に引き，上体を起こし，胸を広げる ①〜④を5回繰り返す

V ● 疾患に応じたリハビリのポイント

（C）ゴルフスイング寝返り起き上がりリハビリ

　パーキンソン病の患者さんは，体をひねることが苦手なので，寝返りが困難です．

　そこで私が考案したのが，この「ゴルフスイング寝返り起き上がりリハビリ」です．ポイントは，反動を利用し，動作の流れを作ることです．

　これにより，パーキンソン病の患者さんが最も苦手とする，寝た状態から立ち上がりまでの一連の動作がスムーズにできます．

　ベッドだとマットがやわらかいので，体が沈み込んでしまい，上手にできないことがあります．まず床で訓練してみることをおすすめします．

① アドレス（構え）
　なるべく高く両手を組み，両膝を立てる
　上から見たところ　　横から見たところ

② スイング
　振りかぶり，数秒のためをつくる
　上から見たところ　　横から見たところ

③ インパクト
　一気に振り下ろすイメージで回転
　上から見たところ　　横から見たところ

④ フィニッシュ
　寝返ったほうの肘と組んだ両手を床につければ自然と上体が起き上がる

6. パーキンソン病

（D）バージンロード歩行リハビリ

　パーキンソン病では，歩行介助法にもコツがあります．

　パーキンソン病の患者さんは，内に秘めたパワーは人一倍ありますので，ピンポイントのちょっとした介助さえあれば，上手に歩けるのです．ここでは，一般的によく知られる方法をご紹介しましょう（残念ながらこれは私の発案ではありません）．しかし私が命名しました．名づけて「バージンロード歩行リハビリ」です．

　脇から少し高めにそっと手を差し出すだけです．これだけで，上体が起き，足の運びがよくなります．

バージンロードを歩くように
少し高めに軽く手を差し出す
➡上体が起きる
強くは握らない

○

両手を持つとバランスがとれず，足が前に出ない
引っ張るのは厳禁

×

V ● 疾患に応じたリハビリのポイント

（E）横断歩道またげまたげリハビリ

　パーキンソン病の患者さんは，障害物や目印を踏み越えることが得意です（その理由はよくわかっていません）．平地ではうまく歩けないのに，階段は昇れるという特異な現象もこれで説明がつきます．

　平地でも，床に等間隔にテープを貼ると，上手に歩けるようになる人がたくさんいます（約半数ぐらいといわれています）．

　そこで提案したいのが，この「横断歩道またげまたげリハビリ」です．

　これは床に等間隔にテープを貼って，横断歩道に似た道を作るというものです．間隔は人それぞれですが，30〜40cmぐらいでご本人が実際に歩きやすい間隔がよいでしょう．

　まずはトイレ〜ベッド間などのよく利用する経路に横断歩道を作り，効果が実感できるようなら，ほかの経路にも横断歩道を増設するというのがおすすめです．

トイレ〜ベッド間などの日常の経路に等間隔にテープを貼るとよい

6. パーキンソン病

(F) 前方足出し歩行介助法

パーキンソン病の患者さんは歩行中に，突然足が止まってしまうことがあります．

「床に固定された感じ」「釘付けになった感じ」などと表現する人もいます．とにかく足がすくんで歩み出せないのです．

そんなときに介護者やリハビリスタッフが知っておくと便利なのが，この「前方足出し歩行介助法」です．

①歩行中に足が止まってしまったら，②介助者は脇からバージンロード歩行リハビリのときのように片手を少し高めに軽く差し出し，手を軽く握ります．そして自分の足を目印として，本人の足の前に出すのです．すると，③魔法が解けたように，ひょいっと足が出て，ふたたび歩き出せることがあります．

歩行困難な人の足元に足を出すというのは，ちょっと勇気がいるかもしれませんが，機会があったらぜひためしてみてください．

① 歩行中に足が止まってしまったら

② 片手を少し高めに差し出し，自分の足を本人の足の前に出す

③ ひょいと足が出て，ふたたび次の一歩が出せる

VI リハビリの基礎知識

1. なぜリハビリをするのか　216
2. どのタイプか考える　217
3. 脳卒中・骨折タイプのリハビリ　218
4. 加齢タイプのリハビリ　220
5. 介護援助タイプのリハビリ　222
6. 3つのタイプは連鎖する　224
7. お年寄りのための新しい運動の考え方　226
8. リハビリ中止の基準①（血圧）　228
9. リハビリ中止の基準②（痛み）　230
10. 生活状況を評価する　232
11. 身体状況を評価する　234
12. 病院リハビリと在宅リハビリのちがい　236
13. 在宅リハビリスタッフはスーパーマン??　238
14. 心臓病患者にリハビリは可能か?　240
15. 寝たきりにさせないためにはまず「座る」こと　242
16. 「座る」リハビリのすすめ方と注意点　244
17. 「立つ」リハビリ　246
18. 「歩く」リハビリ　247
19. 安易に「転倒注意」と言わないで　248
20. お年寄りの寝たきり予防とは　250
21. 要介護5の考え方から学ぶもの　252

VI ● リハビリの基礎知識

1. なぜリハビリをするのか

> **Point**
> - まず要介護度と時間経過をイメージしよう（図）
> - リハビリにより，要介護度の重度化を防げる
> - それにより快適な人生をすごせる

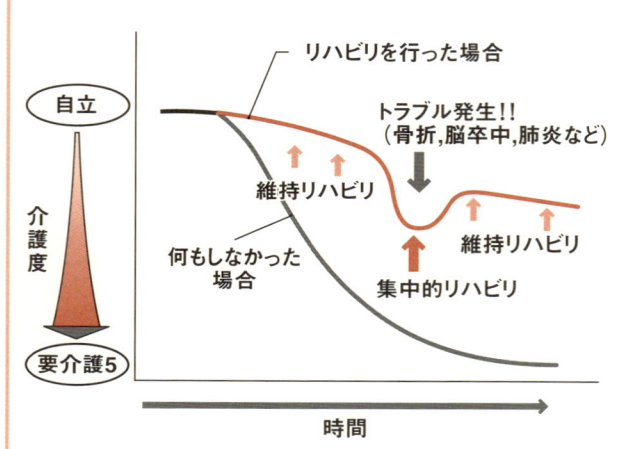

図● 要介護度と時間経過のイメージ

- リハビリを行った場合（赤線）と行わなかった場合（黒線）では，要介護度に差が出る．
- 維持リハビリ↑により，加齢による活動度低下を下支えしている．
- トラブル（骨折，脳卒中，肺炎など↓）の発生にも集中的リハビリ↑で対抗できる．

「なんのためにリハビリをするのでしょう？」

こんな素朴な質問をされたら，さあ，あなたはどう答えますか？　答えに困った方は，上の図を見てください．リハビリを行った場合と行わなかった場合では，要介護度に明らかな差が出ることに気づくことでしょう．つまり加齢による活動度の低下を，リハビリにより下支えして要介護度の重度化を防いでいるのです．

もちろん長い人生の中には，骨折や脳卒中や肺炎など，思いがけないトラブルが発生してしまいます．しかしそんな異常事態でも医療機関と連携しながら，内容の濃いリハビリを行うことにより，活動度の低下を最小限にくいとめることができます．つまり，活動度を維持，向上させ，要介護度の重度化を防ぐことにより，いままでの快適な人生をより長く続けるためにリハビリをするのです．

2. どのタイプか考える

> **Point**
> a. 脳卒中・骨折タイプ
> b. 加齢タイプ
> c. 介護援助タイプ
> 　　　　　　　　　下図a, b, cの3タイプがある

　リハビリを必要とするお年寄りは，おもに3つのタイプに分類されます（**図**）．
　それぞれのタイプにより，リハビリの目標やコツが違うので，現在，在宅リハビリを行っている患者さんがどのタイプに属しているのかを考えることが重要です．

● a. 脳卒中・骨折タイプ

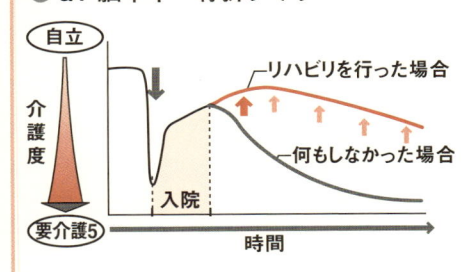

- 脳卒中，骨折発症⬇で活動度大幅ダウン
- 入院治療と入院リハビリでやや回復
- 退院後に身体の評価を行い，集中的リハビリ⬆を導入して活動度を回復させる
- その後は維持リハビリ⬆を継続する

● b. 加齢タイプ

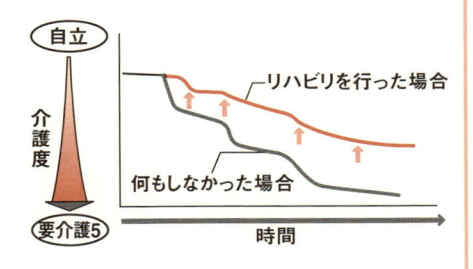

- 加齢タイプには，①廃用症候群，②変形性関節症，③認知症などがある
- 活動度が低下しそうになったときに，タイミングよく維持リハビリ⬆を入れる
- このタイプには意欲の向上も必要

● c. 介護援助タイプ

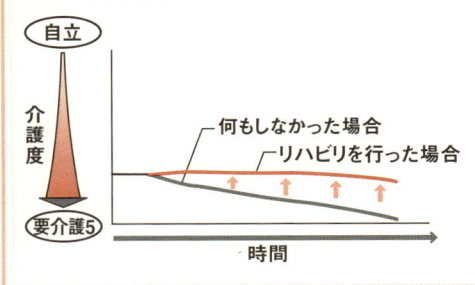

- 訪問リハビリをスタートした時点で，要介護4，5状態
- 機能的な向上はあまり望めない
- 床ずれなどの医療処置も多い
- オムツ替え，体位交換などの介護者の負担を軽減させるための維持リハビリ⬆が主となる

図● リハビリを必要とするお年寄り3タイプ

3. 脳卒中・骨折タイプのリハビリ

> **Point**
> - 入院中のリハビリと在宅のリハビリは異なる
> - 入院中のリハビリ
>   →訓練室で（退院のため）
> - 在宅のリハビリ
>   →自宅で（生活のため）
> - 退院直後が勝負
> - 回復期の「集中的リハビリ」が最重要
> - 医師，ケアマネジャーなどとの連係が大切
>   →まめに連絡，まめに相談を
> - 状態像を評価し，どこまで回復可能かを予想し，リハビリ目標を立てる→このアセスメントは自分自身の実力向上にもなる．わからなければ医師に聞く
> - リハビリ目標が立てば，自然にリハビリ内容は決まってくる
> - 障害の受け入れを本人に強要しない（時間が解決してくれる）

　脳卒中と転倒骨折は要介護の原因の第2位（15.1％）と第4位（12.5％）（2016年国民生活基礎調査）となっており，合計すると要介護の約1/4となっています（図①）．

　そのため訪問リハビリの実施件数が多く，ほとんどの在宅リハビリスタッフはその経験とノウハウを独自に身につけています．

　脳卒中，骨折の疾患としての特徴は前の章に譲るとして，ここではリハビリの流れからみたポイントを述べます．

　ズバリ！「退院直後」あるいは「在宅リハビリ導入直後」が最大の勝負のポイントとなります．

　つまりこの時期に，活動度を上向きにできるかどうかでその後の流れが決まってしまうので，集中的リハビリ（図② ↑印）が最重要となります．

　ここでいう「集中的リハビリ」とは，単に患者さんの体をいっぱい動かすということではなく，在宅リハビリを行うための環境整備にも精を出す，という意味です．

　具体的には，医師やケアマネジャーと連携を築き，心を一つにすることが大切です．サービス担当者会議を開くことも有効です．また，患者さんの状態像を評価し，どこまで回復可能かを予想し，自分なりのリハビリ目標を立ててみましょう．この過程を経ることにより，よりよい在宅リハビリが可能となります．

　また，このタイプは突然のアクシデントにより，活動度を失っているので，患者さんの「心」の問題も重要です．

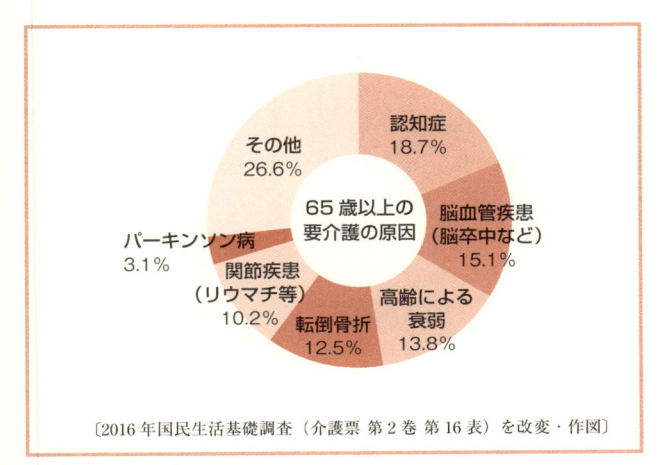

図①● 要介護の原因

〔2016年国民生活基礎調査（介護票 第2巻 第16表）を改変・作図〕

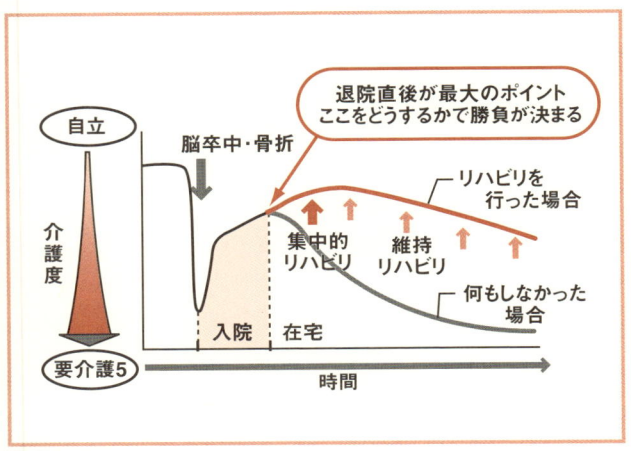

- 認知症 18.7%
- 脳血管疾患（脳卒中など）15.1%
- 高齢による衰弱 13.8%
- 転倒骨折 12.5%
- 関節疾患（リウマチ等）10.2%
- パーキンソン病 3.1%
- その他 26.6%

65歳以上の要介護の原因

図②● 脳卒中・骨折タイプ

退院直後が最大のポイント　ここをどうするかで勝負が決まる

自立／要介護5　介護度

脳卒中・骨折　入院　在宅　時間

集中的リハビリ　維持リハビリ　リハビリを行った場合

何もしなかった場合

上手、上手

4. 加齢タイプのリハビリ

Point
- 加齢タイプには，①廃用症候群，②変形性関節症，③認知症などがある
- 国は高齢者の活動度低下の予防に力を入れており，国がいう「高齢者のリハビリ」とはこの「加齢タイプ」のリハビリのことをさす
- 活動度は直線的に低下するのではなく，階段状に低下する
- 活動度が低下しそうになった時に，タイミングよく維持リハビリ（右図↑印）を強化して入れることがポイント
- 「意欲」がないことも特徴のひとつ

　人はだれでも，いつまでも長生きして，心身ともに元気でいたいと思っているものです．しかしそれが思うようにいかないのが，人が生物であるが故の難しさです．現在の日本は，世界一の長寿国であり，また世界一の高齢国でもあります．
そうした背景とともに，この「加齢タイプ」のリハビリが注目されてきています．
　加齢タイプとは，①廃用症候群，②変形性関節症，③認知症などのいわゆる，老化に伴って生じ，活動度を低下させるものをいいます．このタイプの特徴のひとつは，脳卒中・骨折タイプのようにアクシデントの内容がはっきりしないことです．
　極端な例ですと，冬にふとんを厚めにかけていたら，日中も寝ているようになり，春になったら寝たきりになっていた，という笑えない話もこのタイプです．
　しかしよく調べてみると，活動度は直線的に低下するのではなく，ちょっとしたキッカケ（図↓印）で低下しています．これも特徴です．
　このちょっとしたキッカケは実に多彩で，厚めのふとんだったり，人に教えるほどは痛くない痛みだったり，カゼや疲れ，気分の落ち込みなど，ありとあらゆることが原因となっており，うっかりすると見逃してしまいます．これを見逃さないようにするには，日常から患者さんの話をよく聞くことが大切です．
　このタイプのリハビリのポイントはなんといっても，活動度の低下していく変化に早期に的確に気づき，通常のリハビリ（↑印）より訪問回数や時間などを増やし↑，少し強化して対応するということです．
　また意欲がないことも特徴のひとつなので，意欲をいかに引き出すかという点も腕の見せどころとなります．

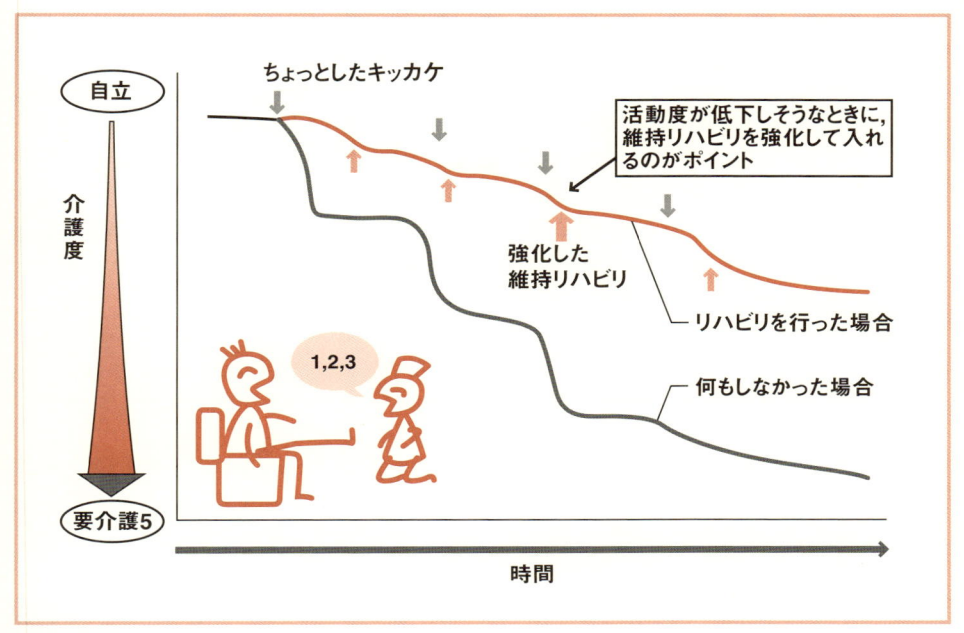

図 ● 加齢タイプ

5. 介護援助タイプのリハビリ

Point
- 訪問リハビリのスタート時点で要介護4,5の状態
- 実は在宅ではこのタイプが一番多い（約6割）（影の主役）
- オムツ替え,体位交換などを容易にすることにより,介護者の負担を軽減させることも目的となる
- 安心感を与え,家族関係を円滑にする.別名「尊厳のリハビリ」
- 維持リハビリ（図↑印）を根気強く続けることがポイント

　従来日本では「リハビリ」とは，脳卒中で入院した患者さんに対して病院の訓練室で行うトレーニングを意味していました．しかしその後リハビリは，その技術の進歩とともに急速に社会に認知され，守備範囲を拡大してきました．

　脳卒中患者さんは退院後も自宅でリハビリを受けられるようになり（脳卒中・骨折タイプ），国をあげて，加齢タイプのリハビリとともに力を入れています．そんな中で今まで決して光が当てられず人知れず行われていた，闇のリハビリがあります．

　それがこの「介護援助タイプ」のリハビリ，つまり「寝たきりのリハビリ」です．

　私の行ったアンケート結果では，訪問看護ステーションの訪問先の約6割が要介護4, 5でした．つまり在宅リハビリの影の主役がこの「介護援助タイプ」なのです．

　このタイプの特徴は，①床ずれ等の医療処置が多い，②機能的な回復はあまり望めない，③介護者との関係が大切，④ご本人の尊厳を重視する，などの従来のリハビリの概念の枠では対応できないものです．

　具体的なリハビリ内容は，その原因疾患にかかわらず，拘縮予防や，残存する機能を維持し，在宅生活を苦痛なくすごしていけるよう援助することを目的としています．

　オムツ替えを容易にするためのヒップアップや股関節の拘縮予防が代表例となり，それらの維持リハビリ（図↑印）を根気強くやることが大切です．また身体機能だけでなく，安心感を与え，家族関係が円滑になるような精神的サポートも必要です．私はこれを「尊厳のリハビリ」と呼んでいます．

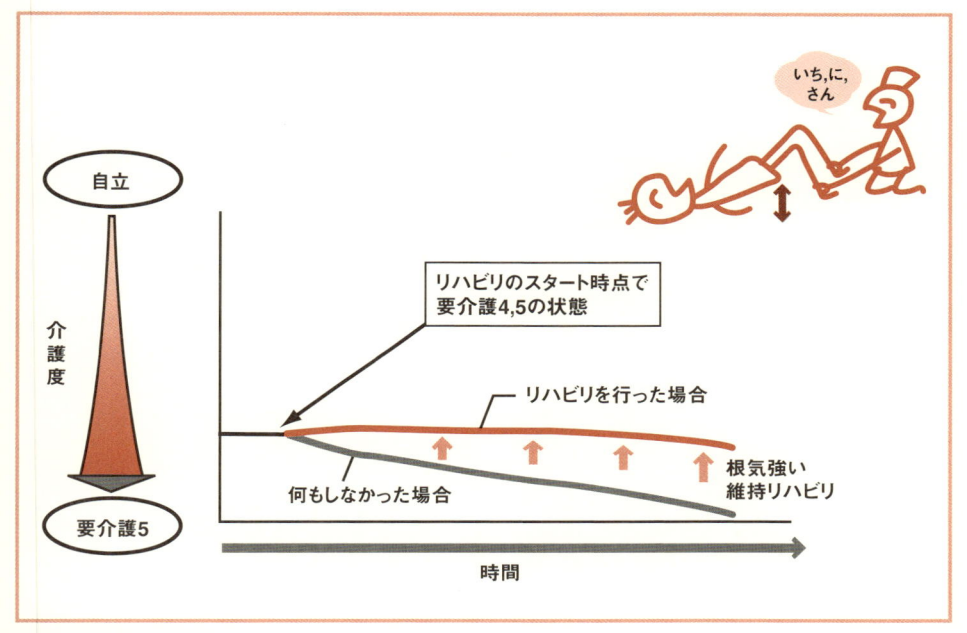

図● 介護援助タイプ

Ⅵ ● リハビリの基礎知識

6. 3つのタイプは連鎖する

Point
- a. 脳卒中・骨折タイプ
  b. 加齢タイプ
  c. 介護援助タイプ
  は連鎖する
- いずれの場合も,適切なリハビリにより,活動度の低下を下支えし,要介護度の重度化を防ぐことができる
- この流れの中で,患者さんが,どの地点にいるかを考える
- これにより,今後の予想がたてやすくなり,現在するべきリハビリがわかってくる

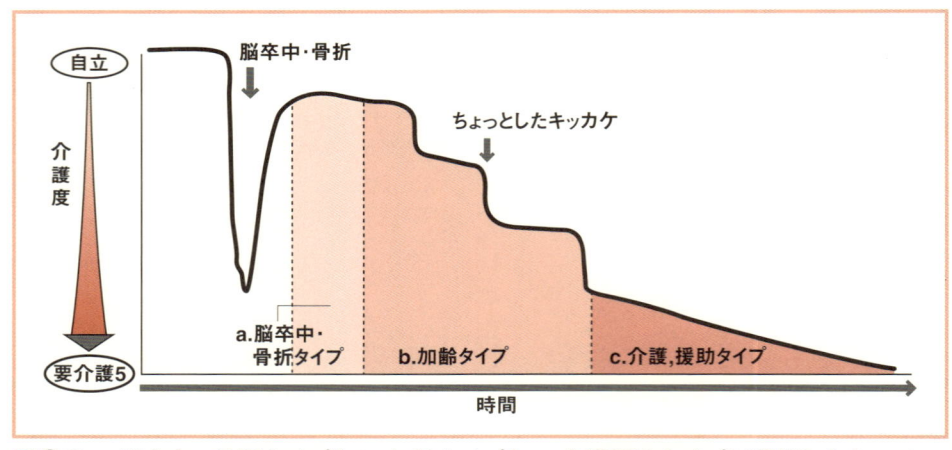

図①● a. 脳卒中・骨折タイプとb. 加齢タイプとc. 介護援助タイプが連続したケース

寝たきり(要介護4,5)になっていく過程を考えてみると,
a(脳卒中・骨折タイプ)→b(加齢タイプ)→c(介護援助タイプ)
a(脳卒中・骨折タイプ)→c(介護援助タイプ)
b(加齢タイプ)→c(介護援助タイプ)
の3つのパターンが考えられます(図①).

患者さんがどのパターンなのかを考え,その流れの中でどの地点にいるかを考えると,自然に今後の目標が見えてきて,するべきリハビリメニューが決まってきます.

図にa→b→cタイプのリハビリをしなかった場合(図②)と,リハビリを行った場合(図③)を示しました.適切なリハビリは,要介護度の重度化を防ぎ,快適な生活をサポートしていることがわかります.

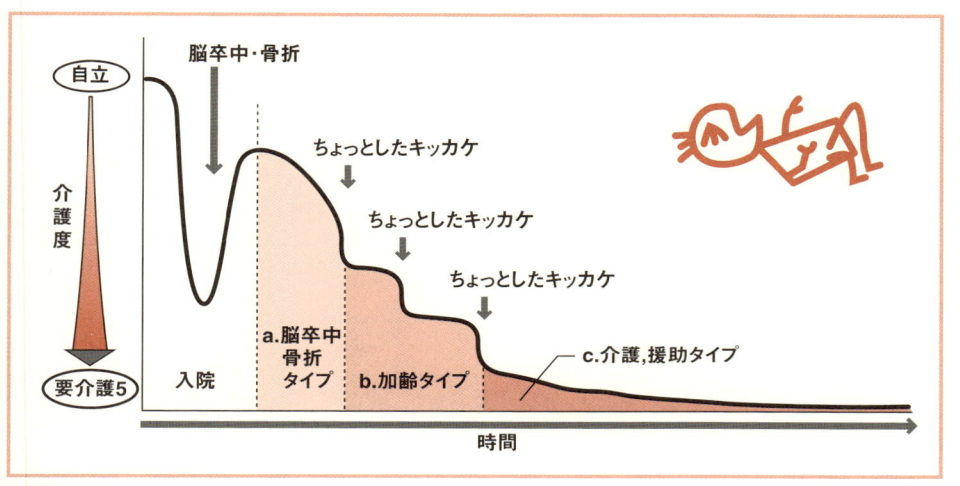

図②● 何もしなかった場合

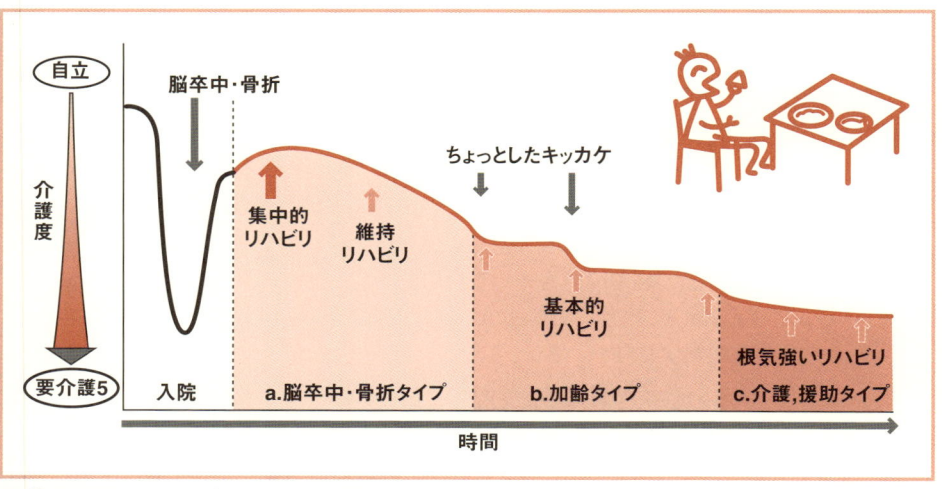

図③● 適切なリハビリを行った場合

Ⅵ ● リハビリの基礎知識

7. お年寄りのための新しい運動の考え方

Point
- 「がんばらない」でも「ほっとかない」
- 無理しない運動の時代に突入
- 目的は意欲の向上と慢性病の改善．でも究極の目的は爽快感と充実感を得ること

表● 米国国立老化医学研究所の新しい運動指針

① 慢性病の予防には，かなり少ない量の，軽度から中等度の運動を行えばよい
② 生活の自立性を維持するには，有酸素運動よりも，軽度の筋力運動やストレッチングを中心に行う必要がある
③ 一日30分の運動を毎日行えばよい．10分ずつ，3回に分けてもよい

　「運動」というと飛んだり，跳ねたりというイメージがあります．しかし何十年も運動していないお年寄りや要介護度の高い方は，「運動」を始めることに大きな不安と抵抗があります．そこで従来の「運動」とは異なる，「お年寄りのための新しい運動の考え方」を提案したいと思います．「米国国立老化医学研究所の新しい運動指針」（1996）をヒントに日本流にアレンジしました．キーワードは「がんばらない」です．

　「一所懸命」は現在のお年寄りの若き日々の生きざまであり，大変素晴らしいものです．しかし老年期の「一所懸命」の運動は，えてして長続きしないのです．それならば，むしろ，自分に合った，少ない量の軽度の運動を，自分の好きなときに無理せず行ってもらうというのは，いかがでしょうか．

　こちらから運動を強制するのではなく，ご本人の自発性にまかせてみるのです．もちろん，ほったらかすのではなく，見守り続け，そして必要があればアドバイスをしたり，促したりします．そして自発的に行った，無理のない軽度の運動により，爽快感や充実感が得られたら，もうそれは運動の究極の目的が達成されたといってよいでしょう．それにより二次的に意欲が向上し，慢性病の改善が認められれば一石二鳥です．

　お年寄りは，決して金メダルをとるために運動するのではなく，日々の生活の中で爽快感と充実感を得るために運動するのです．そのためには「がんばらない」ことが大切なのです．

参考文献

1) The National Institute on Aging, USA, ed.：Exercise：A Guide from the National Institute on Aging. National Institute of Health, Public Infoemation Office, 1999.
2) The National Institute on Aging, USA 編，高野利也訳：50歳からの健康エクササイズ．岩波書店，2001．
3) NIH Consensus Development Panel on Physical Activity and Cardiovascular Health：Physical activity and cardiovascular health. *JAMA* 276(3)：p. 241-246, 1996.

だらけ体操（自転車こぎバージョン）．p.57 参照．

8. リハビリ中止の基準① (血圧)

Point
- アンダーソンの基準が参考になる
- アメリカスポーツ医学協会の見解も参考になる
- 高血圧はリハビリの禁忌にはならないというが……
- 現実的には血圧180/110 mmHg以上の時は様子をみたほうがよい
- 最終的には主治医と相談して決める

「先生,○○さんの血圧が190(収縮期血圧)/120(拡張期血圧) mmHgなんですが,いつも通りリハビリしていいですか？」

というような内容の問い合わせがときどきあります.

こんなとき,私が参考にしている資料は2つあります.

1つはアンダーソンの基準の土肥変法(表①)で,もう1つはアメリカスポーツ医学協会のスポーツ参加基準(表②)です.

アンダーソン基準の土肥変法によると,血圧200/120 mmHgまではリハビリが可能と,かなり緩めの基準となっています.

またアメリカスポーツ医学協会では「血圧180/110 mmHg未満で臓器障害を有さない者はすべての競技スポーツに参加できる」と,かなり過激です.

これらの2つの資料を参考にして,冒頭の問い合わせに対する私の答えは「今日は軽めのメニューでお願いします.もし患者さんが心配しているようなら中止してください.今度血圧の薬を考えてみます」です.

話が違うじゃないかと,おしかりの言葉が飛んできそうですが,脳卒中の多い日本では,重度の高血圧に対する運動は控えたほうが無難です.

多くの巡回入浴サービス業者の入浴基準が血圧180/110 mmHg以下になっていることも実は参考にしています(業者の基準を医師が参考にするのは本末転倒のような気がしますが……).

適度な運動は高血圧を軽減する効果があるので,高血圧は原則としてリハビリの禁忌とならないという意見もありますし,「してはいけない」より「してよい」と語るほうが心身にも有益でしょう.

以上を総合的に考え,患者さんの個々の状態を考慮しつつ,私は血圧180/110 mmHg以下なら「OK」と考えています.

表① アンダーソン（Anderson）の基準の土肥変法（一部改変）：リハビリの適否・注意

	訓練を行わないほうが よい場合	運動途中で訓練を 中止する場合	途中で訓練を休ませ 回復後再開する場合
脈拍	安静時，すでに 120 回/分以上のもの	140 回/分以上になったとき	運動前の 30％または 120 回/分を超えたとき
血圧	安静時，収縮期 200 mm Hg 以上，または拡張期 120 mm Hg 以上のもの	収縮期 40 mm Hg 以上，または拡張期 20 mm Hg 以上の上昇	―
狭心症，心筋梗塞	労作性狭心症または 1 カ月以内の心筋梗塞のあるもの	―	―
不整脈	心房細動以外の著しい不整脈のあるもの	10 回/分以上の不整脈の出現したとき	10 回/分以下の不整脈の出現したとき
その他の症状	安静時，すでに動悸，息切れのあるもの	中等度の呼吸困難，めまい，吐気，狭心痛を生じたとき	軽い動悸，息切れが出現したとき

表② アメリカスポーツ医学協会による循環器疾患をもつ患者の参加基準

血圧 180/110mmHg 未満で臓器障害を有さない者はすべての競技スポーツに参加できる

Kaplan NM et al：Systematic hypertention, *Med Sci Exerc* 26：S268, 1994.

● 参考資料の紹介

2006 年 3 月に日本リハビリテーション医学会が「リハビリテーションの中止基準」を示しました．

1. 積極的なリハビリテーションを実施しない場合
① 安静時脈拍 40/分以下または 120/分以上
② 安静時収縮期血圧 70mmHg 以下または 200mmHg 以上
③ 安静時拡張期血圧 120mmHg 以上
④ 労作性狭心症の方
⑤ 心房細動のある方で著しい徐脈または頻脈がある場合
⑥ 心筋梗塞発症直後で循環動態が不良な場合
⑦ 著しい不整脈がある場合
⑧ 安静時胸痛がある場合
⑨ リハビリテーション実施前にすでに動悸・息切れ・胸痛のある場合
⑩ 座位でめまい，冷や汗，嘔気等がある場合
⑪ 安静時体温が 38 度以上
⑫ 安静時酸素飽和度（SpO$_2$）90％以下

2. 途中でリハビリテーションを中止する場合
① 中等度以上の呼吸困難，めまい，嘔気，狭心痛，頭痛，強い疲労感等が出現した場合
② 脈拍が 140/分を超えた場合

③ 運動時収縮期血圧が 40mmHg 以上，または拡張期血圧が 20mmHg 以上上昇した場合
④ 頻呼吸（30 回/分以上），息切れが出現した場合
⑤ 運動により不整脈が増加した場合
⑥ 徐脈が出現した場合
⑦ 意識状態の悪化

3. いったんリハビリテーションを中止し，回復を待って再開
① 脈拍数が運動前の 30％を超えた場合．ただし，2 分間の安静で 10％以下に戻らないときは以後のリハビリテーションを中止するか，またはきわめて軽労作のものに切り替える
② 脈拍が 120/分を超えた場合
③ 1 分間 10 回以上の期外収縮が出現した場合
④ 軽い動悸，息切れが出現した場合

4. その他の注意が必要な場合
① 血尿の出現
② 喀痰量が増加している場合
③ 体重が増加している場合
④ 倦怠感がある場合
⑤ 食欲不振時・空腹時
⑥ 下肢の浮腫が増加している場合

9. リハビリ中止の基準②（痛み）

Point
- 「痛み」は私たちスタッフには見えない
- 患者さんや，ご家族から，どこが痛むのか，いつもとどう違うのか，思い当たる原因があるかをよく聞く
- 痛がる所を触ってみる（手のひらで軽く叩く場合もある）
- 急性期の痛みと判断したら，その日のリハビリは中止して，治療を考える（医師に連絡）急性期の痛みではないと判断したら，患者さんやご家族と相談する
- 結論A：「痛み」に関してのリハビリ中止の明確な基準はない
  結論B：中止にするかどうかは，①問診，②触診，③その場の雰囲気の3要素で決める

在宅ではさまざまな痛みに遭遇します．

腰痛，膝痛，頸部痛，関節痛などの筋骨格系由来の痛み，脳卒中後痛，下肢痛などの神経由来の痛み，はたまたうつ状態などの心の痛みなどなど多種多様です．

さらにそれらの痛みが，単一ではなく複数が同時に存在しているため，「痛み」の評価はますます難しくなります．

そんな患者さんに「今日は痛い」といわれると，リハビリを行うべきか中止すべきか迷うことが少なくありません．

そもそも「痛み」は私たちスタッフには見えないし，検査でもうまく評価できません．というわけで，自然に患者さんやご家族からよく話を聞くことになります．

①どこが痛むのか，②いつもと違うのか，③思い当たる原因は，などです．これは一般診療でいう「問診」に相当するものです．

それから痛がる所を触ってみて，熱感の有無，腫張の有無，触って痛がるか，などをチェックします．これは一般診療の「触診」に相当するものです．また腰などは触るだけではよくわからないため，手のひらで軽く叩いて，痛みの有無を調べてみるといいでしょう．

以上の手順で，「痛み」の原因が急性期のものと判断した場合は，リハビリを中止し，治療を考える（医師に連絡）必要があります．

判断が難しいのは，慢性痛が一時的に増強した場合です．こんなときは患者さんやご家族と相談して希望を取り入れながら，「その場の雰囲気」で決めるというのが現実的です．「その場の雰囲気」というと，いいかげんな印象をお持ちになる方もおられると思いますが，一人ひとりに合った手作りの治療選択法として，私はとても気に入っています．

患者さんやご家族によく聞く

①どこが痛むのか？
②いつもとどう違うのか？
③思い当たる原因は？

↓

痛がる所を触ってみる
（手のひらで軽く叩く場合もある）

↓　　　　↓

急性期と判断　　急性期の痛みではないと判断

↓　　　　↓

リハビリ中止，治療を考える（医師に連絡）　　リハビリ中止にするか，患者さんやご家族と相談する

問診 → リハビリ中止を判断する3要素

触診 →

その場の雰囲気 →

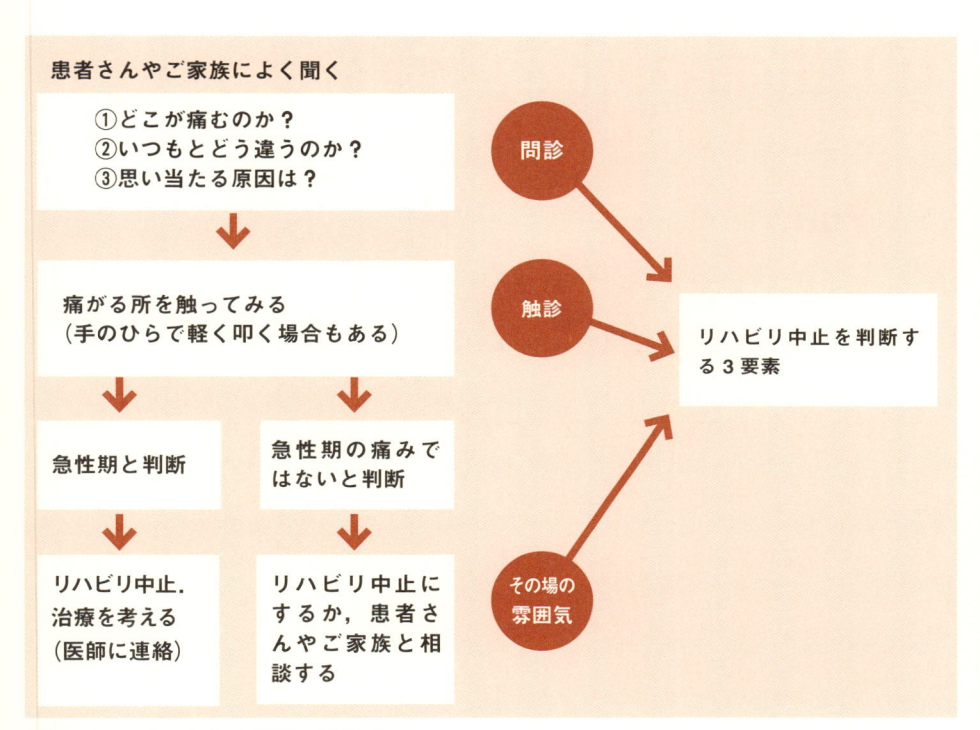

図● リハビリ中止の基準（痛み）

Ⅵ ● リハビリの基礎知識

10. 生活状況を評価する

Point
- バーセルインデックス（バーセル指数）が有名
- しかし項目が多く実用的ではない
- 生活状況評価の超簡便法は
  → ①要介護度
  　②日中の離床時間
  　③排泄の様子（オムツ、ポータブルトイレの有無）
- ①②③を知れば，大体の状態像がイメージできる
- ①②③の継時的変化を比較すれば，生活状況の変化を簡単に把握できる

　訪問診療の依頼を受けるときに，私は，依頼者にいくつかの質問をさせていただいています．

　病名とその経過，家族構成，私に何を望むのか，などが主な質問内容なのですが，さらにそれらに加えて，①要介護度，②日中の離床時間，③排泄の様子（オムツ，ポータブルトイレの有無など）の3つをできるかぎり聞き出すようにしています．

　①②③を知ることにより，事前に患者さんの生活状況がイメージできるようになるためです．

　以前はこの①②③の事前の聞き取りを怠っていたため，初回訪問のときに，実際の患者さんと予想していたイメージがまったく異なり，患者さんやご家族を目の前にしてとまどうことがありました．

　しかし①②③の事前の聞き取りをするようになり，訪問前のイメージと患者さんの実像が重なり合うようになってからは，訪問時の応対がスムーズにできるようになりました．

　つまり①②③を知ることにより，患者さんの生活状況が大体把握できるのです．

　生活状況を評価する指標としては，バーセルインデックス〔バーセル指数；Barthel index〕（表）が有名です．これは大変素晴らしいものなのですが，私たちは，生活評価を主目的に訪問しているわけではないので，項目が多く，聞き取りに時間を要するこの指標は実用的ではありません．

　やはり①②③が最も簡単で実用的な評価法となり，その経時的変化を比較すれば生活状況の変化も把握できます．

　患者さんの身体状況をしっかりと把握し，その経時的変化を評価することはリハビリにおいて最も大切なことの一つです．

表● バーセルインデックス（自立：満点〜全介助：0点）

項目	点数	記述	基準
1. 食卓	10	自立	皿やテーブルから自力で食物をとって，食べることができる．自助具を用いてもよい．食事を妥当な時間内に終える
	5	部分介助	なんらかの介助（食物を切り刻む等）・監視が必要
2. 椅子とベッド間の移乗	15	自立	すべての動作が可能（車いすを安全にベッドに近づける．ブレーキをかける．フットレストを持ち上げる．ベッドへ安全に移る．臥位になる．ベッドの縁に腰かける．車いすの位置を変える．以上の動作の逆）
	10	最小限の介助	上記動作（1つ以上）に最小限の介助または安全のための指示や監視が必要
	5	移乗の介助	自力で臥位から起き上がって腰かけられるが，移乗に介助が必要
3. 整容	5	自立	手と顔を洗う．整髪する．歯を磨く．髭を剃る（道具は何でもよいが，引出しからの出納も含めて道具の操作・管理が介助なしにできる）．女性は化粧も含む（ただし髪を編んだり，髪型を整えることは除く）
4. トイレ動作	10	自立	トイレの出入り（腰かけ，離れを含む），ボタンやファスナーの着脱と汚れないための準備，トイレット・ペーパーの使用，手すりの使用は可．トイレの代わりに差し込み便器を使う場合には便器の清浄管理ができる
	5	部分介助	バランス不安定，衣服操作，トイレット・ペーパーの使用に介助が必要
5. 入浴	5	自立	浴槽に入る，シャワーを使う，スポンジで洗う．このすべてがどんな方法でもよいが，他人の援助なしで可能
6. 移動	15	自立	介助や監視なしに45m以上歩ける．義肢・装具や杖・歩行器（車付きを除く）を使用してよい．装具使用の場合には立位や座位でロック操作が可能なこと．装着と取りはずしが可能なこと
	10	部分介助	上記事項について，わずかの介助や監視があれば45m以上歩ける
	5	車いす使用	歩くことはできないが，自力で車いすの操作ができる．角を曲がる，方向転換，テーブル，ベッド，トイレ等への操作等．45m以上移動できる．患者が歩行可能なときは採点しない
7. 階段昇降	10	自立	介助や監視なしに安全に階段の昇降ができる．手すり，杖，クラッチの使用可．杖をもったままの昇降も可能
	5	部分介助	上記事項について，介助や監視が必要
8. 更衣	10	自立	通常着ている衣類，靴，装具の着脱（こまかい着かたまでは必要条件としない：実用性があればよい）が行える
	5	部分介助	上記事項について，介助を要するが，作業の半分以上は自分で行え，妥当な時間内に終了する
9. 排便コントロール	10	自立	排便のコントロールが可能で失敗がない．脊髄損傷患者等の排便訓練後の座薬や浣腸の使用を含む
	5	部分介助	座薬や浣腸の使用に介助を要したり，ときどき失敗する
10. 排尿コントロール	10	自立	昼夜とも排尿コントロールが可能．脊髄損傷患者の場合，集尿バッグ等の装着・清掃管理が自立している
	5	部分介助	ときどき失敗がある．トイレに行くことや尿器の準備が間にあわなかったり，集尿バッグの操作に介助が必要

(Mahoney. F. I. & Barthel, D. W. : Maryland State Medical Jounal, 14：61-65, 1965 より一部改変)

Ⅵ ● リハビリの基礎知識

11. 身体状況を評価する

> **Point**
> - 身体状況の客観的評価法には，①筋力評価法の徒手筋力テスト，②関節評価法の関節可動域表示ならびに測定法（日本整形外科学会・日本リハビリテーション医学会）がある
> - しかし訪問中に筋力や関節角度を一つひとつ調べるのは実用的ではない
> - 「手を口元にもっていける」「座位保持が何分できる」等の生活と直結した動作を評価する
> - 経時的変化の評価は「～ができるようになった」というような「プラス評価」が好ましい

　身体状況の評価法は，徒手筋力テスト（**表①**）や関節可動域測定（**表②**）が一般診療で広く用いられています．

　しかしこれらはケガや手術後の回復を評価するには適していますが，生活向上を目的とした在宅リハビリには実用的ではありません．

　在宅リハビリでは「自分で食べられる」「座れる」等の生活関連動作を可能にするための筋力や関節可動域の評価が大切です．

　それにより生活向上につながりそうな潜在能力を発見し引き出すことができます．

　また経時的変化の評価は「～ができるようになった」というような「プラス評価」が意欲の向上のためにも好ましいといえます．

表①●徒手筋力テスト（manual muscle testing：MMT）

5	N	normal	100%	正常	最大抵抗を与えてもなおそれおよび重力に抗して完全に運動できるもの
4	G	good	75%	優	若干の抵抗を与えてもなおそれおよび重力に抗して完全に運動できるもの
3	F	fair	50%	良	重力に抗してなら完全に運動できるもの
2	P	poor	25%	可	重力を除外すれば完全に運動できるもの
1	T	trace	10%	不可	筋にわずかな収縮が明らかにあるが関節は動かないもの
0	O	zero	0%	ゼロ	筋の収縮がまったく認められないもの

（Daniels,L.,et al.:Muscle Testing.Techniques of Manual Examination,W.B.Saunders,1972: 東野・津山訳：徒手筋力検査法, 共同医書出版社より）

表②●日本整形外科学会および日本リハビリテーション医学会による「関節可動域の表示ならびに測定法」〔1995年4月改訂〕より一部抜粋

下肢測定

部位名	運動方向	参考可動域角度	基本軸	移動軸	測定肢位および注意点	参考図
股 hip	屈曲 flexion	125°	体幹と平行な線	大腿骨（大転子と大腿骨外顆の中心を結ぶ線）	骨盤と脊柱を十分に固定する．屈曲は背臥位，膝屈曲で行う．伸展は腹臥位，膝伸展位で行う．	屈曲 0° / 伸展 0°
	伸展 extention	15°				
	外転 abduction	45°	両側の上前腸骨棘を結ぶ線への垂直線	大腿中央線（上前腸骨棘より膝蓋骨中心を結ぶ線）	背臥位で骨盤を固定する．下肢は外旋しないようにする．内転の場合は，反対側の下肢を屈曲挙上してその下を通して内転させる．	外転 / 内転 0°
	内転 adduction	20°				
	外旋 external rotation	45°	膝蓋骨より下ろした垂直線	下腿中央線（膝蓋骨中心より足関節外果中央を結ぶ線）	背臥位で，股関節と膝関節を90°屈曲位にして行う．骨盤の代償を少なくする．	内旋 / 外旋 0°
	内旋 internal rotation	45°				

3カ月前は1分だったのに、今日は5分座れましたよ

パチパチ

学問的には詳細な評価が必要かもしれないが……

← このほうがみんな楽しい

12. 病院リハビリと在宅リハビリのちがい

Point
- そもそも目標がちがう
- 病院リハビリの目標……病気の克服，退院
- 在宅リハビリの目標……自宅での快適な生活の維持，向上
- このちがいを本人と家族に理解していただけないと不満足なリハビリになってしまう
- 本人や家族は発症以前のレベルまで回復を望むので現実とのギャップが生じてしまう
- 在宅リハビリは完治を目標としていない
- 日々の快適な生活の維持，向上こそが在宅リハビリの意義となる

「一所懸命やっているのに，なかなかよくなりません」

こんな言葉が患者さんや，ご家族から出てくるときがあります．在宅でのリハビリが順調にできていると評価していた私たちスタッフには，「エッ？」と耳を疑ってしまうような事態がしばしば起こります．このような本人・家族とリハビリスタッフの評価のちがいはどうして起こるのでしょう？

その主な原因は2つ考えられます．

1つめは，病院リハビリと在宅リハビリを混同していることです．病院リハビリと在宅リハビリはちがうものです．そもそも目標がちがいます．病院リハビリの目標は病気の克服と社会復帰であり，最大の目標は自宅への退院です．

一方，在宅リハビリの目標は自宅での日々の快適な生活の維持と向上で，病院リハビリでの退院に相当するようなゴールはありません．

また入院リハビリでは活動度の回復が早く，在宅リハビリでは緩やかな回復です（図）．このようなちがいを，ご本人とご家族に理解していただけないと，せっかく順調に進んでいる在宅リハビリも不満足なものになってしまいます．

2つめは，ご本人やご家族は発症以前のレベルまで回復を望むため，障害を受け入れられず，現実とのギャップが生じてしまうことです（図）．

在宅リハビリには長時間かかわるケースが多いので，ゆっくりと時間をかけて，ご本人とご家族に現実を受け入れていただけるように努力し，前向きな気持ちを保てるように働きかけていきましょう．

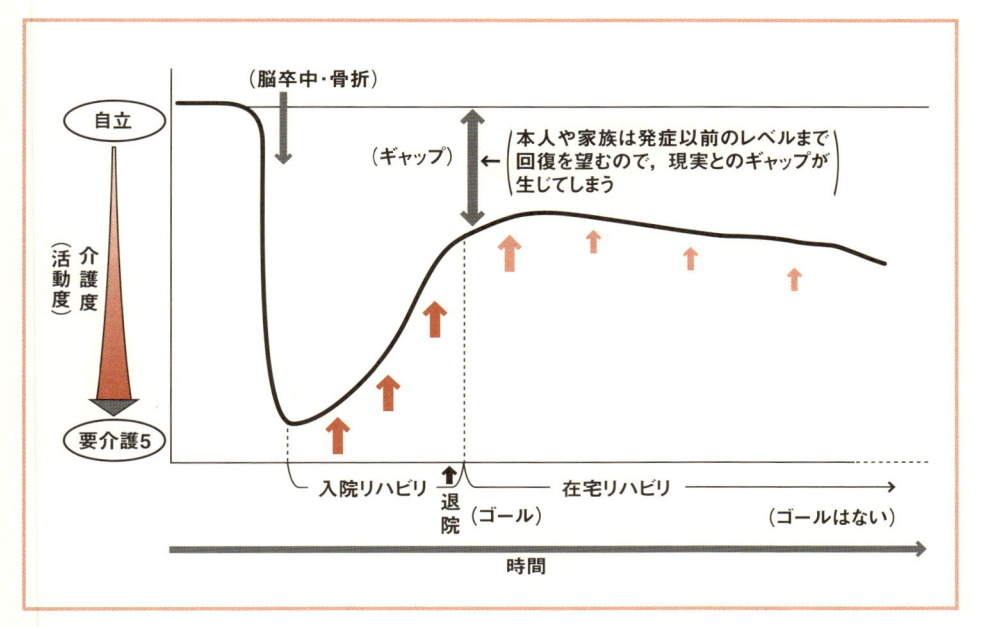

図●脳卒中・骨折タイプでみた，入院リハビリと在宅リハビリのちがい

13. 在宅リハビリスタッフはスーパーマン？？

> **Point**
> - 看護師，理学療法士，作業療法士，言語聴覚士，マッサージ師，相談役，エンターテイナーのすべての役割をこなす
> - 病院リハビリの縦割り仕事をすべてやる
> - それぞれの専門内容を知ることは，自分自身のリハビリレベルの質を向上させる
> - それを知ったうえで，どのような病気のどのような障害にどのような専門的なアプローチをすればよいか（右表）がわかれば鬼に金棒
> - そしてあなたはスーパーマン

　病院リハビリは，多種の専門スタッフが，それぞれの専門的リハビリアプローチにより，質の高いリハビリを提供しています．しかし現実には，専門職ごとの「縦割り仕事」の弊害も目立ちます．

　たとえば，PT（理学療法）では，自立での起き上がり訓練をしているのに病床では看護師の介助を受けていた，OT（作業療法）で箸の訓練をしているのに，病棟ではずっとスプーンで食べていた，などです．

　在宅リハビリでは，そのようなリハビリのミスマッチはまず起こりません．これは患者さんにとって素晴らしいメリットです．しかし，入院中の縦割り仕事をすべて任されることになる在宅リハビリスタッフの負担は大変なものです……．

　ここはひとつ発想を転換して，それぞれの専門内容を知ることにより自分自身のリハビリレベルの質を向上させられると，前向きに考えてみてはいかがでしょうか．

　まずPT（理学療法）は，日常生活行為の基礎をなす，身体機能や動作能力に専門的にアプローチする仕事，つまり移動能力などの向上をめざし，主に運動療法を行う仕事です．

　OT（作業療法）は実際の日常生活行為全般に専門的にアプローチする仕事，つまり日常生活能力の向上をめざし，主にADL訓練を行う仕事です．

　ST（言語療法）は，言語障害や嚥下障害に対し，言語・音声・発語・コミュニケーション障害の改善訓練や誤嚥防止訓練などを行う仕事です．

　それを知ったうえで，どのような病気のどのような障害に，どのような専門的アプローチをすればよいか（**右表**）がわかれば，さらなるリハビリの質の向上が得られ，あなたは正真正銘のスーパーマンになることができるのです．

表●主な高齢者疾患とその障害に対するリハビリテーション・アプローチ

疾患・状態名	障害名	リハビリテーション・アプローチ
パーキンソン病	四肢巧緻性障害，歩行障害	PT・OT
脳卒中	移動能力障害	PT
	上肢巧緻性障害	OT
	言語障害・誤嚥	ST・OT
	精神活動性低下	PSY・OT
	失禁	PT
急性心筋梗塞	心機能・移動能力低下	PT
慢性閉塞性肺疾患	呼吸機能低下：排痰困難	PT
胸部・上腹部手術後	呼吸機能低下：排痰困難	PT
老年期痴呆	精神活動性低下	PSY・OT
	社会との不適応	MSW・OT
骨粗鬆症による骨折	移動能力障害	PT
変形性関節症	移動能力障害・疼痛	PT
関節リウマチ	移動能力障害・疼痛	PT
	上肢巧緻性障害	OT
頸性脊髄症	移動能力障害	PT
	上肢巧緻性障害	OT
寝たきり状態	移動能力障害	PT
	とじこもり	OT・MSW

PT；理学療法，OT；作業療法，ST；言語療法，PSY；心理療法，MSW；ソーシアル・ケース・ワーク（林 泰史：Clinical Calcium, 2(4)：559-564,1992 を一部改変）

どのような病気のどのような障害に
どのような専門的アプローチをすればよいか
わかってとても有用

14. 心臓病患者にリハビリは可能か？

> **Point**
> - リハビリをしたほうがよい
> - 心疾患における運動療法の有効性は明らかになっている（表①）
> - 運動は虚血性心疾患（狭心症，心筋梗塞）患者の死亡率を20〜25％低下させる
> - 運動療法の効果
>   ①日常生活の息切れの改善
>   ②心臓の血行が改善
>   ③高血圧，高コレステロール，糖尿病の改善
> - 「ややきつい」と思うくらいが，有酸素運動の最大運動強度であり最も効率的な運動処方となるが，無理をする必要はない
> - 週3回以上，3カ月継続することが大切

「心臓病患者にリハビリをしてもいいのですか？」．こんな質問をよくされます．

結論からいうと，合併症のある心筋梗塞患者，不整脈や慢性心不全患者以外であればリハビリをしたほうがよいのです．「心臓にもしものことが起こったら」と心配される方もいらっしゃるかもしれませんが，近年，高齢者の慢性心不全に対する運動療法の有効性が明らかになっています．運動療法により虚血性心疾患患者の死亡率を20〜25％低下させることも大規模調査の結果，証明されました．

運動内容としては，歩行動作などの大きな筋肉を使うリズミカルな運動で「ややきつい」（表②）と思うくらいが最も効率的な運動となりますが，無理をする必要はありません．息切れせずに心地よいと思うくらいの運動強度を多少さぼりながら長期間，継続させることが大切です．

心臓病患者さんにも，医師の確認をとりながら，もっと気楽に運動をすすめてあげましょう．

表①● 運動療法の身体効果

項目	内容	エビデンスのランク
運動耐容能	最高酸素摂取量増加	A
	嫌気性代謝閾値増加	A
症状	心筋虚血閾値上昇による狭心症発作の軽減	A
	同一労作時の心不全症状の軽減	A
呼吸	最大下同一負荷強度での換気量減少	A
心臓	最大下同一負荷強度での心拍数減少	A
	最大下同一負荷強度での心仕事量(二重積)減少	A
冠動脈	冠狭窄病変の進展抑制、軽度の退縮	B
	心筋灌流の改善	B
	冠動脈血管内皮機能の改善	B
中心循環	最大動静脈酸素較差の増大	B
末梢循環	安静時、運動時の総末梢血管抵抗減少	B
	末梢動脈血管内皮機能の改善	B

項目	内容	エビデンスのランク
骨格筋	ミトコンドリアの増加	A
	骨格筋酸化酵素活性の増大	A
	骨格筋毛細管密度の増加	A
	Ⅱb型からⅡa型への筋線維型の変換	A
冠危険因子	高血圧、脂質代謝、糖代謝の改善	B
自律神経	交感神経緊張の低下	A
	圧受容体反射感受性の改善	B
血液	血小板凝集能低下	B
	血液凝固能低下	B
予後	冠動脈性事故発生率の減少	A
	心不全増悪による入院の減少(CAD)	B
	生命予後の改善(CAD)	B

A:証拠が十分であるもの、B:論文の質は高いが論文数が十分でないもの、CAD:冠動脈疾患
日本循環器学会学術委員会編:心疾患における運動療法に関するガイドライン(齋藤宗靖委員長)、Circ. J. 66 (Suppl Ⅳ):1177-1260、表1、2002.

表②● Borg の自覚的運動強度

指数(scale)	自覚的運動強度[1]	運動強度(%)
20		100
19	非常にきつい very very hard	95
18		
17	かなりきつい very hard	85
16		
15	きつい hard	70
14		
13	ややきつい fairy hard	55 (AT[2]に相当)
12		
11	楽である light	40
10		
9	かなり楽である very light	20
8		
7	非常に楽である very very light	5
6		

[1] rating of perceived exertion, RPE
[2] AT:anaerobic threshold(嫌気性代謝閾値)
日本循環器学会学術委員会編:心疾患における運動療法に関するガイドライン(齋藤宗靖委員長)、Circ. J. 66 (Suppl Ⅳ):1177-1260、表9、2002.

15. 寝たきりにさせないためには まず「座る」こと

Point
- 要介護5でもほとんどの人が座れる
- 座ることの効能
  ① 意識の改善……表情がよくなる（意欲の向上）
  ② 嚥下の改善……誤嚥性肺炎の予防
  ③ 血圧調整力の改善……起立性低血圧の予防
  ④ 床ずれの改善……ケアの軽減
  ⑤ 便秘の改善……ケアの軽減
  ⑥ 拘縮の改善……尖足予防
  ⑦ バランスの改善……立つ，歩くにつながる
- なによりも，座ることにより「寝たきり」が防げる

「寝たきり」を防ぐ最も大切なリハビリは，座ることです．天井だけを見ている単調な生活が，座ることにより視界が広がり，一変します．さらに車いすで外出できれば，人との出会いや季節の移りかわりを感じることもできます．そして生きる意欲をとりもどし，人生をふたたび楽しむことができるのではないでしょうか．

「意識」は脳の脳幹網様体というところでコントロールされています．座ったり，動いたりすることは，脳幹網様体を刺激し，意識レベルを向上させます．

座れるようになったら表情が生き生きした，というのはこのためです．

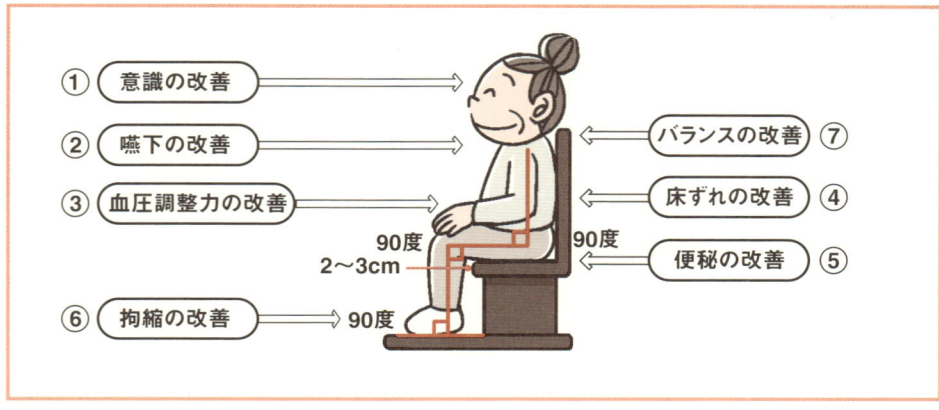

図●座ることの効果

(のけぞりユラユラリハビリ)

(ふねこぎユラユラリハビリ)

Ⅵ ● リハビリの基礎知識

16.「座る」リハビリのすすめ方と注意点

> **Point**
> - まず介護用ベッドで少しずつ角度を上げて慣らしていく（→急に起こさない，図①）
> - ベッドサイド端座位を介助する
> - ベッド柵等に自分でつかまって端座位訓練
> - 自信がついたら座位自立へ（30分間の座位をめざす）
> - 「座って食べるとおいしいですよ」などの具体的な目標を立ててはげます
> - 起立性低血圧に注意
> - 脳卒中の麻痺による，肩関節の亜脱臼には，そんなに神経質になる必要はないが，いちおう頭に入れておこう（→詳しくはp.156参照）

座ることには多くの効能があります（p.242の図参照）．

寝たきりにさせないための，はじめの一歩は，まず座ることなのです．

座ることは寝たきりを脱するためのリハビリの第一歩となるわけですが，いきなり患者さんの体にムチ打って「座らせる」のはよくありません（**表①**）．

座ることの早期導入とトライには，もちろん異論はないのですが，座ることのアプローチはゆっくりと時間をかけてすすめていきましょう（**表②**）．

少しずつベッドアップをしていくことにより，「起きられる」という患者さんの成功体験を積み重ねてあげることで，患者さんの「意欲」を引き出していきたいものです．

長時間寝たきりだった患者さんは血圧調整機能が低下していますので，急に上体を起こすと，脳の血流が下半身に下がり減少してしまい，めまい，悪心，嘔吐などの起立性低血圧を生じてしまいますので注意が必要です（**図②**）．

ベッドアップ90°まで達成したら，今度は介助しながらのベッドサイド端座位に移行します．さらにベッド柵や，スイングバーなどに自力でつかまり，座位の自立をめざします．

そのアプローチの際に「座って食事をするとおいしいですよ」などの具体的目標を提示してはげますことも大切です．

図①●介護用ベッド

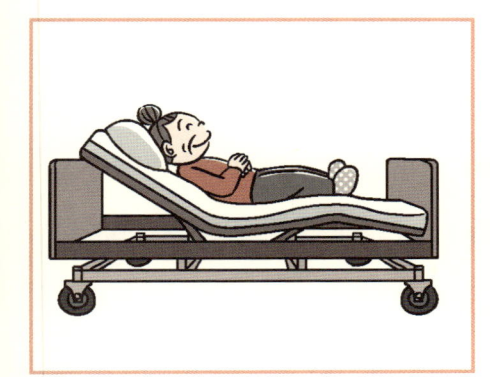

表①●座位訓練に関する基準

座位を行わないほうがよい場合
1. 安静時脈拍数　120/分以上
2. 拡張期血圧　　120mmHg以上
3. 収縮期血圧　　200mmHg以上

座位を途中で中止する目安
1.「起立性低血圧症状」が現れたとき
2. 毎分10以上の不整脈が現れたとき

（福井圀彦, 土肥豊, 他：リハビリテーション医学全書14 脳卒中・その他の片麻痺 第2版, 医歯薬出版, p.530, 1994より, 一部改変）

表②●介護用ベッドでの座位訓練

①まず全身状態が安定していることを確認する
②ベッドアップを30°, 60°, 90°と少しずつ角度を上げる
③90°が可能になったら, 1日の座位訓練の回数を増やす
　3回の食事時にベッドアップする
④座位が30分可能になったら, 車椅子座位訓練を開始する

（厚木看護専門学校, 七沢リハビリテーション病院脳血管センターリハビリテーション看護研究会 編著：写真とイラストでよくわかる 実践！リハビリテーション看護―ナースが知りたいコツとわざ：脳卒中を中心に. p.59, 照林社, 2002. より改変）

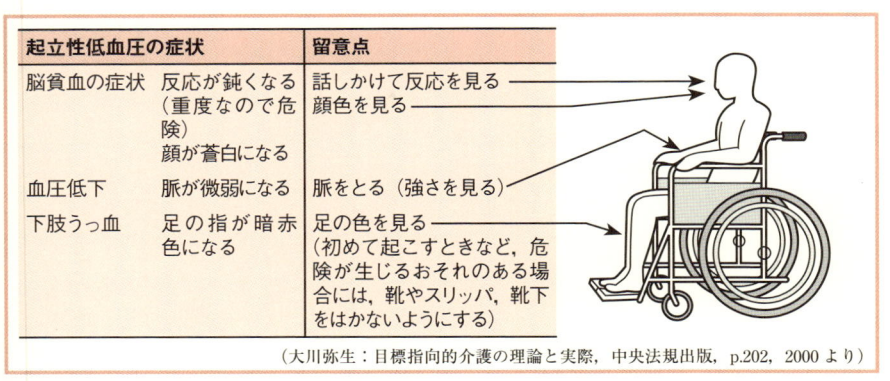

起立性低血圧の症状		留意点
脳貧血の症状	反応が鈍くなる（重度なので危険）顔が蒼白になる	話しかけて反応を見る 顔色を見る
血圧低下	脈が微弱になる	脈をとる（強さを見る）
下肢うっ血	足の指が暗赤色になる	足の色を見る（初めて起こすときなど, 危険が生じるおそれのある場合には, 靴やスリッパ, 靴下をはかないようにする）

（大川弥生：目標指向的介護の理論と実際, 中央法規出版, p.202, 2000 より）

図②●起立性低血圧についての留意点

VI ● リハビリの基礎知識

17.「立つ」リハビリ

> **Point**
> - 「立つ」とは，2本の足で自分の体重を支えること
> - そのためには
>   ① 踵に体重をしっかりのせる
>   ② 膝をしっかりのばす
>   ③ 大腿四頭筋（太もも）に力を入れる
>   ①②③の条件がそろうことが必要
> - そうなるためには
>   ①´ 足関節の拘縮（尖足）の改善
>   ②´ 膝の拘縮（屈曲拘縮）の改善
>   ③´ 大腿四頭筋筋力の強化
>   ①´②´③´のリハビリをすればよい

　座れるようになったら，今度は「立つ」リハビリです．

　なんとか抱き起こそうとして，ベッドサイドで患者さんと介護者がガップリ四つに組み合って，相撲をとっているような光景をときどき訪問先で目撃します．そのような場合に，私は下のようなイラストを描いて上手に「立つ」ためのコツを伝授するようにしています．

　そのコツとは，①踵に体重をしっかりのせる，②膝をしっかりのばす，③大腿四頭筋（太もも）に力を入れる，という3つの条件をそろえることです．そのためには，①´足関節の拘縮（尖足）の改善，②´膝の拘縮（屈曲拘縮）の改善，③´大腿四頭筋（太もも）筋力の強化のリハビリをすればよいのです．

　なかでも②の膝をしっかりのばすことがとくに大切です（**図，右**）．膝関節は足関節と比べ，関節可動域訓練による効果が実感しやすく，膝の拘縮の改善は，立位の容姿の改善に直結します．そのため，患者さんのリハビリの受け入れもよく，意欲も引き出しやすいのです．つまり，まず②´のリハビリを行い，立位の改善を実感してもらい，意欲をもって①´③´のリハビリもする，というのが理想的です．

立つとは……
①踵に体重をのせる
②膝をしっかりのばす
③大腿四頭筋（太もも）に力を入れる

膝がしっかりのびないと……
犬のチンチンの状態になり
大腿四頭筋がつねに緊張しっぱなしでつらい（実際にこのかっこうをしてみましょう）

膝がのびると……
背面の大腿二頭筋が自然とがんばってくれるので，大腿四頭筋が楽になる

図 ● 立つということは……

18.「歩く」リハビリ

Point
- 「歩く」とは，2本の足を交互にくり出し，前進すること
- 歩くことは立つことより2.5倍大変（図）
- 片足に2.5倍の体重がのしかかる
- しかも，連続してその負荷に耐えなければならない
- 歩くためには足の筋力パワーが必要
- 大腿四頭筋の強化が効果的

　私たちは，日常生活で，無意識に，立ったり，歩いたりしています．しかし，「立つ」と「歩く」では，力学的な容易度はかなりちがいます．たとえば体重60kgの人は，立つときは1本足あたり20kgの体重を支えればよいのですが，歩行では1本足で50kgを支えなければなりません（**図**）．つまり立てたからといって歩けるとはかぎらないのです．歩くためには，左右の両足にパワーがどうしても必要なのです．

　足のパワーを引き出すためには，大腿四頭筋（太もも）の筋力を強化すること，いわゆる，大腿四頭筋訓練が有効です．大腿四頭筋訓練は，ただ足をもち上げるだけの単純な運動のため，在宅での患者さんの受け入れがあまりよくないリハビリですが，「歩くためには必要なのだ」ということを理解していただければ，受け入れもかなり改善します．

　「歩く」ためには足にパワーが必要で，大腿四頭筋訓練が有効であることを，まずリハビリ指導者であるみなさんが，しっかり理解し，それを患者さんやご家族に分かりやすく教えてあげることが，歩くリハビリの第一歩ではないでしょうか．

立位 
40kg
10kg　10kg
40kgの上体を2本の足で支える→1本足で20kgずつ支えればよい

ところが……
歩行では 
40kg
10kg　10kg
40kgの上体と離陸した足の10kgを→1本足で50kgずつ支えなければならない

- 歩行は立位より2.5倍大変!!（50kg/20kg）
- 歩くためには，足の筋力，とくに太もも（大腿四頭筋）のパワーが必要
- つまり，歩行には大腿四頭筋の訓練が最も効果的

図●歩くためには足にパワーが必要〈体重60kgの場合〉

19. 安易に「転倒注意」と言わないで

> **Point**
> - 「転倒注意」と患者さんに言葉だけで指導すると……患者さんは、①足元を気にするために目線を落とし、②体が前かがみになり、③小きざみ歩行になる→これはもっとも転倒しやすい歩き方（図①）
> - 「転倒注意」という言葉だけの指導では、かえって転びやすくなる
> - 「膝を上げ、のっしのっしと大股で」と具体的に説明し、実演してみせることが大切（図②）

　お年寄りの転倒によるダメージの大きさは、最近広く知られるようになり、「転倒予防」の大切さも認識されてきています．このこと自体は大変喜ばしいことなのですが、私にはちょっと気になることがあります．

　それは、友人の医師の診察を見学して気づきました．その先生はとても熱心な方で、患者さんが診察室を退室するときに必ず「転ばないようにお気をつけて」といって送り出します．すると患者さんは「ハイ、わかりました」と言って、足元に目線を落とし、上体を丸め、小きざみ歩行になって、診察室から出ていくのです．これは最も転びやすい歩き方ではないでしょうか．

　医師から「転ばないように」と声をかけられて、転びやすくなって帰っていくのです．これは非常に不思議な現象です．つまり、安易な「転倒注意」の声かけはかえって危ないのです．本当の転倒予防のためには、「膝を上げ、のっしのっしと大股で」と具体的に説明し、それを実演してみせることです．

　これは簡単にできますので、ぜひ今日から実演してみてください．

図①●転倒注意と言葉のみで指導すると……

図②●具体的に説明し、実演すると……

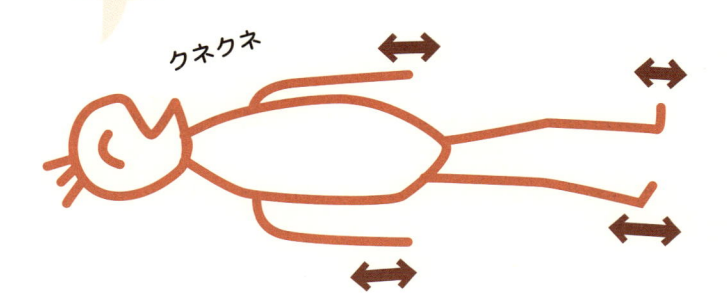

だらけ体操（クネクネバージョン）．p.27 参照．

Ⅵ ● リハビリの基礎知識

20. お年寄りの寝たきり予防とは

> **Point**
> - 老年症候群（転倒,認知症,体力低下,うつなど）を早期に発見し,対策を立てることが最重要
> - 生活習慣病の予防を延長すれば,お年寄りの寝たきりが防げると思うのはまちがい
> - 「死亡」と「要介護」の原因は大きく異なる（図①,図②）
> →従来の医療のみでは寝たきりは防げない
> - 男女では要介護の原因が異なる（図③）
> ➡要介護者の多い女性を中心に考えるべき
> - 高齢になるほど,要介護の原因は老年症候群になる（図④）
> ➡これを予防することが大切

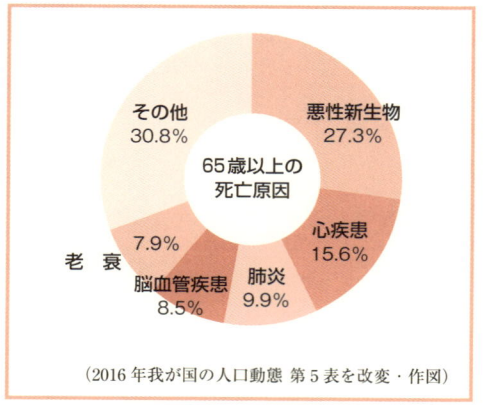

65歳以上の死亡原因
- 悪性新生物 27.3%
- 心疾患 15.6%
- 肺炎 9.9%
- 脳血管疾患 8.5%
- 老衰 7.9%
- その他 30.8%

〔2016年我が国の人口動態 第5表を改変・作図〕

図①● 65歳以上の死亡の原因

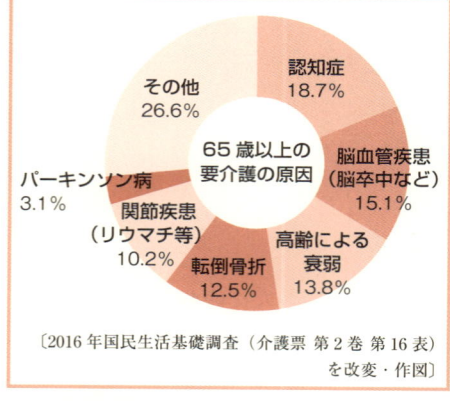

65歳以上の要介護の原因
- 認知症 18.7%
- 脳血管疾患（脳卒中など）15.1%
- 高齢による衰弱 13.8%
- 転倒骨折 12.5%
- 関節疾患（リウマチ等）10.2%
- パーキンソン病 3.1%
- その他 26.6%

〔2016年国民生活基礎調査（介護票 第2巻 第16表）を改変・作図〕

図②● 要介護の原因

　約80歳という平均寿命を超えて生活しているお年寄りのための寝たきり予防とは何でしょうか？
　死亡原因1位の悪性新生物や2位の心疾患の予防ではないことは明らかです．
　それでは要介護の原因2位の脳血管疾患の予防でしょうか．確かにそれは大切なことですが，高齢人口の割合が多い女性では，脳血管疾患による要介護は意外と少ないのです（**図③**）．
　図④をみれば，お年寄りの寝たきり予防は老年症候群の予防が最重要であることがわかります．

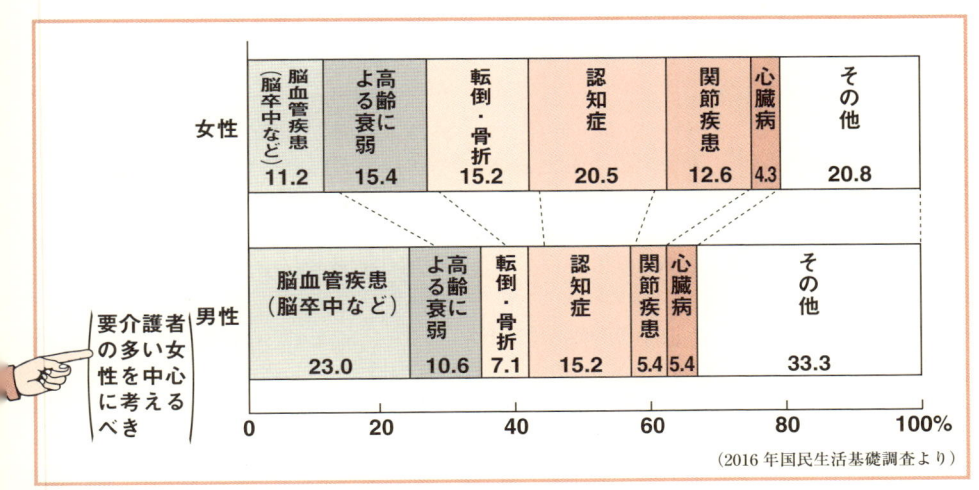

図③ ● 65歳以上の男女別要介護の原因の違い

	脳血管疾患(脳卒中など)	高齢による衰弱	転倒・骨折	認知症	関節疾患	心臓病	その他
女性	11.2	15.4	15.2	20.5	12.6	4.3	20.8
男性	23.0	10.6	7.1	15.2	5.4	5.4	33.3

（2016年国民生活基礎調査より）

要介護者の多い女性を中心に考えるべき

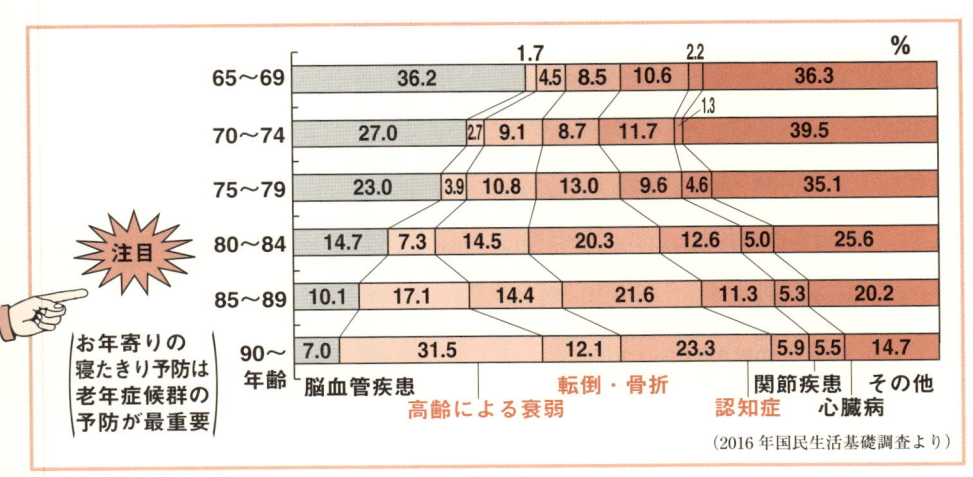

図④ ● 年齢別の介護が必要になった主な原因

年齢	脳血管疾患	高齢による衰弱	転倒・骨折	認知症	関節疾患	心臓病	その他
65～69	36.2	1.7	4.5	8.5	10.6	2.2	36.3
70～74	27.0	2.7	9.1	8.7	11.7	1.3	39.5
75～79	23.0	3.9	10.8	13.0	9.6	4.6	35.1
80～84	14.7	7.3	14.5	20.3	12.6	5.0	25.6
85～89	10.1	17.1	14.4	21.6	11.3	5.3	20.2
90～	7.0	31.5	12.1	23.3	5.9	5.5	14.7

（2016年国民生活基礎調査より）

注目

お年寄りの寝たきり予防は老年症候群の予防が最重要

Ⅵ ● リハビリの基礎知識

21. 要介護5の考え方から学ぶもの

Point
- ひとはみな要介護5で生まれ，自立し，要介護5になり死んでいく（図）
  → 要介護5は異常ではなく，必然である
- リハビリスタッフも，介護者も必ず要介護5になる
- 自分が要介護5になったら，どう接してほしいかを常に考えて患者さんに接しよう
- また，現在関わっている，軽度介護者にも，もし要介護5になったらどうしてほしいかをさりげなく聞いておこう
- 良質なケアやリハビリの絶対条件は
  ① 相手の立場に立って考えること
  ② 相手の希望を知ること

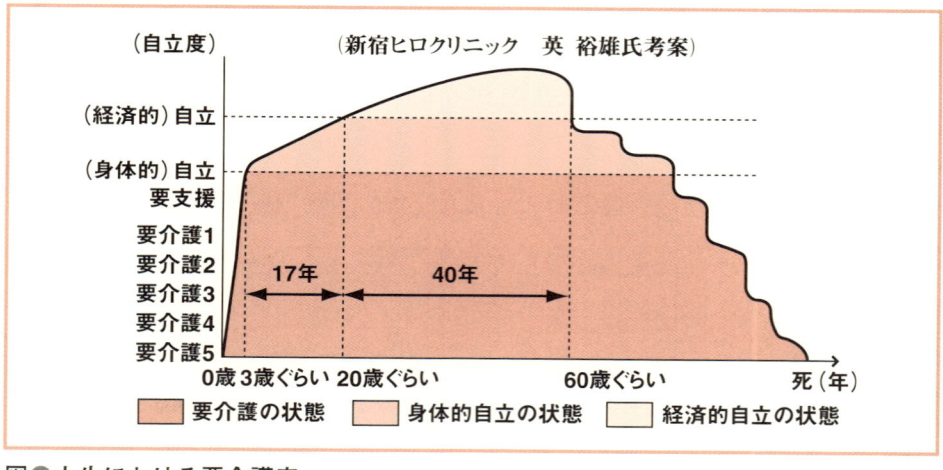

（新宿ヒロクリニック　英　裕雄氏考案）

縦軸：（自立度）（経済的）自立／（身体的）自立／要支援／要介護1／要介護2／要介護3／要介護4／要介護5
横軸：0歳　3歳ぐらい　20歳ぐらい　60歳ぐらい　死（年）
期間：17年，40年

凡例：■要介護の状態　■身体的自立の状態　□経済的自立の状態

図● 人生における要介護度

・0歳の誕生時は要介護5で生まれてくる．その後急速に要介護度が軽くなり，3歳くらいで食事，排泄等の身のまわりのことができるようになる．
・20歳くらいで経済的にも自立し，家族を養ったり，税金を払って社会を養ったりできるようになる．
・定年により経済力が落ちるとともに身体力も衰えはじめる．
・要介護状態となり，少しずつ要介護度が重くなる．
・要介護5となり，死を迎える．

あとがき

「在宅リハビリ探しの旅」で得た，一応の仮説はこのようなものです．
　この私の勝手な旅の報告記が，一人でも多くの現場で悩んでいるリハビリスタッフのお役に立つことを願い，ひとまず一休みさせていただきたいと思います．
　それでは，またお会いできることを楽しみにしています．

（旅の途中にて）

【著者略歴】

飯島　治
いいじま　おさむ

1966年　千葉県に生まれる
1992年　順天堂大学医学部卒業
2001年　亀戸大島クリニック院長
2004年　近所で行った「在宅リハビリ」の講演で
　　　　「やる気を引き出すにはどうしたらよいか」
　　　　という質問にまったく答えられずショックを受ける．
同　年　「在宅リハビリ探しの旅」に出る

専門はリハビリテーション・訪問診療
医療と福祉の橋渡し役を目指す
日本整形外科学会専門医
著書　お年寄りが骨折したら―寝たきりにさせない知恵
（講談社健康ライブラリー，講談社，2000年）
要介護3・4・5の人のためのやる気がでる在宅リハビリ
「なつかしの国」の扉を開けよう（音楽CD付）（医歯薬出版，2010年）
在宅整形が得意技になる本（南山堂，2013年）

　　　　　要介護3・4・5の人のための在宅リハビリ
　　　　　　―やる気がでる簡単リハビリのすすめ―
　　　　　　　　　　　　　　　　　　ISBN978-4-263-24210-0

2006年 8 月25日　第 1 版第 1 刷発行
2019年 7 月25日　第 1 版第10刷発行

　　　　　　　　　　　　　　　　著　者　飯　島　　　治
　　　　　　　　　　　　　　　　発行者　白　石　泰　夫
　　　　　　　　　　　　発行所　医歯薬出版株式会社
　　　　　　　　　　〒113-8612　東京都文京区本駒込1-7-10
　　　　　　　　　　TEL.（03）5395-7641（編集）・7616（販売）
　　　　　　　　　　FAX.（03）5395-7624（編集）・8563（販売）
　　　　　　　　　　https://www.ishiyaku.co.jp/
　　　　　　　　　　　　　　　郵便振替番号 00190-5-13816

乱丁，落丁の際はお取り替えいたします　　　　印刷・あづま堂印刷／製本・愛千製本所
　　　　　　　　©Ishiyaku Publishers, Inc., 2006. Printed in Japan

本書の複製権・翻訳権・翻案権・上映権・譲渡権・貸与権・公衆送信権（送信可能化権を含む）・口述権は，医歯薬出版（株）が保有します．
本書を無断で複製する行為（コピー，スキャン，デジタルデータ化など）は，「私的使用のための複製」などの著作権法上の限られた例外を除き禁じられています．また私的使用に該当する場合であっても，請負業者等の第三者に依頼し上記の行為を行うことは違法となります．

JCOPY 〈出版者著作権管理機構 委託出版物〉
本書をコピーやスキャン等により複製される場合は，そのつど事前に出版者著作権管理機構（電話 03-5244-5088，FAX 03-5244-5089，e-mail：info@jcopy.or.jp）の許諾を得てください．